Without Children

The Long History of Not Being a Mother

それでも母親になるべきですか

ペギー・オドネル・ヘフィントン
鹿田昌美／訳

新潮社

Peggy O'Donnell Heffington

装画：榎本マリコ

私に世界を与えてくれた、
私のチョーズン・ファミリー（血のつながりや法的な関係はなくとも、深い絆を持ち、互いに支え合うことを選んだ人たちによるコミュニティ）に。
私に家を与えてくれた、私の小さな家族に。
あなたはありのままの自分を知っている。

「以前の私たち」へのアドバイス

燃やしてしまおう。
用意したセリフも、立ち居ふるまいのマニュアルも、未来の予言も。
朝に目覚めたら、ストレッチをして。不平を言わない。
他人の進む方向に帆を張らなくてもいい。
他人の声は喉に入れないでいい。
夕食会で、あの人たち、子どもの数が多すぎるのよと、
見下すように笑うのはやめよう。

見直しが必要。強制的な開花。
片手に水晶のかけらを、片手にリベンジを持ちたくなったら、
春に戻ってくる謙虚なツバメを思い出して。
あの模様がなければ、まったく別の鳥。

――ケイト・ベヤー『ホワット・カインド・オブ・ウーマン』より

それでも母親になるべきですか◆目次

訳注は割注で示した

それでも母親になるべきですか

はじめに

私たちには子どもがいる女性を指す言葉があり、それは「母」である。ところが、子どものいない女性を指す優れた言葉はなく、「子どものいない女性」と呼ぶほかない。しかしそれは、その女性が持たないものや、その女性の属性ではないもの（例えばノンマザー）の説明にすぎない。

そのことを、単なる言葉の問題よりも深いものだと感じる人もいる。「『母でないこと』を自分の一部にしたくない。他人のプラスの特性を自分のマイナスの特性に使うなんて」と、シーラ・ヘティの2018年刊の著書『母性』の語り手はつぶやく。ヘティが提案する呼び名は「ノット・ノット・ア・マザー」だ。子どもを持たない女性にとって、これは「『母でない』のではない」と、ネガティブなアイデンティティの拒絶になる。子どもを持つ女性にとっては、二重否定が意味を打ち消し、単純に「母」という意味になる。これなら「みんなで共有できる」[1]とヘティは書いている。私は、この提案は理論的には喜ばしいが、やや実用性に欠けるとも思う——少なくとも、ノンフィクションの本を執筆する目的においては。

子どもを持たない状態を説明するのに適した用語がないため、子どもを持たない状態を指す言葉を多数扱う本を執筆するのは、ご想像のとおり、少し手ごわかった。私は、特定の政治的・文化的な含みを持つ表現をなるべく避ける努力をした。「不毛」はもちろん、「不妊」、そして可能であれば「無子(チャイルドレス)」でさえ使うのを避けた。

代わりに、個人の生き様を描写するようにした。「子どものいない」女性、「子どもを産まなかった」女性、「母ではない」女性、「不妊を経験した」女性、「子どもを持たない選択をした」女性、というように。しかし、歴史家としての修練の一環として、私が捨て去ろうと最も力を注いできたのは、専門用語へのこだわりである。形容詞か名詞だけの表記でよい場合もあり、その際には、一般に広く使われている用語である「チャイルドレス」「チャイルドレスネス」を用いている。

「チャイルドフリー」という別称が1970年代に登場し、以来、子どもを持たない人生を選択した人たちの間で積極的に使われている。多くの人が、これをポジティブな言い換えと見なし、「チャイルドレス」に含まれる「不足」の意味合いを中和すると捉えている。ただし「チャイルドフリー」の出現は、本書が語る歴史の一部であり、これを広範に用いるのは時代錯誤であるばかりでなく、混乱を招く。また、この本に登場する多くの女性の経験に反している。子どもを望み、人生の様々な要素が違っていたら産むことを選んでいたり、子どもを作ろうとしたができなかったり、生殖の選択に制約が多すぎて、そもそも選べると思えなかったり、という女性がたくさんいるのだ。

社会学者のアデル・E・クラークは次のように述べている。「生物学上の子どもを持たないことを示す正当な語彙が必要だ――『チャイルドレス』も『チャイルドフリー』も、すでに屈折しているか、汚染されている。私たちは、産児増加提唱者に賛成でも反対でも中立でもなく、『選択』という二者択一の言葉を用いない、類縁関係とケアを示す語彙を丹念に作り上げるべきだ[2]」。この意見に心から賛同する一方で、私にもふさわしい言葉が思い当たらない。子どもがいない人生は、これまでも決してめずらしくなく、ますます一般的になりつつある。子どもがいない人生を表す適切な用語が欠落している事実と、そういった人生を説明し、定義し、用語を編み出すことが私たちの手にかかっていることが、そもそも私が本書を執筆した理由のひとつである。

イントロダクション：私たちは子どもを産みません。なぜなら……

　ある木曜日の午後、アメリカ合衆国陸軍士官学校《ウェストポイント》のクラウゼヴィッツ図書館の蛍光灯の明かりの下で、歴史学科の「出産を祝う会」が行なわれた。図書館は学内でもかなり古い建物の窓のない地下室にある。壁一面に、黒、緑、金の装幀の軍事戦略と歴史に関する大型本が並び、部屋の中央に、読書をするには座り心地が悪そうなつややかな革張りの椅子が置かれている。

　クラウゼヴィッツ図書館は、学生の静かな学習スペースであり、教授会や表彰式の会場としても用いられているが、この日の午後は、多産を祝う目的で使われていた。「うちの学科は大変成功しています」と、部屋の前方で男性教授が言った。一応ジョークだが、本音でもあるような口調だった。「学科の成功の基準は何か？　それは、世界に産出する新たな歴史家の数です」と、教授は部屋にわんさといる乳幼児を手で指し示した。子どもたちはクラッカーを食べたり、身をよじって母親の腕から抜け出そうとしたりしている。その母親のほとんどは、私の同僚の妻たちだ。

私が陸軍士官学校に到着したのは、2016年7月4日。ハドソン川西岸に位置する不気味な御影石の要塞の門を突破するのにふさわしい日付だ。ほんの6週間前にカリフォルニア大学バークレー校で、青と金のベルベットのガウンをまとい、博士号を授与されたばかりの私は、ひどい二日酔いの上、充血した目に涙をためたまま、オークランド発ボストン行きの飛行機に乗り込んだ。親友たちから奪い取った大きなダッフルバッグ2個に全財産を詰め込んで（このときなぜか一緒に持ってきたIKEAのごみ箱はいまだに持っている）。ボストンで祝日に姉妹のバーベキューパーティでホットドッグを食べ、ネットでなんとか購入したフォードの〈エスケープ〉にバッグを積み込んで、南西へと車を走らせ、コネチカット州を斜めに横切って緑が茂る森に入り、尖った花崗岩の峰が連なるニューヨーク州ハドソン・バレーへと向かった。

陸軍士官学校で歴史の講師として過ごした1年は、心がざわつく経験の連続だった。私が教室に入ると、学生たちは起立をして迎えてくれた。それから7年経ってもほぼ毎回ビルケンシュトックを履いて授業を教えている私が、学生たちの靴がきちんと磨かれているかを確認する取り決めになっていた。何よりも驚いたのは、初白髪を見つけたばかりの29歳の私が、「マダム」の称号をつけて呼ばれることだった。学生たちが、あらゆる発言、あらゆる質問に必ず「マダム」と言い添えたことが、青春時代への決別となった。陸軍将校の何人かは歴史学の教授仲間だったが、彼らは帽子と敬礼を使った手の込んだ礼儀作法を使っていた。そして、傘の下に入ることをしなかった。最初の頃は、バークレーと陸軍士官学校の違いをネタにしたジョークを楽しんだものだ。

陸軍士官団というところは「人口的には都会だが文化的には田舎」と、ある大尉に言われたとき、まだ新米だった私は、ピンと来なかった。少し理解が進んだのは、「婦人のお茶会」という、歴史学科にわずかしかいない女性教員と、同僚の妻たちの定期的な交流イベントに初参加したときだ。飲み物をすすり、焼き菓子をかじりながら、ご婦人たちが次々と、夫の名前と子どもの年齢を挙げて自己紹介をした。私の番が回ってきたので、「家の植物の世話をきちんとしたいという責任感がわいてきたような気がします」とコメントした。その後に聞こえてきた笑い声には寛大さが感じられたが、それはまた、互いのライフスタイルがかけ離れている証拠でもあった。

経歴だけを見れば、それほどかけ離れていないのだろう。部屋にいる女性たちは、大卒で大半が白人であり、中産階級以上と、私の大学時代の女友達や、修了したばかりの大学院の女性仲間とさほど違わない。ところが、私やまわりの女性は、30代になると、母親になることは、やりたいことをすべてやり終えるか、産まざるを得ないと感じたときに、いつか着手することであり、後回しにすることだと考えていた。友人のひとりはジョーク混じりに、私たちは「閉店セール」を待つ身であり、40歳を迎える前に子どもをひとり産むのだと言った。私はと言うと、同世代の女性から妊娠を告げられると、どんな表情をすべきかと悩んでしまう。それは人生を変えてしまう恐ろしい過ちなのか、それとも、めでたいことなのか。ここにいる将校の妻たちは、30歳で3人目を妊娠中なのだ。

母親とノンマザーは「内戦」をしている

暖かな秋の夕暮れ、砂糖とワインが効いてほろ酔い気分で部屋を後にした私は、この分断について考え続けていた。作家のシーラ・ヘティは、母親とノンマザーは「内戦」をしていると指摘している。「あなたはどちら側につくの?」[1]と。あのお茶会から数年間の私の関心事は、自分がどちら側につくべきかではなく、そもそもどうして二極化してしまったか、のほうである。子どもを産むか産まないかが、多くの女性にとってアイデンティティの決定的な要素となり、両者を隔てる溝が年月と共に深くなって、生物学的に決定的な行為によって「バリッ!」という音を立てて、永遠にあちら側とこちら側に分断される。いつしか私は、そのことを不思議に思うようになっていた。

誰にとっても不愉快な、テレビや映画や書籍でもいやというほど繰り返されるおなじみの光景がある。ママさんグループが取り澄ましてオムツや入浴の話をし、子どものいない除《の》け者が隅の方で(たいていは)酒をあおっている、[2]というものだ。ネットフリックスの配信ドラマ『ハウス・オブ・カード　野望の階段』のワンシーンでは、大統領候補の妻が、クレア・アンダーウッドと会話をしている。クレアは現大統領夫人であり、対立政党の副大統領候補だ。「後悔したことはないの?　子どもを産まなかったことについて」と、女性がクレアにたずねる。クレアは、これみよがしにドアをにらみつける。先ほど、女性の幼い息子が会話に割り込んでジュースを大声でねだった後、バタバタとドアから出て行ったのだ。クレアはこう返事をした。「あなたは後悔したことはない?　子どもを産んだことを」[3]。

母親とノンマザーは会話すらできないことが、様々な大衆記事のタイトルからも見て取れる。「子どものいない人には理解できない5つのこと」。「子どもを産んだあとに友達を失ってなんかいない。私が前進しただけ」。「母親と子なしの女性は、真の友人になれるのか？」[4] 私自身、同年代の母親との距離がじわじわと広がっているのを感じている。先ほどのお茶会の女性たちだけではない。一緒に大学を卒業した女性が、一緒にバーでウィスキーを飲みすぎた女性が、一緒にマラソンを走った女性が、まさに一夜にして豹変し、「人生に真の責任と意義を持つ大人」に変わるのだ。一方の私は、子どものままで、定期的に適切な食事を取らず、植物を枯らし、毎朝のジョギングやきれいなリビングルームを保つといったワイルドな快楽にふけっている。

よくよく考えれば、この分断は感じてしかるべきなのだと、次第にわかるようになった。母性にまつわる内戦のせめぎ合いは、女性の生殖器を持って生まれた私たちに生得権として与えられたものなのだ。ナポレオン・ボナパルトは、親友のガスパール・グールゴーに、女性は「子どもを作るための機械にすぎない」と横柄に告げた。[5] そしてアメリカでは、出生時に女の性を受けた人々が母親になるという期待が、長い歴史の中で鍛え上げられてきた。白人アメリカ人女性の市民としての主要な貢献は子どもを産むこととされ、核家族という集団を唯一の自然な居場所にすることが求められてきたのだ。

同時に、アメリカの政治家や思想家や文化人が、子どもを持たない女性のことを、変人、不完全、女性らしくない、愛国心に欠ける、さらには——白人の場合は——人種に対する裏切り者だと特徴づけることで、この考え方を強化してきた。こういった傾向は、少なくとも18世紀末の独立戦争の最中とその後にまでさかのぼることができる。当時の愛国者の妻と娘たちは、「共和制主義者の母」へと変貌を遂げ、生まれたての国家に仕《つか》えて、次世代の市民を産み育て、わが子にアメリカ市民の美徳を浴びせて、アメリカ人のモラルを授けてきたのだ。[6] そして1873年、連邦最高裁判所は、そのことを正式に認めた。「女性の最も優先される運命そして使命は、妻と母親という高貴で慈悲深い職務を遂行することである」と、ジョセフ・P・ブラッドリー判事が、州が女性に弁護士になるのを禁じることを認めた判決への同意意見として記したのだ。「これが創造主の法律である」と。[7]

現代の二極化した政治情勢におけるほとんどの法律とは異なり、この法律は党派を超えて幅広く支持されている。イヴァンカ・トランプは、父親の大統領選挙キャンペーン用の2016年のビデオで「女性にとって最も重要な仕事は母親になることです」と語った。[8] ミシェル・オバマ大統領夫人は、タスキーギ大学の15年の卒業式で、ブラッドリー法に個人的な忠誠を誓うと述べた。「最高の母親であることが、今もこれからも、ナンバーワンの仕事です」。[9] ヒラリー・クリントンはおそらく、墓に入った後もなお、「クッキーを焼いてフルタイムの母親になるだけが人生ではない」と発言したことを、民主党と共和党の両方に謝罪し続けるだろう。[10]

ニューヨーク・タイムズ紙はここ数年、子どもを持たないアメリカ人は「人生を肯定」していない、あるいは「根本的な希望」を持つことを拒否しているとして非難する論説をくり返し掲載している。[11] 保守派の扇動者であるロス・ドゥサットは12年に、タイムズ紙のオピニオンページで、説得する代わりに「赤ちゃんを増やしてください」とストレートに要求した。[12] 19年3月、ユタ州の共和党員であるマイク・リー上院議員は、上院議場に立ち、「いつでもどこでも起こりうる、非常に多くの問題に対する解決策は、恋に落ち、結婚し、子どもを複数持つことだ」と提案した。[13]

共和党の政治家J・D・バンスは21年の夏、民主党が「子どもを持たない人々によって支配されるようになった」ことを嘆き、そういった人は「個人的で間接的な利害関係」を持たないため、将来の決断については信頼できない、と主張した。[14]「これまでで最もリベラルな教皇」であるフランシスコ教皇でさえ、15年にサン・ピエトロ広場に集まった群衆に向かって、「子どもを持たないという選択は利己的だ」と語った。[15] フランシスコは、文字通りの意味で、親になる以外のことに情熱を傾ける人生を選んだ男性だが、子どもを持つよりもペットを飼うことを好む若者に対する失望をくり返し表明しており、この現象を、憂慮すべき「文化的劣化」と見なしている。[16] その意見に、フォックス・ニュースのアンカーであるタッカー・カールソンは心から同意している。「子どもがいるということは、人生の本当の意味がある休暇やスピンクラス（エクササイズの一種）の時間が減ることですよね？」と、彼はオンエア中に問いかけた。「これ以上利己的で、退廃的で、ばかげたものがありますか？[17]」

声に出して言う人はほとんどいないが、そういった人たちが憂慮するのは、主に女性の利己主義、退廃、愚かさである。もちろん、男性が子どもを持たずに一生を終えることもあり得る。子どもを産む女性の数が少なければ、子どもを持つ男性の数もおそらく少ないからだ。しかし、子どもを産まない男性は、通常、それを欠如だと見なされない。「子どもを産む者という女性の地位は、その人生の主要事項となっている」と、詩人のアドリエンヌ・リッチは1976年に出版された名著『女から生まれる――アドリエンヌ・リッチ女性論』に書いている。ノンマザーとは違い、「『ノンファーザー』という用語は存在しない[18]」。男性が、家庭を持つことに関するプレッシャーや期待にまったく直面しないわけではない。社会学者のアリス・ロッシは、男性の成熟は、女性と女性が将来的に産む子どもを養う能力によって定義されると述べている。[19]しかし、養育が必要な子どもを産むというプレッシャーと、それを怠《おこた》ったときの非難は、女性が一手に引き受けるのだ。

母親をする

現代では、黒人、クィア、先住民族のフェミニスト思想家による教えに助けてもらえる部分が大きい。それによると、「母親」は名詞ではなく動詞として用いるのが最適であり、母親は、状態ではなく行動を示す言葉なのだ。社会科学者のスタンリー・M・ジェームズは、マザリング（母親のように子どもをケアし、育児すること）の定義が徹底的に広がり、それをやれる人が増えること――養父母がマザリングができ、男性も、ゲイのカップルも、トランスジェンダーも、ノンバイナリーも、教師も、近所の人も、友人も同じように行動できる――それが、私たちの社会をよりよく変えていく鍵なのだと主張する。[20]ジェームズが示すように、マザリング（母親をする）に子どもを産む子宮は何の関わりもない。子宮の有無だけではなく、女性として定義されるかさえ関係がないのだ。ベル・フックスはこれを「革命的な育児」と呼び、彼女が使う用語からジェンダーとのつながりを完全に取り除いた。[21]

しかし、本書が語る歴史の大部分においては、ジェンダーとのつながりが支配的だった。子宮を持つ人が子宮を使って何をしたかが、大きな関心事だったのだ。「女性」と「出生時に女と指定された人」をベン図で示せば、ひとつの円になるだろう。それが世間のものの見方であり、円の中の全員が、自身が何を望むかにかかわらず、母親になることを期待される。どんな人間になりたいか、誰を愛したいか、何を優先したいかは、考慮されないのだ。

これまでの歴史のなかで、男性に性的魅力を感じなかったり、伝統的な女性の役割を引き受けたくなかったり、女性としてのアイデンティティを持たなかったり、といった理由で、結婚や出産から離脱した人がいるのは間違いない。親や地域社会が結婚して子どもをもうけてほしいと願う相手の男性に、性的なものであれその他のものであれ関心を持てなかったため、そうした人もいるだろう（ロマンチックな愛情や性的魅力が異性愛者の結婚と子づくりに必要だという概念は、比較的近年に生み出されたものだ[22]）。さらには、母親業と専門職を両立することが、少なくともごく最近まで可能ではなかったために、学者やパイロット、判事やテニス王者になりたくて、そう決めた人もいるだろう。

理由はどうあれ、全員が社会的代償を払っている。現在、子どもよりもキャリアを優先したシスジェンダーの女性、生殖医療の費用をまかなえないレズビアン、子宮を持たないトランスジェンダーの女性は皆等しく、私たちのジェンダーに定義づけられるための出産という生物学的行為に着手できていない。個々の選択、アイデンティティ、身体の構造にかかわらず、この点と、支払う社会的代償の点で、仲間なのだ。

下がり続ける出生率

ミレニアル世代（1981年から96年の間に生まれた世代）の女性は、この生物学的行為に着手する傾向が、一様に弱まっている。子どもを持たない女性の比率はアメリカ史上最高値へまっしぐらだ。少なくとも、世界大恐慌時代に出産可能な年齢だった不運な世代以来、最高の数字である。[23]アメリカの女性が生涯に産むと予想される子どもの数は1・7人であり、2・1という人口置換水準を大きく下回っている。[24]養子縁組も減少している。アメリカ合衆国の年間養子縁組数は2007年から14年の間に17％減少しており、その後も減少傾向が続いている。[25]全体として、40代前半を最年長とするミレニアル世代の女性の半数近くが子どもを持たず、子どもを予定しない女性の数が増加している。[26]ピュー・リサーチセンターは21年の調査で、18歳から49歳の親ではないアメリカ人に「将来を考えたときに、いつか子どもを持つ可能性がどれくらいありそうですか？」と質問をした。すると44％が「あまりなさそう」「まったくなさそう」と回答したが、これは、37％がそのように回答した18年の調査から7％ポイントも増えている。[27]

もちろん、出生率の低下はアメリカ固有の現象ではない。出生率が世界で最も低いのは東アジアの国々だ。韓国では、女性が生涯に産む子どもの数は平均0・8人。シンガポールでは1・1人である。[28]南ヨーロッパのいくつかの国でも、警戒が必要なほど出生率が低下している。ギリシャ、イタリア、スペインでは、女性の平均の出産人数は1・3人だ。こういった国の多くが、子どもを持つこと、そして子どもをたくさん持つことを奨励するという明確な目的を持った政策を打ち出すことで対応している。出生率が1・3に落ち込んだ日本は、とりわけ創造的な政策を打ち出した。政府が「家族の週間」（11月の第3日曜日とその前後の週）を制定し、その間は子どものいる親は午後7時以降の仕事が許されず、国が主催の婚活パーティが開かれ、若者たちが恋に落ち、セックスをして、結婚する（順不同だが）ことを奨励している。

過去10年間、フランス政府は出産を奨励するために多額の予算を費やし、産休と父親の育児休暇の延長、減税やその他の経済的インセンティブ、家庭内保育、保育所、子どもが幼いうちは仕事を休みたい母親のための在宅手当を提供している。フランスのこういった政策に、効果があることを示す証拠がいくつかある。出生率の上昇とまではいかなくとも、減少が緩やかなのだ。フランスの出生率は下がっているが、2010年は2・03、17年は1・89、20年は1・83と、他国よりも緩やかであり、依然としてヨーロッパでトップを維持している。[29]

アメリカ合衆国は、もっと子どもを産んでもらうための政策の制定に後れを取っている。避妊へのアクセスの制限と、中絶の犯罪化だけは実践しているが、それでも、多くのアメリカ人が子どもを産まないという、ぞっとする事態に歯止めがかかっていない。アメリカ保健社会福祉省は、毎年春に、前年度に生まれた赤ちゃんの総数を集計し、データを母親の年齢、人種、地域別に分類した報告書を出している。それによると、15年から20年にかけて、赤ちゃんの総数は前年を下回り続けている。

22年春の報道については複雑で、21年に生まれた赤ちゃんの数は20年よりもわずかに多いものの、19年からは大幅に減少しており、すでに毎年恒例となったパニックめいた記事や政治家の街頭演説、SNSの投稿が鎮まることはなかった。[30]アメリカの女性の出産数が減ったと、様々な記事が報道している。家族が小さくなり、子どもを持たない人が増えている。そういった記事やコメントはすべて、「なぜ?」という同じ疑問を呈している。なぜ現代の若い女性は、哺乳類としての体の基本的機能のひとつを無駄にするのか? なぜ、生物としての義務を無視し、人類の存続に必要な役割を拒否し、両親に孫を持つ喜びを与えようとしないのか? なぜ、多くの人が「人生に意味を与えた」と言ってはばからないチャンスを、みすみす逃そうとするのか? いったいなぜ、若いアメリカ人女性は、子どもを産まないのか?

産まない理由

もちろん、多くの仮説が出回っている。最も寛大さに欠ける説明は、現代の子どもを産まない女性は単純に、「わざわざ面倒なことをしたくない」というものだ。そういった女性(私たち)は自分勝手で欲張りで近視眼的で、仕事に入れ込みすぎている。女性というものは、私的な領域を出て、労働人口に加わり、工場やオフィス、病院、会議室に向かうと、母親になることよりもキャリア上の野心や仕事上の成功を優先し始める、という論調だ。つまり女性たちは、子どもを持たないことを選択していて、その理由は、他の何かが欲しいからだと言うのだ。カフェラテや、学位や、キャリアや、休暇や、アボカドトーストを望む気持ちのほうが、子どもを望む気持ちに勝るのだと。

もっと寛大なほうの説明は、フェミニズムやコーヒーの習慣に目を向けるのではなく、アメリカ人の若者が直面している冷酷で厳しい経済的な現実に焦点を当てている。大袈裟なことを覚悟で言わせてもらうと、わが子を1カ月間保育園に預けるには、大量のアボカドトーストに匹敵するコストがかかる。21年のニューヨーク・タイムズ紙の調査では、子づくりに関する意思決定が、仕事とお金、そして急速に侵食されつつある中産階級に何とか足場を得るためにミレニアル世代の多くが悪戦苦闘していることと、密接に結びついていると結論づけられた。

加えて、郡単位の全国出生調査によると、出生率は09年から劇的に落ち込んでいるが、これは沿岸部や都市部、民主党支持の多い地域だけのことではなく、ほとんどの郡で見られる。共和党支持の多い地域も民主党支持の多い地域も、富裕層も貧困層も、都市部も田舎も含めた、全国的な傾向だ。私のように大学を卒業してすぐに不況の波を受けた層や、初期のキャリアを不安定な小舟でしのいだ層にとって、新たに人間を産みだす前に、経済的にもキャリア面でも安定したいと考えるのは、単なる好みの問題ではない。若い女性の多くは、キャリアを優先することが生き残るために必要だと考えているのだ。[31]

私たちの誰もが、「とにかく産みなさい、たとえ今は経済的にも戦略の上でも不可能に思えても、なんとかなるから」という時代遅れのアドバイスを受けてきた。かつては励みになる名言だったかもしれないが、「なんとかならなかった」深刻な事態をじかに見てきた世代には、むなしく響くのだ。08年9月15日の朝、リーマン・ブラザーズが経営破綻を宣言し、世界経済を1年にわたる死のスパイラルに引きずり込んだとき、ミレニアル世代は12歳から27歳だった。20年の春、新型コロナウイルスの世界的大流行により、アメリカ人の失業者数が世界大恐慌以来の数字を記録したとき、ミレニアル世代は24歳から39歳であった。[32]

コロナによる分断

新型コロナウイルスが全国に広がり、ロックダウンが私たちを自宅に追いやったため、アメリカそして世界中で、店頭販売と処方箋による避妊薬の需要が急増し、国内外の供給を急速に上回った。[33] ガットマッチャー研究所の調査によると、アメリカの女性の10人に4人が、パンデミックによって、出産の時期や子どもをもうける計画を変更したか、子どもの数を予定よりも減らしたと回答している。[34] 中絶クリニックの電話は、パンデミックの最初の1年間、鳴りっぱなしだった。その理由のひとつは、多くの州がロックダウン下で中絶を「必須ではない」サービスと判断したため、近隣の州のクリニックへと人が流れたこと。もうひとつは、女性たちが中絶の提供者にくり返し語ったように、危機が進行中なので「今産むのは子どもにとって最善ではない」からだ。[35]

危機は世界規模だったが、その影響の広がり方は不均一で、個人の経済的安定性や立場次第で、緩和されたりされなかったりした。パンデミックの数年は、ウイルスにともなう景気後退の影響を最も強く受けた黒人や低所得層の女性の出生数が減少した。一方で、少数とはいえ相当数の比較的裕福なアメリカ人女性は、在宅ワークになり、レストランや休暇旅行に使うお金が節約できたため、パンデミックを妊娠する理想の時期と見なし、実際に、平時よりもはるかに多くが妊娠した。[36] パンデミックの間の出生数は全体的に減少したが、白人の中産階級と上位中産階級では増加したのだ。ノースウェスタン大学の経済学教授ハンス・シュヴァントは、「不況時に一定のグループの出生率が上昇したのは、これが初めてかもしれない」と述べている。[37]

私が陸軍士官学校で出会った女性たちが出産に熱心だったことは、子どもを持つことが社会的に期待され報われる文化の中で起こる、という意味で文化的である。しかし、文化的なだけではなく、構造的でもあるのだ。軍隊生活は、当然大きなリスクをともなうが、安定性も提供してくれる。高い給料、住宅補助金、無料のヘルスケア、補助金が支給される保育所、そして頻繁に配置換えがあるにもかかわらず、多くの場合、女性によって運営される強力なコミュニティネットワークが、新参者を物質面と感情面でサポートしてくれるのだ。アメリカの軍隊は、メンバーにいくらかの犠牲を必要とする一方で、その傘の下で大家族を持つことができる（そして実際に持つ）条件を非常にうまく提供している。「婦人のお茶会」は、かつての白人中産階級の時代へのタイムトリップだったように思う。それは、時間とお金とコミュニティに支えられ、人々が現在と未来の安定を信じていた時代である。アメリカ人女性が子どもを産まない理由の多くは、お茶会の婦人たちには当てはまらない。なぜなら、政策、法律、構造についての決断が外部の人々によってなされるからだ。

なぜ女性が子どもを産まないのかを説明するとき、個々の女性が下す個々の選択に焦点を当てることがあまりにも多い。子どもが欲しくても、その余裕があるとは思えない。長い間選《え》り好みをして、パートナーを見つけた頃には手遅れになっていた。大人になりたくない、きちんとした人生を送りたくない、両親のように思いきって子づくりをしたくない。子どもを持つことよりも、キャリアや住宅購入や引退後のための貯蓄を選んだ。政治、環境、経済など様々な危機を見過ごして希望を選ぼうとは思わない。そして、私たちは自分に言い聞かせる。こういった女性たちが母にならなかったのは、母になることを選択しなかったからだ。子どもが欲しければ、別の選択をしたはずだ、と。

「選択」と「自由」

このように考えることが、私たちには許されている。なぜなら、アメリカ合衆国では、「選択」は「自由」の言い換えであるからだ。ロー対ウェイド裁判（1973年、それまでアメリカ合衆国で違法とされていた妊娠中絶を女性の権利と認め、人工妊娠中絶を不当に規制する州法を違憲とする連邦最高裁判所の判決が下された裁判）に際して、保守派の最高裁判事ポッター・スチュワートは、同意意見にこう記した。「結婚と家庭生活における個人の選択の自由は」――中絶する選択も含めて――憲法修正第14条によって保護されている「自由のひとつである」。それ以来、「選択」という言葉は、進歩を求める女性運動のスローガンになっている。個人の自由を主張されることが弱味である社会において、巧妙に中絶の許可を求めるとき、それは自由と同義語になるのだ。

選択という思想がフェミニズムの第二の波を「作った」と、1970年代に論争的で著名なフェミニストだったスーザン・ブラウンミラーが記したのは有名な話だ。中絶をする選択。キャリアと家族の選択。子どもを産まない選択。選択することは、女性が入ることを選んだ世界や子どもを育てなければならない世界に、何ら困難な変更を加えることを必要としない、具体的ではっきりした要求だった。[38]

「選択」という言葉にフェミニストの要求を当てはめることが、アメリカンドリームに深く染み込んだ個人主義の理想とうまく調和した。つまり、人生や自由や幸福へ向かう道は様々であり、個々のアメリカ人の足元に道が敷かれているので、私たちはウォーキングシューズの紐を締めて、一番好きな道をたどるだけでいいということだ。今日では、選択が自由であるがゆえに、母親になるかならないかの個人の選択は、完全に意図的なものだと思われている。

不妊との区別

これまでの歴史の中で、子どもを産まない女性を異常な逸脱者と見なす人にとって、彼女たちが意図的な選択によって母親にならないのだと決めつけることは、便利な解釈でもあった。そうした女性は母親になれたのにならなかったのだから、私たちの軽蔑を受けるに値するのだと。もちろん、不妊は問題をややこしくする恐れがあった。母親になることを熱望し、おそらくは母親になることを望ましい社会規範として受け入れているにもかかわらず、母親になれない女性が含まれてしまうからだ。そのため、著名なアメリカの政治家や思想家は、不妊の女性と、子どもを選択的に産まない女性を区別しようと熱心に働きかけた。可能であれば母親になる道を選んだ女性と、母親になることもできるのにそうしなかった女性の間に、一線を引こうとしたのだ。

「子どもという最高の恵みを拒まれた善良な人々が大勢います。そういった方々に、敬意と共感を持ちましょう」。1905年、眼鏡をかけたセオドア・ルーズベルトは、現在はPTAと呼ばれる組織である全米母親会議でそう語った。一方で、選択によって母親になることを拒否した女性は「不快な生き物」であり、社会にとっての「種なしパン」のように扱われ、「現代社会において最大級に不愉快で不健全なこと」と見なされた。[39]別の言い方をすれば、女性が母親にならないことだけが問題なのではない。問題は、母親にならないという選択なのだ。

20世紀の最後の数十年間に、体外受精などの生殖補助医療技術が導入されると、そのような区別の技は必要なくなった。不妊治療は昔も今もほとんどのアメリカ人にとって手が出ないほど高額であるにもかかわらず、そして体外受精の成功率のばらつきが大きいにもかかわらず、医療技術が存在し、数十億ドル規模の世界的産業がその周りに構築されたことにより、不妊は治癒できるかのように見なされている。私たちは、女性が自由に妊娠を予防し、中断し、開始することができると信じられている社会に生きている。たとえ道徳的にすべての選択を容認しないとしても、である。子どもがいない女性は、そういう人生を選んだに違いない、と解釈されるのだ。

しかし私たちは、経験的にも論理的にも、個々の具体例からも、これが真実ではないことを知っている。有色人種のフェミニストは、1994年までには「選択」の不適切さを指摘しており、当時の黒人女性の指導者、学者、活動家のグループが、それに代わる表現として「生殖に関する正義」を提唱した。[40]「選択」という言葉は、選択する主体性を意味する。これは、多くのアメリカ人女性が長い間否定されてきたものだ。

奴隷にされた女性は、法律上は自分の体を所有しておらず、ましてや生殖に関する決定を下す権利などは持ち合わせていなかった。ジム・クロウ法（奴隷制廃止後も続いた人種差別的な法律や制度のこと）を制定する南部の州では、20世紀に、黒人の出産を制限することに特化した避妊クリニックを公的資金で設立した。[41] 60年代から70年代までに、南部の医師が、黒人女性に不本意な不妊手術を頻繁に行なっていたことから、公民権活動家のファニー・ルー・ヘイマーは、この処置を「ミシシッピの虫垂切除術」と名付けた。[42] 70年代に、先住民医療サービス（Indian Health Service）が、先住民の女性の4分の1に同意なしに不妊手術を行なったとして告発された。[43] これは昔話ではない。2020年の秋、ある内部告発者は、ジョージア州の営利目的の移民・関税執行局の拘留センターが、同意なしに、そして多くの場合、何が行なわれたかを理解するのに十分な英語を知らなかった移民女性に対して、不妊手術を強制していたと主張した。[44]

「生殖に関する正義」とは

ミシシッピ生殖自由基金の事務局長ローリー・バートラム・ロバーツは「生殖に関する正義」とは、「子どもを産む権利であり、子どもを産まない権利であり、基本的なニーズが満たされた安全で安心な環境で家族を養うことができる権利である」と説明している。[45] 重要なのは、中絶や子どもを産むか産まないかの選択というよりも、その選択が行なわれる条件と、結果として生まれる子どもを育てる条件のほうなのだ。

正しい質問は「なぜ、アメリカ人女性は子どもを産まないのか？」ではなく「生殖の選択に影響を与える決断で、女性が下さなければならないものは、他にどのようなものがあるのか？　そして、どのような状況下でその決定を下すのか？」なのだろう。もっとシンプルに、「いったいどうすれば可能なのか？」と問いかけてもいいだろう。若い女性の多くは、たとえ強制不妊手術という暴力を受けていなくても、生殖の選択を突き付けられる条件に強い制約があるため、選択をする気にまったくならないのだ。

これを裏付けるデータがある。過去40年間のアメリカ疾病予防管理センターの調査から、「自発的に子どもを持たない人」と自称する女性は一貫して非常に少ないことがわかっているのだ。2017年には6％で、1982年の4・9％からわずかしか増加していない。[46] 別の研究から、約5％が「不本意に子どもがいない」と認識しているとわかったが、これは通常は、子どもを望んだが不妊がその妨げになったことを意味する。[47]

残りの大半の子どもがいない人にとって、ノンマザーの状態は、様々な決定を経るうちに、ゆっくりと間接的にやってくる。その決定の一部は、生殖と無関係でありながら、生殖のすべてを左右する。例えば、大学に戻って修士号を取得してキャリアを変更する、愛のない結婚を35歳でやめる、サポートを提供してくれるはずの家族のネットワークから遠く離れて就職する、ひとりでいるよりも自分を幸せにしてくれるパートナーを求め続ける、次世代が生きている間に気候変動による大惨事が起こり、火事や洪水や暴風雨に見舞われることを心配する、などである。

また、自分のために選択する場合もある。有給の育児休暇がない仕事、目もくらむような保育費用、途方もない学生ローンの支払い、または21世紀のアメリカで家を所有することや、さらにはリタイアを検討する場合の費用を入念に計算して、やめる人もいるだろう。不妊治療薬や人工授精、体外受精を試してみたが、費用がかかりすぎたり肉体的にきついと判断したりして中止を決めた人もいれば、子どもを持たない決断をしたか持つことができないか、というグレーゾーンに位置する人もいる。ある学者は私たちのことを「永遠に先延ばしをする人」と呼ぶ。別の人生を歩むか、住む社会が違っていたら、母親になったかもしれない女性のことだ。そして体内時計が真夜中を打つか、眠れぬ夜の味わいが底をつくか、出産の意義をわずかでも見いだす前に、高齢の親の介護が始まってしまうのだ。[48]

子どもがいない個人や全体を説明しようとすると、複雑になる。子どもがいない理由は、お金や、利己的で快楽的な生活を送る喜び、不妊の悲しみだけではない。このすべてが理由であるという人もいれば、その他の理由がある人もいる。今の社会に支援が欠如していて、子育てが孤立したごく個人的なプロジェクトになっていること。経済的圧力によって、ほぼすべてのことよりもキャリアと収入を優先せざるを得ないこと。地球の破壊に最善を尽くす人類の重荷の下、すでにうめき声を上げている惑星で子どもを育てることへの恐怖。その破壊に加担する新たな人間を産みだすことへの恐怖。子どもの入る余地のない人生、つまり自分の時間やエネルギーや愛情を他のことに使う生活を望む人もいる。

こういった理由は、新しいものではない。子どもを強く望んだり、相反する考えを持ったり、子どもを持たないことで自由になれたりと、いずれのケースかはさておき、歴史上には、生涯子どもを産まなかった女性が大勢いる。抜群に効果的な避妊法が発明されるよりはるか昔、そしてフェミニスト理論が母性と女性性のすき間にあるものを紐解こうとするよりもずっと前から、子どもを産まない女性は存在したのだ。私たちは、子どもを持つ余地があるかを見定めようと奮闘しながら人生を築き、地球上で与えられたわずかな時間を過ごす歴史の産物にすぎない。しかし歴史はまた、私たちがひとりではないことを教えてくれる。

この本を書き始めたのは、新型コロナウイルスが世界的に広がったロックダウンの初期の頃だった。学校や保育所が閉鎖され、家庭支援システムが遮断され、友人に会えなくなり、親たちは活発な幼児や、退屈した小学生や、不機嫌なティーンエイジャーと同じ空間に閉じ込められて仕事をせざるを得なくなり、いくつかの点で、「親」と「非親」の隔たりが、これまで以上に大きくなった。

とりわけ、ロックダウン下で子どもの世話とオンライン授業の責任の大部分を引き受けた母親と、子どものいない女性との体験の差はあまりにも大きく、これまでなんとか共有していた最後の糸が、ぷつんと切れる危険があるほどだった。[49] 多くの母親にとって、子どものいない友人から聞かされる、時間をもてあましてパンを焼いたり家でヨガをしたりネットフリックスを一気見したりという話は、腹立たしいだけではなく、理解できないものだった。友人の側にしてみれば、ロックダウンの最初の数カ月間は、自分の正当性を主張するチャンスのように感じられたかもしれない。ある女性は、ツイッターにこう書いた。「私には、子どもを産まない選択をする理由がある。そして、パンデミックの間、何週間も家に閉じ込められていることがずばり〔の理由〕とは言えないが、それに近いものがある」[50]。

アメリカの母性の危機は、もちろんウイルスの産物ではない。コロナ禍が、子どものいる女性もいない女性もすでに知っていたことを露呈させたのだ。それは、全員が母親になることを期待されているのに、実際になってみると、わずかな支援しか受けられないということだ。小児科医の診療所は月曜日から金曜日の9時から5時までしか開いていない。アメリカの学校は午後2時か3時に終わるが、それは21世紀の最上級に人道的な職場であっても、終業の数時間前だ。国内の一部の地域では、保育所やプリスクールの費用は、ほぼひとり分の専門職の給料に値する。子どもには毎日食事を与えなければならず、実際は一日に何度も与えるはめになる。誰かが洗濯物をたたみ、全員分の弁当を詰め、放課後プログラムやサマーキャンプの予約をし、宿題を手伝い、予約した病院へと連れて行き、貴重な有給休暇を使って自宅で病気の子どもの世話をしなければならない。私たちの社会で子育てをするには、ちっとも機能しないシステム上の穴に、時間とお金とエネルギーを注ぎ込む必要がある。多くの場合、そもそもシステムが機能するように設計されていないのだ。

失敗するようにできたシステム

近年、いわゆる「マミーウォーズ（ママたちの戦争）」が勃発し、「正しい」子育てをめぐって母親同士が激しく意見を対立させている。自然なお産か無痛分娩か、母乳か粉ミルクか、自宅か保育所か、添い寝か「ねんねトレーニング」か、ワクチンはどうするか、はたまた、10月に食料品スーパー「トレーダー・ジョーズ」の駐車場で子どもにコートを着せるべきかどうかなど、さまざまな論争がくり広げられている。これらはすべて、個々の母親がおおむねコントロール可能なものであることは、指摘しておきたい。マミーウォーズは、コントロールの外にある広大な領土をめぐって戦われることはない。例えば、育児や医療の費用、出産休暇や有給休暇の全体的な不足、子どもを持つ女性の給与を抑えこむ、いわゆるマザーフッド・ペナルティ（チャイルド・ペナルティ）については、管轄外なのだ。これで合点がいく。アメリカの母親は、大きなことに失敗するようにできているので、ささいなことをめぐって争っても不思議ではないというわけだ。そして、たとえ母親になって、社会が要求する役割を果たしたとしても、あなたはずっと勝つことができないのだ。

子どもを産まないことは、もちろん新しいことではない。しかし、別の地域や別の時代では、子どもの世話をする「手」と「心」は、子宮で子どもを育《はぐく》んだ本人のものとは限らなかったし、本人がひとりで行なうものでもなかった。そういった地域や時代では、次世代を育むリスクと責任と見返りは、コミュニティによって共有されていたのだ。そのコミュニティには、生物学的な母親と一緒に出産していない女性も含まれていた。現代では、コミュニティが欠如し、社会や制度、そして現実的に何も支援がないため、子どもを産む人生というものが、生殖にともなう責任とリスクを引き受ける個人の意欲の問題へと縮小されている。私たちは親になることを要求されるが、孤立した泡の中で子育てをするように求められ、支えてくれるものは、大雑把に言えば、自分の銀行口座の他にはほとんどない。おとなしく従った見返りに得られるのは、わが子のあらゆる世話の責任を一手に引き受けることである。一方、子どもを産まなければ、子どもに関わる役割をほとんど持たないという罰を受けるのだ。

歴史は、そうである必要がないことを示している。女性たちは——12世紀の修道女から19世紀の女性参政権論者、21世紀の環境保護主義者、黒人や先住民族のフェミニストに至るまで——母親を支援することと、子どもを産まない女性の社会的価値を回復することが表裏一体であることを、長年にわたって私たち全員に伝え続けてきた。そろそろ私たちが耳を傾けるときなのだ。

この本を書き始めた頃は、子どもがいない女性に絞った内容にしようと考えていた。彼女たちの物語は語られてこなかったので、今がその時期だと考えたのだ。しかし私はゆっくりと気づき始めた。子どもがいない女性たちを語るときに、彼女たちが愛情を注いで手を貸した母親たちの話や、彼女たちがセックスしたり医学的なアドバイスを求めたりした男性たちの話、そして日々交流している広範囲のコミュニティから切り離して考えるのは、ほとんど意味のないことなのだ、と。

地球上のほとんどの地域において、そして、歴史が浅いアメリカ国内でさえ、母親とノンマザーとの線引きはさほど明確ではなかった。西アフリカからホデノショニ（またはイロコイ）連邦（アメリカ大陸の先住民による国家集団）、アメリカの植民地に至るまで、母であることが単なる生物学的役割ではなく社会的役割となる余地がはるかに大きかった。そして子どもを産まない女性にも、子どもに愛情を注いで子育てに全面的に参加する余地があったのだ。これまでの歴史を通して、子どもがいない女性は、母親や男性を含む社会の一員として、他の人が作った構造や政策の中で、人生を築いてきた。歴史家のナタリー・ジーモン・デイヴィスがかつて指摘したように、農民のことだけを書いて領主の存在にまったく言及しなければ、中世ヨーロッパの経済システムである封建制を読者に理解させることは期待できない。[51]デイヴィスがこれを書いた1976年は、学者たちが女性の歴史を本格的に研究し始めた頃だった。デイヴィスが言いたかったのは、女性の歴史は男性との関係性と共に語られるべきだということだ。女性は、男性と関わりながら人生を生きてきたのだから。女性だけを社会的文脈から切り離し、歴史的現象として見なすと、全体像を理解することは決してできないのだ。

本書を通じて、あなたは今まで知らなかった類の「子どもがいない女性」に出会うだろう。ノンマザーだが、それ以外の理由で有名な女性もいれば、ノンマザーの女性の経験に何らかの影響を与える決断や仕事や生き方をした男性もいる。生物学的な母親、社会的な母親、ステップマザー、養子縁組による母親、一時預かりの母親、パートタイムの母親といった、さまざまなタイプの母親がいる。子どものいない女性の全体像は、私たち全員の姿に重なっている。私たちは、これまで思い込まされていたほど、違っていないのだ。

自発的に子どもがいない女性か、不本意ながら子どもがいない女性か。あるいは子どもがいないことを喜んでいる女性か、不妊に打ちのめされている女性か。私の知り合いの子どものいない女性には、社会が当てはめたがるカテゴリー内にきっちり収まる人は、ほとんどいない。産む・産まないの状況には、大小の悲しみがともなっている。例えば、孫が持てないことを悲しむ両親の姿を見る。今いる場所にたどり着くまでの過去の選択を後悔し、未来の後悔を予測する。またしても妊娠検査薬が陰性だったことや、人生の重荷を支える柱を保つ唯一の方法だと判断して中絶手術を受けたことに、涙を流す。不妊治療が叶わなかった辛さが薄れ、失敗によって生かされた人生を喜べるようになったことに気づき、そこにも悲しみがあると見出す。他のみんなが「人生に意味を与えてくれた」と断言することを逃したり、欲しいとさえ思わなかったりするのは、悲しいことだ。[52]知人の多くは、作家のシェリル・ストレイドの言う「私たちを乗せなかった幽霊船」が通り過ぎてゆくのを嘆き悲しんでいる。自分が選ばなかった、影のような静かなバージョンの人生が並走するのが、霧の向こうにぼんやりと見えるのだ。[53]知人の全員、たとえ子どもを持たないことで望みどおりの変化のない人生が送れた人でさえ、その決断(と呼んでいいのかどうかわからないが)には、ある程度の苦痛がともなっている。周囲の期待どおりではない生き方には、喜びと悲しみが混在するのだ。

子どもがいない人の増加を、フェミニストの勝利と見なしたくなるかもしれない。または、アメリカの家族を長い間封じ込めてきた異性愛主義の箱を壊し(あるいはへこませて)、ライフスタイルを正常化できたのだと。または、選択肢を持ち、自分が望む人生を選ぶ能力を備えた世代の女性が一斉に声を上げたのだと。しかし、私はこれを勝利と呼ぶことをためらっている。あまりにも多くの選択が、経済的な苦痛と支援の欠如と将来への不安によって決定されているからだ。

アメリカの親たちがコロナ禍のロックダウンに苦しんだ理由や、アメリカの親たちがたとえ最高潮の時期であっても苦労している理由は、アメリカの女性が出産の予定を立てない理由と、さほど違わない。そう考えると気が滅入るが、そのことが連帯の求心力になることを願っている。

出生率低下はストライキなのか

活動家で作家のジェニー・ブラウンは、アメリカの出生率の低下を、仕事のスローダウン（怠業）またはストライキとして理解すべきだと主張する。出産と子育てという労働を担う人々が、与えられた劣悪な条件下で働くことを次第に拒むようになったのだ。[54] 総合的な社会的傾向というものさしで測るのなら、確かにそう考えるのが最良かもしれない。ただし「ストライキ」という言葉には主体性と意図も含まれている。多くの女性が生殖の決定に関して感じていると報告されるよりも、はるかに多くの主体性と意図がそこにはあるのだ。[55]

人類学者のミシェル＝ロルフ・トルイヨは、労働者が職場を離れることはストライキの定義を十分に満たしていないと見ている。同じ日に多くの労働者が職場に現れないのは、大雪の影響かもしれないし、ウイルス性胃腸炎が職場に広がっているせいかもしれないし、単なる偶然の一致かもしれない。何らかの共通する理由が、出勤しないという集合的な決断を下すための理由が必要なのだ。トルイヨはこう書いている。「最もシンプルな言い方をすると、労働者自身がストライキをしている自覚がある場合にのみ、それをストライキと呼ぶのである[56]」。

アメリカの女性が自覚した上でストライキをしているという確信は、私にはない。私たちが子どもを産まない理由は、連続していたり、集団的であるというよりも、分散していて、個人的なように思える。そもそも子ども自体に関係のない理由が多く、たとえばお金がない、支援が得られない、パートナーがいない、仕事のスケジュールが柔軟でないだとか、火事や洪水が心配だとか、生物学的に困難だとか、違う人生を望んでいるから、といった具合だ。こういった理由も目新しいものではないが、その歴史が除かれた状態で私たちに提示されている。

フェミニズムのせいで私たちがキャリアを優先するようになったと言われているし、心配性の人のせいで気候変動に極度に怯えるようになったとも、待つ時間が長すぎて不妊になったとも言われている。1980年代や90年代や2000年代の初めに生まれたせいで、どういうわけか利己的になったとも。歴史を振り返ってこういった点と点をつなげなければ、女性が子どもを産まない理由は、ストライキではなく個人の決断のように見えてしまうし、共有できる経験ではなく現代の(現実と想像上の)ストレスを乗り越えられない個人の失敗のように感じられる。ある賢明な友人の言葉を借りると、「これがストライキだとしたら、私たちはまだ連帯感さえ得られていない」のだ。互いとの連帯、そして歴史とのつながりを、この本によって伝えられるよう願っている。

1章　いつも選択してきたから

アン・ローマンの裁判の最終日、ニューヨークの一般法廷の傍聴席は大混雑で、すべての席が埋まり、遅れてきた人たちが後ろに群がっていた。この日に判決が出るため、街中の人が法廷に押し寄せたのだ。メモ帳を手にしたジャーナリストや興味を持った市民たちが、「ニューヨークで最も邪悪な女」「人の姿をした怪物」と呼ばれる被告の姿を一目見ようと、傍聴席に詰めかけた。

マダム・レステルの通り名で知られるローマン被告は、正午頃に、夫と裁判所の警備員に付き添われて法廷に入ってきた。男ばかりの法廷内で、ただひとりの女性であるレステルは、その事実を強調するかのような、黒髪をおおう白いボンネットを被り、ひときわ目立っていた。弁護士の隣の席に座ると、絹の黒いドレスの裾が足元にふわりと広がった。裁判長は静粛を命じ、被告の罪状を読み上げた――マリア・パーディという女性の妊娠後期に中絶手術を施し、死に至らしめた、と。ある人はこれを「キリスト教の国で行なわれた最も忌まわしい行為」と断じた。1841年の夏、マダム・レステルは中絶手術の提供者として、殺人の罪で裁判にかけられていた。[1]

マダム・レステルの誕生

ニューヨークで最も邪悪な女として知られるようになる女性は、1812年にイギリスのペインズウィックでアン・トローとしてこの世に生を受けた。貧困の中で育ち、年頃になると家を出て給仕のメイドとして働くようになった。10代でヘンリー・ソマーズという仕立屋と結婚し、19歳の時、より良い生活とより多くの機会を求めて夫と共に国を離れ、19世紀初めの数十年間にニューヨークを目指した労働者階級のヨーロッパ移民の集団に加わった。しかし到着してすぐに、ヘンリーが発疹チフスにかかって死亡し、アン・ソマーズは幼い娘と2人きりで新天地に残された。

アンが最初に見つけたのはお針子の職だった。ヨーロッパからの移民の多くがこの仕事をしていて、わずかな賃金でやっとの思いで生活していた。アンは収入を補うために副業として助産婦として働き、田舎で育った頃に周りの女性たちから学んだ技術を使って、近所の人の出産の世話をした。やがてその副業を、赤ちゃんが生まれるのを防ぐことにまで広げた。薬草を調合して避妊薬や堕胎薬を作り、妊娠を避けたい、終わらせたいと希望する女性たちに売り込んだ。現在使われている中絶薬のミフェプリストンとミソプロストールは2000年にアメリカ食品医薬品局（FDA）に承認されたが、アンは1830年代において効き目のある薬草をたくさん知っており、麦角《ばっかく》、甘汞《かんこう》、アロエ、クリスマスローズなどを粉末にして混合し、流産を起こす錠剤を作っていた。このような薬は「女性の月経調整薬」と婉曲的な表現で呼ばれ、月経を「回復」させる効果を約束する薬として扱われた。[2]

1836年、アン・ソマーズは、ニューヨーク・ヘラルド紙の編集者チャールズ・ローマンと再婚した。チャールズは、新婦の副業のために自身の広告技術を熱心に活用した。ローマン夫妻は、アンがフランスで助産婦のトレーニングを受けたという経歴をでっち上げ——どこかで技術を学んだにせよ、アンは正式な医学教育を受けていない——謎めいたマダム・レステルが誕生した。こうしてアン・ローマンつまりマダム・レステルは、既婚女性・独身女性、母・ノンマザー、富裕層・労働者階級を対象に、街中にある営業所のネットワークを使って、避妊薬や中絶薬を販売するキャリアを築き上げた。レステルのサービスは包括的だった。薬草では解決できないほど妊娠が進んだ女性には外科的中絶処置をする医師を紹介し、中絶は望まないが事情を抱える妊婦が快適に出産できるように、下宿のベッドを貸し出した。追加料金を払えば、養子縁組の手続きも世話していた。[3]

中絶違法化の2つの動機

マダム・レステルの裁判は、その内容の忌まわしさゆえに大衆の想像力をかきたてた。中絶するのは若い女性がセックスをした結果であり、それはセックスと母親になることを分離する大胆な行為なのだ。また、目新しさも興味をそそる原因だった。1820年代より前には、アメリカには中絶を制限する法律はなかった。アメリカの入植者たちは、ヨーロッパから何世紀分もの法的・文化的先例を持ち込んだが、ヨーロッパでは、少なくとも胎動、つまり妊婦が初めて胎児の動きを感じる瞬間までの中絶は、ほとんど問題視されていなかったのだ。[4] 超音波検査によって子宮の中が確認できない時代には、この見立てに実際的な意味があった。胎動より前の段階では、女性の生理不順や吐き気、腹部のふくらみが、妊娠の兆候であるかどうかは、誰にもわからなかったからだ。マダム・レステルの裁判でも、単に「腸にガスがたまった」という例もある、と専門家の証人が発言している。[5]

初めて中絶を違法としたのは1821年のコネチカット州で、1880年にはすべての州で重罪となった。[6] 1820年代から30年代にかけての初期の法律は、胎児や妊娠とすらほぼ無関係だった。多くは毒物対策であり、妊婦が時に命まで失う危険な物質を買ったり飲んだりするのを防ぐためのものだった。40年代から50年代にかけて中絶禁止法が推進されたが、これは専門的な訓練を受けた医師たち（50年代後半には新たに結成された米国医師会が加わった）が医療に関する専門的な支配力を確立し、助産師やホメオパシー医などの競争相手を追い出そうという大がかりな試みの一環でもあった。[7]

中絶を違法化しようとする動きが、この手術への需要が大幅に増えた時期と同時に起こったことを考えれば、こういった動機――レステルのような無免許の開業医から女性がそうと知らずに死に至る毒物を購入することへの懸念と、医療市場の支配という野望――は、理にかなっている。歴史家の推測によると、19世紀の最初の30年間のアメリカでの妊娠中絶は比較的まれで、妊娠の

25〜30回に1回だった。それが1860年には、妊娠の5、6回に1回は中絶処置がなされていた。[8] イリノイ州の小さな田舎町アトキンソンで医師をしていたW・M・スミスは、74年に刊行された医学雑誌で「知り合いの3人の既婚女性が、立派な人物でありながら、妹たちに『抜け道』の手口を教えているという評判が立っている」と報告した。スミスはこう続けた。「近所の老医師は、親切にもひとりの患者に柄のついた針金を与え、女はそれを使って処理をした。その後、女はそれを近所の人に渡し、その女性は胎児を壊すことに成功したが、自分の体も危うく壊れるところだった」。[9] 98年、ミシガン州の「犯罪的中絶に関する特別委員会」は、同州の妊娠の3分の1が中絶に終わったという、かなり恐ろしい結論を発表した。[10]

女性の性行為への懸念

現代の中絶反対論は胎児を中心に語られる傾向にあるが、初期の中絶反対運動家は、女性の性行為に少なくない懸念を抱いていた。中絶は女性が結果を気にせずにセックスすることを可能にする、というのが彼らの主張だ。妊娠の心配がなければ、婚前交渉や夫を裏切る浮気、さらには夜に紛れた娼婦の仕事に歯止めをかけることができなくなるかもしれない。全米の新聞は、中絶を「危険で不道徳な行為」と書き立てた。ふしだらな女が望むものであり、その罪を隠すために犯罪者となった医師が行なうものであると。[11] 41年の夏の日、法廷に押し寄せたニューヨーク市民たちは、マダム・レステルが裁判にかけられた罪、つまり胎動後の妊娠中絶が、彼女の本当の罪でないことを知っていた。レステルの罪は、ジャーナリストのジョージ・ワシントン・ディクソンが裁判の記録に記したように、「配偶者に見破られることなく、一年中不倫ができる道を示〔した〕」ことだったのだ。[12]
法廷で、レステルの弁護士は、ニューヨーク州がレステルにかけた罪状について弁護をした。一方でレステルは、法廷の外で、自分が提供したサービスを擁護するための宣伝活動に乗り出した。その一環として、自分が出した薬の危険性を証明できた人に、当時としては驚異的な100ドルの賞金を提示した。係争中にもかかわらず、レステルはヘラルド紙に「すべての女性の健康に関わる自然の機能の異常または抑制によるあらゆる症状の治療」を承ります、と三行広告を出し続けた。レステルが広告の中で、「私たちが陥りやすい悪を妨げることは、高潔かつ賢明ではないでしょうか」と問いかけることもあった。子どもの数をひとり増やして家庭の財政を限界まで逼迫させたり、母体の命を脅かしてまで再び出産するリスクを取ったりすることを例に挙げ、広告を次のように締めくくった。「そのために、自分のコントロール下にあるシンプルで健康的な手段を使う。マダム・レステルが以前から推奨しているのは、それだけのことです[13]」。
1841年のマダム・レステルの裁判の陪審員は、もちろん全員が男性だった。ニューヨーク州では1937年まで女性は陪審員席に座る権利を持たなかったからだ。そして陪審員はわずか10分で審議を終えた。「有罪」と、陪審員はレステルに告げた。「3番目と4番目の訴因による。中絶処置を施し、〔マリア・〕パーディを死に至らしめた![14]」ローマン夫妻と弁護団は控訴し、1844年2月に判決が覆された。レステルに不利な証拠は、胎動を感じた後に中絶処置を受けたというパーディの亡くなる寸前の主張だけであり、ニューヨーク州法は法廷において死の床での告白を使用することを禁じていたのだ。パーディが中絶処置を受けて1年以上経ってから結核により亡くなったという事実も、中絶と関連性が薄いということで、レステルに有利に働いた。マダム・レステルは、この評決に大いに勇気づけられ、仕事に復帰した。ローマン夫妻は事業を拡大し、広いオフィスに移転して、市内各地に小規模な拠点を設けた。そして1845年、ニューヨーク州は、妊娠のすべての段階での中絶を重罪とし、処置が胎動の前か後かという法的な区別を撤廃した。それでもレステルの顧客基盤は引き続き拡大し、その後30年間もビジネスが続いたが、レステルの事業のほとんどは闇に隠れてしまった。[15]

歴史上の「子どもがいない女性」たち

この本を書き始めた頃、子どもを持たない女性の「長い歴史」を語ることが果たして可能なのかと、複数の人から質問を受けた。確かにそうした指摘の通り、ホルモン避妊薬が発明されたのは1950年代である。アメリカで既婚女性にあらゆる種類の避妊が合法化されたのは65年、全女性が使用できるようになったのは72年だ。ロー対ウェイド判決が最近覆されたことが意味するのは、アメリカ人が2・5世代にわたって合法的で安全な中絶の権利を持っていたということだ。では私は、不妊と修道女と未婚女性の歴史を執筆しようとしているのか？　幸いなことに、答えはノーだ。子どもを産まない女性の歴史は、私たちが考える現代の選択の時代よりも、はるかに長いのだ。

ノンマザーにまつわる現代の会話では、今時の若い女性が歴史的に逸脱しているという決めつけを前提に語られがちだ。産む・産まないの選択肢を持つことにより解放され――呪われてと表現したがる人もいる――母にならないという、説明が必要な不可解で斬新な決断を下しているのだと。しかし、歴史上に子どもがいない女性が存在するのは周知の事実だ。ヘンリー8世とアン・ブーリンの娘であるイギリスのエリザベス1世に子どもがいなかったことは有名な話であり、エリザベスは長年にわたって「ザ・ヴァージン・クイーン（処女女王）」の通称で呼ばれていた。父親が次々に妻を取り換えて男子の後継ぎをもうけようとしたが失敗に終わり、エリザベスは王位を継承して半世紀近く統治した。エリザベスの処女性は大きな論争の的になっており、フランスの国王アンリ4世が、ヨーロッパの三大疑問のひとつは「エリザベス女王が処女か否かだ」と冗談を言ったと伝えられているが、私たちが知る確かなことは、エリザベスには、父親が熱望してやまなかった後継ぎがひとりもいないということだ。[16]

また、19世紀と20世紀初頭の英文学作品の著者リストは、さながら子どものいない女性の名士録だ。ジェーン・オースティン、ジョージ・エリオット（メアリー・アン・エヴァンス）、ブロンテ三姉妹の全員、ルイザ・メイ・オルコット、エミリー・ディキンソン、エディス・ウォートン、ヴァージニア・ウルフ、ガートルード・スタイン。奴隷解放運動家のハリエット・タブマンは、1874年に52歳のときにガーティという女の赤ちゃんを養子にした。2回の結婚で子どもが生まれず、北軍に軍事的、政治的戦略に関する助言を行なった後のことだ。[17] 公民権運動指導者のスーザン・B・アンソニー、ローザ・パークス。作家のジュリア・チャイルド。

避妊と中絶の長い歴史

こういった女性のなかには、男性とのセックスを避けた、または妊娠できなかった人もいるだろう。しかし、現代の避妊法が登場する以前に妊娠可能期間のすべてまたは一部を生きていた彼女たちにとって、それだけが理由とは言えない。当時利用できたツールを使って妊娠を積極的に回避していた可能性もある。中世ヨーロッパにさかのぼる医学の専門書には、数十種類にもおよぶ薬草を使った避妊薬と中絶薬が挙げられており、その多くは、現代科学によって、少なくともタイミング次第では効果的であると認められている。

中世と近世ヨーロッパの歴史家たちは、結婚したカップルの出生パターンの分析によって、女性が昔から、おそらく夫やその他の性的パートナーと一緒に、子どもを持つか持たないかを明確に選択してきたことを示している。近世の大半の時代の北ヨーロッパでは、既婚女性の初産年齢の中央値は27歳で、子どもが生まれる間隔が疑わしいほど開いており、出産可能な期間が終わるかなり前に最後の子どもが生まれているケースが多い。近代初期のヨーロッパ人が20代後半に性交を始め、まれにしか行為をせずに、30代半ばまでに性行為をやめた、と結論付けるのは、よっぽど初心《うぶ》な歴史家だけだろう。また、過去500年ほどにわたり、北西ヨーロッパの女性の約20%が生涯子どもを持たなかったとされている。[18]

子どもを持たない女性の歴史は、近代的なコンドームの製造を可能にした硫黄を加えてゴムを加熱する製法や、今ではどこでも手に入る一般的な必須アイテムなので「錠剤《ピル》」という名称で呼ばれている薬をＦＤＡが承認したことから始まったのではない。中絶を政府ではなく、女性とその医師の決定とした連邦最高裁判所の7対2の判決（ロー対ウェイド判決のこと）から始まったのでもなければ、政府が女性の代わりにその決定を下すことを可能にする6対3の判決（ロー判決を覆した２０２２年のドブス対ジャクソン女性健康機構判決のこと）で終わることもない。産まない理由は常に存在し、その方法は常にあった。手元の歴史的証拠が示すのは、女性たちには、子どもを産んできた歴史と同じ年数だけ、子どもを産まない歴史もあったということだ。

紀元前１９００年、約４０００年前の古代エジプトのパピルス紙に記された古文書には、炭酸ナトリウム水和物とワニの糞を混ぜて作る殺精子剤のレシピが存在する。紀元前１５００年の別の書物では、アラビアゴム（アカシアの粘着性のある樹液）で作った円盤で子宮頸部を塞ぐことが提案されており、アラビアゴムには殺精子作用があることが現代科学によって証明されている。西暦79年のヴェスヴィオ火山の噴火でその体も言葉も固まることになる大プリニウスは、その直前の77年または78年に記している。「それ」（杉の樹液）を「性交の前に男性器になすりつけると、受胎を妨げる」。戦役中のローマの兵士は、軍隊が肉や牛乳を得るために連れてきたヤギの腸と膀胱をうまく利用し、その場しのぎのコンドームに加工したと伝えられている。古代ローマの家庭での一般的な避妊法のひとつはさらにシンプルで、想像するのが難しい方法ではあるが、半分に切ったレモンをセックスする前に膣に入れるというものだった。

ユダヤ教徒の戒律の基となる古代ラビ文書タルムード（モーセが伝えたもうひとつの律法とされる「口伝律法」を収めた文書群）では、子どもに最低24カ月から最大4年間母乳を与えることを女性に推奨しているが、これはスーパーの棚に粉ミルクが並んでいない時代には一石二鳥の指令だった。子どもの栄養を確保しつつ母親の妊娠を抑制するという二重の利点があるからだ。母乳育児は不妊を保証するものではない（高校時代の性教育の女性教師が、2年足らずの間に3人目を出産した後に強い口調で教えてくれた）が、排卵を誘発するホルモンの産出を抑えてくれるからだ。タルムードでは、あるカテゴリーの女性に「モク（mokh）」と呼ばれる道具を使って妊娠を避けることを許している。モクは通常、吸収性のモスリンかコットンの布切れから作られ、子宮頸部の手前に挿入した。[19]

各地に伝わる多様な方法

古代の思想家たちは、妊娠を防ぐことと終わらせることをほとんど区別しなかったが、前者は後者よりも簡単で安全だった。ローマ皇帝トラヤヌスとハドリアヌスの治世中に、婦人科の権威であるソラヌスは「胚を破壊するよりも妊娠しない方が有益である」と忠告したが、予防措置にもかかわらず妊娠した女性のために、「月経をもたらす効果も持つ利尿作用のある煎じ薬」と「腹部を空にして浄化する」下剤のリストをまとめた。[20] 医学の父と呼ばれるギリシャの医師ヒポクラテスは、薬草による妊娠中絶に反対したことで有名で、「私は女性に妊娠中絶の治療を与えません」と、ギリシャ語の『ヒポクラテスの誓い』に記している。しかしヒポクラテスは、物理的に妊娠を終わらせる方法には問題がないと考えており、『生成する種子と子どもの性質について』という論文のなかで、女性に激しい運動を流産するまで続けることを勧めている。[21]

ヨーロッパでは、避妊と中絶の方法が、はるか初期の医学書にも記されている。疑わしいものから非常に効果的なものまであり、そのひとつが「アン女王のレース」という名の開花植物の種を砕いて使う方法だ。アン女王のレースは、アメリカのアパラチア山脈で日常的に避妊効果のあるモーニングアフターピルとして用いられてきた薬草で、近年の研究から強力な避妊効果が確認されている。インド亜大陸発祥のアーユルヴェーダ医学では、妊娠を終わらせる効果があるとされる28種類の植物が用いられる。中央アジアの草原地帯では、望まない妊娠を終わらせるために、特定の種類のフェンネルが一般的に使われている。メキシコでは先住民族が何世紀にもわたってヘンルーダ（ミカン科の常緑小低木）を使って妊娠を終わらせてきた。北極圏の先住民には、避妊を樹皮に付着した地衣類に頼る人もいる。ブラジルのアマゾンのデニ族は、とある土着の植物に信頼を置いている。現代の研究によると、これを1回服用すると、男性が最大6カ月間不妊になる可能性があるという。[22]

18世紀後半までには、薬草の避妊薬と中絶薬が、ヨーロッパと新たに建国されたアメリカの女性に広まった。ドイツの医学論文には、妊娠を終わらせる目的の薬草の調合レシピが多数掲載されている。[23] またヨーロッパ人は、性交の中断を特に好んでおり、その証拠として、少なくとも近世にまでさかのぼって、あらゆるヨーロッパ言語の文献に様々な婉曲表現による行為の描写がちりばめられている。聖書の先例（創世記で、オナンが「亡くなった兄の妻をはらませるのを避けるために精液を地面にこぼした」）に勇気づけられるかのように、ヨーロッパの人々は「納屋で脱穀して外で吹き飛ばし」し、「小屋の入り口でカートを空に」し、「大地を耕して石の上に種をこぼした」。ヴォルテールは「大地を濡らさずに芝生に水をやる」ことを勧めた。フランス人は

「イタリア式」を実践し、オランダ人とフラマン人は「フランス式」を実践し、ドイツ人は「周辺地域で仕事をした[24]」。

避妊と中絶による人口転換

カップルが使っていたのが何であれ、それなりの効果があった。18世紀後半から20世紀初期にかけて、出生率はフランスからイギリス、日本からアメリカまで、北半球で急激に低下した。あまりにも劇的な減り方だったので、学者たちはこの現象に「人口転換」という名前を付けた。ナポレオン戦争の余波で、イギリスとフランスの両方で出生率が30％ダウンした[25]。19世紀の終わりまでに、イギリスの出生率は半減した[26]。海の向こうでは、19世紀初頭のアメリカの女性は平均7人の子どもを産んでいたのに、20世紀に変わる頃の子どもの数は、黒人の女性は平均5人、田舎の南部の白人女性は6人、北部の白人女性は3・56人だった[27]。

19世紀のアメリカで出生率が低下するにつれ、子どものいないアメリカ人女性の割合が上昇した。1835年生まれの白人の既婚女性のうち、子どもがいない割合はわずか7％強だったが、1870年生まれの同じコホートでは、16％近くに子どもがいなかった。1835年生まれの黒人女性に目を向けると――出産年齢のほとんどを奴隷として生き、産む・産まないの決定権を持たないことが大半だった――母にならなかった割合はわずか3％である。そして、奴隷解放後の1870年に生まれた黒人女性のうち子どもがいない女性は13％だった[28]。法律史家のペギー・クーパー・デイヴィスは、かつて奴隷にされていた多くの女性にとって、「自由とは、とりわけ、産むことを拒否する能力を意味していた」と述べている。[29]
　この出生率の低下という現象は、19世紀の道徳改革者たちの注目を集めたが、彼らはこれを自由というより大惨事だと見なしていた。南北戦争の終結後、歴史家が第二次産業革命と呼ぶもの、つまり組立ライン生産と消費者向けテクノロジー（自動車、電気、電話）によって引き起こされる社会変革がやってきた。明るい炎に惹きつけられる蛾のように、若い未婚の男女が、明るい未来を目指し、賃金と経済流動性を追いかけて、そしてとりわけ若い女性が、実家では許されなかったライフスタイルと経験を追い求めて、都市部へとなだれ込んだ。
　黒人の男女は、公式の奴隷制度からは解放されたが、再建《リコンストラクション》（南北戦争後、アメリカ南部諸州を合衆国に復帰させ、再建するために採られた措置のこと）後の南部にはびこる人種差別や人種差別政策からは解放されず、北部の都市部にもっと自由な生活を求めたが、多くの場合、それを手に入れることは叶わなかった。[30] １８７０年のアメリカは農業大国だったが、１９２０年までに、人口の過半数が都市部に住むようになった。その半世紀の間に、何百万人もの人々が田舎の空気と馬耕用の鋤と引き換えに、都会のスモッグと組立ラインの生活を手に入れた。[31]
　女性にとって、田舎の生活を都会の生活と交換することは、結婚・出産・家事という、想像がつく人生が得られる確実性を、未知のものと交換することを意味した。１８６９年のバレンタインデーにニューヨーク・タイムズ紙に掲載された人口統計調査では、東海岸の州に住む女性は男性よりも25万人多いことがわかった。ということは、余った大勢の女性は結婚しない可能性が高い。[32] 小説家から女性参政権の熱烈な擁護者に転じたリリー・デヴリュー・ブレイクは、83年に議会でこう証言した。「結婚はもはや女性のキャリアではなく、女性を支える手段でもない」[33]。若い未婚女性が果敢に自立する新たな世界では、結婚に直結しないセックスを経験する女性も存在した。アメリカの著名な政治家や宗教家の一部は、避妊と中絶を暗い未来への入り口のように感じはじめた。「受胎を妨げることは、最大の風紀紊乱につながるだろう」とハーパーズ・ウィークリー誌の記者に語った男が、アンソニー・コムストックだ。「神は〔妊娠などの〕自然の障壁を設定した」と彼は続け、カジュアルセックスに不賛成の意を唱えた。「情熱を解き放ち、恐れを打ち砕けば、戦争よりもひどい災難をもたらすことになる。それは神聖なものを貶め、女性の健康を破壊し、ヨーロッパの疫病や病よりも大きな呪いを広めることになるだろう」[34]。

コムストック法の成立

アンソニー・コムストックは、馬蹄形の口ひげをたくわえ、派手な蝶ネクタイを着けたエレガントな服装の男性で、19世紀のアメリカで最も強力な社会改革者のひとりだった。彼は熱意ある改宗者だった。ティーンエイジャーだった1850年代後半から60年代前半、コムストックはマスターベーションにふけっていたと伝えられており、祈りや賛美歌は役に立たないと日記に書き記していた[35]。南北戦争で北軍に入隊するまでに自力で更生したようで、兵士仲間の喫煙や飲酒やカード遊びはもちろんのこと、下品で猥褻な言動に憤慨するまでになった。戦争が終結すると、ニューヨーク市に移り住み、仲間のアメリカ人を不道徳な行為から救うことを決意した。72年にニューヨーク悪徳抑圧協会を設立し、売春、ポルノ、ギャンブル、タバコ、アルコール、無神論、婚前交渉、婚外交渉を含む、罪の根絶を目指した。とりわけ危険だと見なしたのが避妊と中絶だ。コムストックは、セックスと生殖の分離は、社会全体の崩壊に直結すると考えた。

コムストックは上手にタイミングをはかった。禁酒運動は、長きにわたってカルバン主義とモルモン教徒による周辺的な活動だったが、南北戦争後の数十年で主流になっていた。福音派プロテスタント主義の発展と人間の完全性に対する信仰も、人間の卑しい本質との戦いを煽るのに役立った。悪徳というテーマに注目が集まり、コムストックの協会はたちまちアメリカの富裕層や権力者から幅広い支持を得て、国家政策に影響を与え始めた。[36]

1873年2月、「わいせつな文学および不道徳な使用目的の記事の取引および流通の抑制に関する法律」が議会に提出された。「コムストック法」という略称で知られるこの法律は、「わいせつ、下品、好色」「不道徳」「破廉恥」な出版物を郵便で送ることを禁じた。この広範な文献には、児童ポルノから避妊方法に関する情報、医学生が使用する解剖学の教科書まで、あらゆるものが含まれており、各州が大学構内を捜索するにまで至った。この法律はさらに、コンドームから妊娠中絶を目的とした粉末やチンキ剤に至るまで、「受胎の予防または中絶の調達を目的として設計または意図されたすべての記事または物品」の郵送も禁じた。[37]

上院は、コムストックの名を冠した法案に、わずか10分間の審議を与えた後に賛成票を投じた。[38]これが下院の議場に到着すると、ニューヨーク州のクリントン・メリアム下院議員は、この法案は非常に重要であるため、議会は通常の規則を一時停止し、議場での討論を行なわずに直ちに投票する必要があると提案した。インディアナ州の民主党員マイケル・カーは、手短に抗議し、修正第1条で保障されている表現の自由の権利をやすやすと侵害する可能性のある法案を「性急に」可決するのは危険であると警告した。しかしメリアムが勝利し、規則は一時停止され、コムストック法が成立した。[39]

3月3日、ユリシーズ・S・グラント大統領は、「若くて経験の浅い心に、わいせつな、または性欲に満ちた考えを喚起する可能性がある」ものはすべて、連邦当局が検閲できることを、署名によって承認した。[40] 74年末までに、13万4000ポンド（約61トン）の書籍と19万4000枚の「悪い絵と写真」が押収、破棄された。[41] 80年だけでも、郵便局の検査官は6万4094個の「不道徳な使用のためのゴム製品」を押収した。[42] 罪に満ちた世界に立ち向かうコムストック法は、程度の区別をしなかった。避妊から児童ポルノまで、あらゆるものを同じ平筆で塗りつぶした。「何かひとつにドアを開いたら、すべての汚物が流れ込んで、若者の退廃につながるだろう」とコムストックは言った。[43]

78年、法律を味方につけたアンソニー・コムストックは、変装してマダム・レステルのニューヨーク市52番街のオフィスの呼び鈴を鳴らした。取り乱した夫を装い、「すでに子どもがたくさんいるのに妻がまた妊娠しましてね」とコムストックはマダム・レステルに告げた。もうひとりは養えません、と絶望したふりをして訴えると、レステルは罠にかかり、薬を販売してしまった。「これで妊娠を終わらせることができます」と。勝利したコムストックは、翌朝に警官を連れて戻ってきた。そして2人はレステルを勾留した。今回かけられた容疑は深刻だった。ニューヨーク州法の違反だけではなく、コムストックの連邦法に基づく重大な違反でも告発されたのだ。レステルは、自分が直面する罰が厳しいことを知っていた。文明の危機ともいえる状況で、コムストックと彼の法律は、際限なく直接的な害を加えることを正当化できた。年配の男性でさえ、何年も刑務所に入れられたり、重労働を科されたりしていた。裁判の日の朝、66歳のマダム・レステルは浴槽に入り、ナイフで喉を裂いて、頸動脈と頸静脈の両方を切断した。「ニューヨークで最も邪悪な女」は、自殺により死亡したコムストックの被告十数名のうちのひとりとなったのだ。[44]

ピルの誕生と3つの判決

この法律は、1915年に亡くなったコムストックよりも長生きした。廃止または修正の圧力は——活動家マーガレット・サンガーが産児制限を訴え、第一次世界大戦から帰還した米軍は、300万人の軍隊で41万5000件の性感染症を記録した後で、コンドームの戦略的価値を確信していた——実を結ばなかった。[45] 当初の法律で、コンドームを児童ポルノから分離することにコムストックが反対だったため、法律の廃止はほぼ不可能だったのだ。たとえ軍の要請であっても、議会に「わいせつ」「下品」「不道徳」な物品の賛成論者になりたがる者はひとりもいなかった。数十年にわたって、誰もいなかったのだ。[46]

もちろん、違法であるという事実が、存在を消し去るわけではない。陰に隠れ、闇市場に出回り、あるときはアメリカ食品医薬品局（FDA）の届け出書類に「未記載」という形でもぐりこんだ。シカゴに拠点を置く製薬会社GDサールが、1957年に合成プロゲストゲンとエストロゲンを組み合わせた錠剤の承認を申請したとき、「避妊薬」と明記することはできなかったが、まさにその目的のために開発し試験をした薬だった。大量出血や月経周期異常といった月経障害を治療できる、とサール社はＦＤＡに説明した。薬の本当の目的を暴露してしまったのはＦＤＡだった。規制当局はサール社に、ボトルに「この薬は排卵を妨げます」という警告を印刷するよう要求した。サール社の臨床研究部長が記憶するとおり、それは「まるで無料広告だった」。65年までに、650万人のアメリカ人女性がピルを服用しており、その多くは、ボトルが警告したまさにその効果を期待していたと推測せざるを得ないだろう。[47]

コムストック法は、法成立100周年にわずかに届かなかったが、72年まで確固として存在し続けた。アイゼンスタット対ベアードの裁判では6対1で、連邦最高裁判所はすべてのアメリカ人（既婚者だけでなく）に避妊の権利を認めた。ウィリアム・J・ブレナン判事はこう記した。「もしプライバシーの権利が何らかの意味を持つとすれば、それは既婚であるか独身であるかは個人の権利であり、（母親が）子どもを産むか（父親が）子どもをもうけるかという、その人の根本に関わる事項に政府の不当な関与を受けないためにある」[48]。ブレナン判事の独特の言い回しである「産むかもうけるか」は予言的であることが後に判明した。これが、女性が中絶手術を受けることを禁止するテキサス州の法律もまた、憲法上のプライバシーの権利に対する侵害にあたるという翌年の判決の根拠となったのだ。

今のアメリカの法学生は、中絶の権利を確立したロー対ウェイドの連邦最高裁の判決は、私たちが築き上げてきた法的革命とまでは言えないと教えられている。ローの法的根拠は、それに先立つ2つの避妊に関する判決にある。結婚しているカップルの避妊を法的に認める65年のグリスウォルド対コネチカット州判決、そして72年のアイゼンスタット対ベアード判決である。3つの判例が壁のレンガとなり、個人の寝室や医者の予約や薬棚から、政府の詮索の目を締め出そうとしたのだ。

　これらの判決、そしてもっと一般的に言えば、避妊と中絶が合法であり利用可能であることは、もちろん重要だ。中絶後の敗血症での死亡は、処置が合法になったことで89％減少した。これはおそらく――当然のことながら――臨床環境で医師が施術を行なうためだ[49]。医療費負担適正化《アフォーダブルケア》法（ACA）が2012年に保険会社に避妊費用の全額負担を義務付けると、避妊使用が、とりわけ低所得の女性の間で増加した[50]。研究者はまた、10代の妊娠が18年に過去最低を記録したのはACAの避妊義務の成果であると認めており、19年にさらに記録が更新された[51]。一部の専門家は、ローの判決の保護がなければ、アメリカのすでに高い妊産婦の死亡率が上昇するという懸念の声を上げている。医師が州の中絶法に違反することを恐れて、子宮外妊娠や部分流産の患者の救命措置を躊躇したり拒否したりするからだ[52]。

テクノロジーの問題ではない

　しかし、合法性とアクセスの容易さは、この物語のごく一部にすぎない。ローの判決は、中絶というアイデアを発案していないという点で、その判決を覆し、中絶を消滅させるであろうドブス対ジャクソン女性健康機構判決と同じである。コムストックと彼の仲間である19世紀の道徳改革者たちが見逃したこと、バーウェル対ホビーロビー・ストア社裁判（避妊のための保険適用範囲を制限することを求めた最高裁判所の訴訟）の上訴人が見逃したこと、中絶の犯罪化を求める州議会が見逃していること、そして避妊と中絶の権利の提唱者たちですら見逃していることは、その技術とアクセスの容易さだけが、子どもを持たないことや少子化のトレンドを推進する要因ではないということだ。要因は他にもある。少なくとも同じぐらい重要なのは、このテクノロジーに直面した人と、その人が子どもを産む・産まないを決めた理由である。この歴史が教えてくれることがひとつあるとすると、それは、子どもを望まない・ケアができない女性は、たとえ重大な法的リスクや生命の危険を冒してでも、持たない道を模索するだろうということだ。

19世紀のアメリカの女性は、ほとんどの場合、合法的な生殖の選択肢がなく、現代の避妊技術がないなかで産児制限をしてきた。社会学者のS・フィリップ・モーガンの言葉を借りれば、アメリカの女性は次第に「出産の後回しを希望し、実際に延期できるようになってきた」のである。現代の女性と同じく、出産を遅らせているうちに、「可能性が薄くなり、女性たちは生涯……子どもを産まなくなった」[53]。待てば待つほど、経験が増えていく。セックスを避ける経験、セックスはしても妊娠や出産を避ける経験、子どもがいないから許されるキャリアや、政治的・経済的・社会的なチャンスの数々。19世紀の女性が子どもを産まなかった理由は、私たちの理由とさして変わりはないのだ。

もちろん、テクノロジーについては私たちほど恵まれていなかった。ほとんどの場合、子どものいない人生は、禁欲、性交の中断、薬草、祈り、運を組み合わせることを要求されただろう。とはいえ、私たちと大差はない。私たちと同じように先延ばしにするか、厳しい決断をした女性たちであり、私たちのように、自分に与えられた数々のツールを使って、この世界で可能な限り最良の人生を築いてきたのだ。

アンソニー・コムストックは、何千個ものコンドームとマダム・レステルのような人々をアメリカの路上から撤去したことに大いに満足した。しかしその実現のために、被告たちは自殺に追い込まれてしまった。彼は、開発されたテクノロジーが利用可能になれば、女性がセックスを避けずに出産を避ける新たな道が開けたのは当然だと考えていた。現在、中絶と避妊に反対する人は、同じことを想定している。それが最初の経口避妊薬である合成プロゲストゲンであれ、IUD（避妊リング）の銅製ワイヤーであれ、ミフェプリストンとミソプロストールであれ、現代の医学的中絶処置であれ、テクノロジーというものは、セックスは常に子づくりであり、妊娠すれば赤ちゃんが生まれるという自然の摂理を混乱させる。

重要なのは、私たちの知る限り、これまでの歴史のなかで、性と生殖に関する「自然の摂理」はおそらく真実ではなかったということだ。避妊技術と合法的な中絶処置のおかげで、妊婦たちは絶望的な最悪の結末を回避することができたのだ。例えば1874年に医者に渡された針金を使い、「胎児を破壊し、自分自身も危うく壊れるところだった」イリノイ州の女性や、1930年に死亡診断書に正式な死因を「中絶」と記載された2700人の女性たちがそうだろう。[54] しかし、出生率が下がり子どもを産まない人が増えたのは、1844年にチャールズ・グッドイヤーが加硫ゴムを発明してコンドームの製造が可能になるよりずっと前、GDサール社がピルの特許を取得するよりずっと前、ロー裁判が中絶の権利を制定するよりずっと前のことだ。避妊技術によって子どもを持たないことが容易になったり、21世紀のフェミニストが説明のための言葉を提供したりするよりずっと前から、女性たちは、いつどのような状況下で産むか、さらには産むか産まないかについて、きわめて慎重に選択をしていたのだ。現代の避妊法の合法性と利用可能性が存続しつつ、安全かつ合法な中絶の権利があることで、より安全で容易な産児制限が可能になるのは間違いない。しかし、そのことが女性の出産を制限したいという気持ちを促進するわけではなかったのだ。

2章　助けてくれる人がいないから

エラ・ベイカーは、1903年にバージニア州ノーフォークで、1910年に人種暴動が街を揺るがした後に、そこから逃《のが》れることができた上昇志向の黒人家族に生まれた。ベイカーが7歳のときに母親の故郷であるノースカロライナ州リトルトンに引っ越し、家族は十分な規模の農場を所有した。リトルトンはノースカロライナ州の第2《セカンド》選挙区に鎮座している。これは南部の民主党員の間で嘲笑まじりに「ブラック・セカンド」の呼び名で通っている地区だった。黒人の投票者が多数を占める全国でも数少ない選挙区のひとつであるのが理由だ。

リトルトンの中産階級が暮らすイーストエンド地区で、ベイカー家の子どもたちは、南部の黒人の多くが直面する最悪の貧困と人種差別から隔離されて育った。[1] 家は2階建てで、母親のアンナは応接室で本を読み、エラと妹はピアノを弾き、ダイニングルームのテーブルでは上質な銀食器が使われた。若い頃のアンナ・ベイカーは、教育を受けた黒人女性にとって当時数少ないキャリアのひとつであった教師の職に就いていた。結婚後は家の外で働くのを止めたが、その主な理由は、夫であるエラの父がそう希望したからだ。[2] 父ブレイク・ベイカーは、ノーフォークとワシントンDCの間を走る蒸気船のウェイターで、比較的高給だった。同世代の多くの白人・黒人男性と同じく、ブレイクは中産階級の証である、母親として家庭を守る妻を望んだ。妻に労働収入がないことは、自分の仕事が家庭を養うことができる証拠だった。[3]

そんなステイタスの高い家庭だったが、ベイカーは子ども時代を「家族社会主義」だったと記憶している。階級の違いによって分断されるのではなく、それに反して団結している黒人コミュニティであり、食料や家や家族や道具や富を、多く持っている者が少ない者へ分け与える。コミュニティには「小麦の脱穀機が1台だけある。だから、祖父の家にあれば、小麦を持っていて脱穀機が必要な人はそこに集まり……あちらこちらへ移動する」。ベイカー家は家族農場を2度抵当に入れているが、それは、困っているリトルトンの家族の資金集めのためだったようだ。[4] 家族で食べきれないほどのブラックアイビーンズ（ササゲ豆）を庭で収穫したときは、「持っていない近所の人にあげていた」とベイカーは回想している。「それが当然のやり方だった。そのことで揉めることはなかった。私の家族が、共有に反対することを子どもたちに教えることは、決してなかったと思う。なぜなら彼らは、多くの食べ物を生みだす土地に育つという特権を持っていたから。決して飢えることはない。だから食べ物を人々に分け与える。生活を人々と分かち合うのです」。[5]

彼らはまた、子どもを共有した。リトルトンでは非公式の養子縁組が普通に行なわれており、子どもが、誰からも眉をひそめられずに、産んだ人から世話ができる人へと引き継がれた。[6] 10歳のベイカーは、産みの母親が亡くなり父親が困っていた近所の子どもたちをしょっちゅう世話していた。「『パウエルさんに服を持って行って、誰だれをお風呂に入れてあげて』とママによく言われました」とベイカーは回想する。「子どもたちは元気に走り回って……追いかけて引き戻し、バスタブに入れて体を洗い、服を着せて、汚れ物を家に持ち帰って洗濯しました。それが日常の一部でした」。ベイカーのおばのひとりは、13人の子どもを産み、さらに3人を自分の子どもとして育てた。そのひとりは、助産婦としての仕事の縁で引き取った男の子だった。あるお産を手伝った時、傷だらけの赤ちゃんが生まれてきたのだ。「誰もその男の子を欲しがらなかったので、おばが引き取って育てました。とても優秀な子に育ちましたよ」とベイカーは振り返った。非公式に養子にした子どもたちは皆「家族の一員でした」[7]。

ベイカーが育った家族、つまり受け入れる必要のある人を取り込んで形を変える家族が、大人になってからの政治思想と活動のあり方を形作ったのだろう。公民権運動のリーダーとして、ベイカーはリトルトンをあらゆる場所の黒人コミュニティのモデルと見なした。誰もが家族のように扱われるコミュニティの手本となる存在であると。しかし、この血縁を超えた家族、家族的なコミュニティというビジョンが、大きく異なる種類の政治を形作ると見る人もいた。その人たちにとってはアメリカの価値観に対する脅威であり、価値観を回復する希望ではなかったのだ。

1992年5月、ジョージ・H・W・ブッシュ大統領と、ダン・クエール副大統領による不振だった再選への動きが一時的に復活したのは、クエールのいかにアメリカ人が「家族の価値観」を失いつつあるかについての、3日間にわたる涙ながらのスピーチの後だった。その後の数日から数週間に、「家族の価値観」を見出しに掲げた何百もの記事が全国紙に掲載され、家族とは何か、家族に関する私たちの価値観はどうあるべきかについて、全国的な議論が巻き起こった[8]。当の候補者であるブッシュとクエールと、対するビル・クリントンとアル・ゴアは、自分の答えがアメリカ人を納得させることを期待して、それぞれの家族についてのプライベートの詳細を急いで提供した。

先例がないことだが、アメリカ国民は、これらの政治家の自宅に招かれた。そして国民は、10代の娘が妊娠した場合に中絶が適切かどうかについて、クエール夫妻が公然と意見を異にしているのを耳にした（ダン・クエールは中絶も選択肢になるだろうと述べ、妻のマリリンはノーと答えた[9]）。国民は、ブッシュ夫妻が3歳の娘を白血病で亡くしたことを再び悼み、89年のオリオールズの試合後に6歳の息子が自動車事故で瀕死の重傷を負ったゴア夫妻の苦悩に再び触れた。そして国民は、バーバラ・ブッシュが祖母の役割を受け入れることで国にもたらした安心感と気品を称賛し、夫の選挙運動より前から弁護士として成功していたヒラリー・クリントンに対しては、彼女が十分に気配りができる妻そして母親であるのか、そして、キャリアを持つ女性がファーストレディにふさわしいのかどうかという疑問を声に出した。[10]

最終的に、議論は不要だった。絶対的な「家族的価値観」を綱領として支持する政治家や有権者にとって、答えは明白だった。家族とは、生物学上の子孫と共に暮らす結婚した母親と父親のことなのだ。こういった家族は、「ユダヤ教およびキリスト教の価値観」だけではなく、アメリカ人の価値観と一致している、とクエールは述べた。ところが残念なことに、とクエールはサンフランシスコの部屋いっぱいの共和党の寄付者の前で思いを巡らせた。アメリカ人の幅広い層は――クエールは、ハリウッド俳優からテレビ視聴者、専門職の女性、シングルマザー、黒人アメリカ人、自由主義者、民主党員、さらに「文化的エリート」に至るまで、あらゆる人の名前を挙げた――「そういった人は、家族とはひとつ屋根の下で暮らすと決めた人々の任意の取り決めと考えているようですね[11]」。

クエールが、アメリカの歴史の多くにおいて、適切な家族の定義とは「ひとつ屋根の下で暮らすと決めた人々の任意の取り決め」であると知れば、落胆したかもしれない。歴史家のヘレナ・ウォールは、17世紀と18世紀のアメリカ入植者は「家族というものをほぼ完全に共同体の文脈の中で考えていた」と述べている。彼らにとって、子育ては共同体が行なうものだった。[12]子どもたちは定期的に家から家へと行き来し、子どもがいない親戚に託され、食事を与えられて世話をされ、教育や訓練をする手段を持っていた裕福な家庭に集められた。

最初のヨーロッパの船が、個人をコミュニティと親戚から切り離して以来、アフリカ系アメリカ人にとっても、奴隷であれ自由であれ、血ではなく近しさに基づいて家族と親族のネットワークを再構築することが、生存に不可欠だった。[13] 多くの先住民社会は、伝統的に「女性が重要な権限を持つ強い親族関係によって支えられていた。先住民の女性とその子どもたちは、拡張された親族のネットワークの中で暮らし、働いていた」と、クリー族／メティス族（アメリカの先住民族）の学者キム・アンダーソンは書いている。[14]

家族の孤立と縮小

アメリカの家族がいかにして独立志向になったかを語ると、長くなる。西ヨーロッパでは、18世紀後半に結婚のパターンに変化が生じはじめた。以前は当たり前だったように大家族の一員になるのではなく、結婚後に独り立ちするカップルが増加したのだ。すると人々は産児制限を行なうようになり、子どもの数を減らし、次の子との間隔をあけ、自然にそうなるよりもずっと前に子づくりをストップした。

アメリカ人は、後に核家族と呼ばれるものへの決定的な動きを、19世紀が始まる頃に行なった。独立革命の個人主義的なレトリックが食卓や囲炉裏へと広がり、アメリカ人はかつてないほど隣人から引き離されたのだ。同時に、19世紀にはアメリカの出生率が劇的に減少した。第二次世界大戦後、多くの女性が戦時中の仕事を辞めて、コミュニティのつながりが薄い郊外で結婚して子育てをしたため、孤立した核家族への動きが加速した。第二次世界大戦の終結から20年間は、アメリカ人女性が歴史に残る出生率の高さを記録したが、郊外の家で生まれ育った少女たちが出産適齢期になると、その多くは子どもを持たず、母親世代の子どもの数には到底及ばなくなった。アメリカの出生率は1972年に人口置換水準を下回り、その後も減少傾向が続いている。

アメリカの家族が孤立するにつれ縮小することは、理にかなっている。過去のデータが示すのは、社会的支援が助けるのは親だけではないということだ。これから親になる人にも役立っているのだ。最近、進化生物学者のチームが、五大湖盆地から大西洋まで約1900マイルを北東に流れるセントローレンス川沿いの149の教区の17世紀と18世紀の出生記録を調査した。現在、川はオンタリオ州とニューヨーク州の境界であるが、当時はフランスの植民プロジェクトとして、川の谷間に集落が点在していた。フランスのカトリック司祭は、1608年に最初の入植者が到着するとすぐに出生と結婚と死亡の記録を取りはじめ、その後2世紀にわたって、急増する植民地人口を記録し続けた。この期間の出生率は総じて高く、女性1人当たりの子どもの数は平均10・2人で、孫の数がゆうに50人を超える祖母が大勢いた。ただし孫の数はさまざまで、サンプル内で1人からなんと195人までの幅があった。

研究者たちが驚いたのは、この変動の多くが、女性と母親の住まいの距離、つまり女性の出生地のコミュニティと親族との距離によって説明できることだった。たとえば、母親から200マイル離れて住んでいる女性は、母親と同じ教区に住んでいる女性に比べて、子どもの数が1・75人少ないと予想できた。人類学者のクリステン・ホークスはこう説明する。「あなたがケベックにいておばあちゃんがクリーブランドにいるなら、あまり助けにならない。結局そういうことです」。母親の近くに住む女性は、そもそも子どもを持つ確率が高く、若くして産みはじめる可能性が高いので、子どもの数が多い傾向にある。女性が、母親と家族とコミュニティの支援を受けられることは、育てる子どもたちに、総じて良い生活が与えられることでもあった。研究者は、祖母の存在には「保護」の役割があり、祖母が死亡するか、遠く離れて住む場合と比較して、子どもが15歳まで生き残る確率が大幅に高いことを発見した。[15]

核家族化をもたらしたもの

ヨーロッパでは、成人した子どもが親元を離れる傾向が強まったために、19世紀に警鐘が鳴らされはじめた。1850年代にフランスの社会学者フレデリック・ル・プレーは、現代の家族は子どもが大人になるにつれ崩壊すると述べている。実家を出て、時には親きょうだいから遠く離れて、自分の家族を形成する。その結果生じた家族は、実家から遠い上に経済的に不安定なため、親や地域社会の世話をするだけの余裕がない。さらなる懸念は、個々の家族が自分のことだけに意識を向けるため、そもそもそういったケアを提供する責任をほとんど感じていないということだ。ル・プレーはこの新しいモデルを「不安定な家族」と呼んだ。[16] 20世紀の最初の10年には、ポーランド生まれの人類学者ブロニスワフ・マリノフスキが「核家族」という今ではおなじみの名称を付けた。核が細胞の芯を形成するように、それぞれの家族には核となる家族だけが含まれる——母親と父親、血がつながった子どもである。[17]

核家族と呼ばれるようになった家族は、長い間、近所や祖父母や義理の姉妹、子どもがいないおば、友人といった、ドアをノックせずに出入りできる親密なネットワークの中に存在してきた。

これは単にそれが良いというだけでなく、それ以上に、子どもを持つために必要だったのだ。ネットワークが崩壊したのは、アメリカの家族がコミュニティから脱退して自分の家庭を重視するようになったことも原因のひとつだ。しかし、亀裂が生じたもっと現実的な理由として、人々が、もっと良い生活が送れると信じて、西部や都市部や北部といった遠方に移住しはじめたことがある。例えば、母親をはじめとする支援の手をクリーブランドに残したまま、多くの女性が、ケベック州やシカゴの安アパート、中西部や西部の農場や炭鉱町、後には郊外の分譲地で暮らすようになった。コミュニティの支援から家族が孤立した結果、子どもを産まない確率が上がり、子どもの総数が減る。皮肉にも、ダン・クエールの好む家族の定義のスタイルへ移行したことが、そういった家族を築くことができる人を減らしてしまったのだ。

1745年、8歳のジョンという子どもが、ビーコンヒルの緑豊かな高級住宅街にある、裕福なボストン商人の邸宅の玄関に到着した。2階建てのジョージ王朝様式の家は、ボストンコモン公園に面した丘の南斜面にあり、広大な庭園と果樹園に囲まれていた。共有地に放牧された牛に造園を踏みにじられないように、敷地を囲むフェンスがあったが、おそらく無駄な抵抗だったに違いない。全財産を持って立派な玄関口に立っていたジョンは、さぞかし圧倒されたはずだ。ジョンはつましい暮らしの家に生まれ、父が牧師をしていたマサチューセッツ州の田舎町ブレイントゥリーで幼少時代を過ごしたが、父が42歳で突然亡くなり、牧歌的な田舎暮らしがひっくり返った。教会から提供されていた牧師館を、新たに住まう一家に明けわたすために、ジョンと母のメアリーは急いで荷物をまとめるはめになった。悲しみに打ちのめされたメアリーは、ジョンをボストンに住む商人である弟に託した。[18]

商人トーマスと妻リディアは、ボストンの知的・社会的エリートの一員だった。後にアメリカ独立戦争を引き起こすことになる、イギリスの支配への不満を率先して訴えていたのが、このグループだった。夫妻は裕福な成功者で、豪邸に住んでいた。13年間の幸せな結婚生活を送っていたが、子どもに恵まれなかった。トーマスとリディアがジョンの到来を祈りへの答えとして迎えたのか、単なる義務として引き受けたのか、待ち望んでいた子どもとしてジョンを歓迎したのか、子どものいない生活に満足していたために時間をかけて親らしくなったのかは、わからない。私たちに知り得るのは、夫妻が取った行動だけだ。

トーマスとリディアはジョンをわが子として育て、ボストン・ラテン学校とハーバード大学に進学させ、トーマスの下で仕事をさせ、ビジネスパートナー、継承者、相続人として扱った。[19]トーマスが1764年に亡くなると、ジョンは倉庫、店舗、船舶、在庫、不動産を相続し、その額は推定10万ポンド、現在の価格で2000万ドル近くにのぼった。[20]リディアはボストンコモンの邸宅を相続した直後に、自分が生涯住み続けられることを条件に、甥であるジョンに譲渡する契約に署名した。ジョンは、イギリスが課した航海法に対する養父母の不満も受け継いだ。27歳にして、ジョンは叔父の会社であるハウス・オブ・ハンコック社の指揮を執り、アメリカ植民地きっての裕福で影響力のある男になった。[21]

独立宣言の署名者として誰よりも有名なジョン・ハンコック（筆頭署名者）は、出産経験のない叔母によって育てられた。これは、アメリカの壮大な歴史においては、脚注程度の出来事かもしれない。しかし、さらに言えば、ジョン・ハンコックの成功、そして著名人として名が通っているという事実は、核家族以外の人間である周辺家族とコミュニティの成果なのだ。メアリーとリディア・ハンコックが暮らしていた世界では、子どもが普通に家から家へと託され、子どもがいない女性が少なくとも一時的に母親としての役目を果たし、女性同士のネットワークが家族を地域社会に結びつけていた。そしてメアリー・ハンコック自身も、気持ちが揺らいだり経済的に困ったりしたときは、他の女性を頼って子どもを預けることができたのだ。

「鍵のかかっていない」関係

初期のアメリカの家族は、一見すると現代とそれほど変わらない。子どもは大人になり結婚すると別の住まいに引っ越し、その家で子どもを育てる。ただし、実家との間を隔てるドアには、実際にも、比喩的な意味でも、めったに鍵がかかっていなかった。[22] 17世紀のマサチューセッツ州で、メアリー・ソラスは隣の家に「ノックをせずに、扉が開いていたし、彼女は隣人なので」入っていくと、住人がわいせつな行為にふけっていた。メリーランド州で、ブリジット・ジョンソンが目にしたのは、さらに驚くような光景だった。「よろい戸を締め、すりこぎで固定してある」のを気にかけずに近所の家に入っていくと、ジョンソンの婚約者が、その家の婦人とベッドにいたのだ。[23] ある歴史家が詩的に表現したように、家族が暮らす家は「城でも子宮でもない」[24]。女性は、日常的にひんぱんに家と家を行き来しながら、ときに子づくりの現場に出くわしつつ、それよりも子どもにまつわる用事を手伝うほうが多かった。

裁縫、お菓子作り、掃除、買い物をし、赤ちゃんを交代で抱っこし、母乳を交換し、互いの子どもにしつけと愛情を与えた。このネットワークの基盤にあるのが、拡大家族だ。姉妹、おば、従姉妹、義理の姉妹。女性が夫と同じかそれ以上の時間を夫の姉や妹と過ごすのも珍しくなかった。ネットワークは親戚以外の人々との関係にも拡大した。友情は、女性の人生において、ともすれば最も強い感情の絆を形づくる。女性は出産して母親になり、他の女性との緊密なネットワークの中で子育てをした。女性の全員が子どもを産んでいるとは限らなくても、大半が、ある時期において、誰かの母親役を担っていた。[25]

8歳までに存命中の2人の母を持った若き日のジョン・ハンコックのような子どもは、共有の「リソース（資源）」であり「義務」だった。親は当然子どもを愛していたが、現代の親のように子どもを「自分のもの」と見なす人はほとんどいなかった。現代の親はしばしば、子との関係性について、専有であり、所有者だとさえ断言する。[26] 過去においては、これは文字どおりの意味であるケースが多かった。1776年には、アメリカの子どもの5人に1人は奴隷だった。親以外の人に法的に所有されていたのだ。

南部のいくつかの州では、自由な子どもより奴隷にされた子どものほうが多かった。[27] 白人の父親は自分の子どもに法的請求権を持っていたが、植民地全体で、そして経済力の有無にかかわらず、白人家庭は通常、最低ひとりの13歳未満の子どもを別の家庭に送りこみ、給料のために働かせたり、商売を学ばせたりしていた。「外に出す」という慣習は、子どもを労働とケアの両方をかねて別の世帯に預けることだった。子どもは使用人や農夫、商売の見習いとして働き、それと引き換えに家と食事を提供されると同時に、指導や教育、ときには愛情を与えられたのだ。[28] ニューヨーク州、ニュージャージー州、ペンシルベニア州、デラウェア州のクエーカー教徒の家庭では、8人以上の血のつながった子どもがいる親は3分の1なのに、7人以上の子どもと一緒に暮らす子どもが60％以上いた。[29] 血のつながりのない子どもを集めて大規模な世帯が形成されることがよくあったのだ。子どもたちが家から家へと移るにつれて、隣人や友人、集められた家族の一員、教会、子どもを引き取った家庭には、子どもに教育としつけを与え、世話をする上で実の両親と同じくらい大きな役割を果たすことが期待された。

1920年代のハーレムの「家族社会主義」

このように、家族の定義が伸び縮みして混じり合い、常に形を変えることで、血縁がある人もそうでない人も、濃淡をつけながら家庭の生活に参加することができた。初期のアメリカ人は総じて、支援とコミュニティを得るために囲い込みやプライバシーを喜んで手放し、心と家の広さに余裕がある大人により均等に負担を配分し、地域社会で子育てをするために、子どもを独占所有するという感覚を手放していた。[30] それがリディア・ハンコックのように、子育てをする余裕が十分にある女性に体現される場合もあれば、エラ・ベイカーの故郷リトルトンのコミュニティのように、困難な時に地域社会が手を差し伸べ、交代で母親役を担い、子育てを分かち合うケースもあった。

エラ・ベイカーはノースカロライナ州にある国内で2番めに古い黒人大学ショー大学を首席で卒業し、自身の言葉を借りれば、「がむしゃらに《ガンホー》」医療宣教師の道を目指した。そして科学と神の導きによる貧しい人への奉仕という両方の未来へ向けて準備をすべく、シカゴ大学の大学院で社会学または医学を専攻しようと計画した。問題はお金だった。両親は南部の田舎で快適に暮らしていたが、都会の家賃を出す余裕はなく、シカゴには援助してくれる親戚がいなかった。そこでベイカーは、中西部ではなく北東を目指し、自活できるようになるまでの間、避難場所と安全を提供してくれる従姉妹がいるマンハッタンに移り住んだ。[31]

ベイカーがハーレム地区にやって来た1927年秋は、ハーレム・ルネサンスの全盛期だった。20年代にマンハッタン北部を刺激した黒人のアートと音楽と知的生活の復興ムーブメントの勢いに、ベイカーは酔いしれた。「本当に素敵だった」と彼女は後に話している。[32]ベイカーが南部の田舎から運んできたコミュニティ精神は居場所を見つけ、夜に集会を行なう教会の地下室や満員のリビングルームを豊かな土壌とした。そして、そういった拠点で、黒人を完全な平等へと導くのは共産主義か社会主義かそれ以外なのか、という活発な議論が行なわれた。

子ども時代のコミュニティの思い出を胸に、ベイカーは31年にヤングニグローズ協同組合に加入した。それは、食料品や生活必需品をまとめて購入してコストを下げる互助会組織で、ベイカーの「家族社会主義」をコミュニティ内の相互ケアによって拡張するにあたっての手本となった。

ベイカーはたちまち組織の局長に抜擢され、ほぼ10年にわたって、全国を回って講演会やワークショップを行なった。ベイカーは、お金や食料その他の物資を集めて再分配することで、黒人コミュニティが大恐慌をいかに乗り越えてきたかについて、伝えてまわった。[33]

40年代の幕開けと同時に、ベイカーは公民権運動の大リーグである全米有色人種地位向上協議会（NAACP）に活動の場を移した。外勤の役員の職に就き、41年の大半をアラバマ州バーミンガムとその周辺で過ごし、マーティン・ルーサー・キング・ジュニアが「アメリカ合衆国で最も徹底的に隔離された都市」と呼ぶ地域での会員増強運動の先頭に立った。[34] たいていは、NAACPの宣伝用資料と公民権についてのパンフレットを入れた鞄ひとつで、単身で出張していたので、標的をひとりで背負い込んでいるようなものだった。公民権運動の活動家は、アラバマ州ではしょっちゅう殴られたり殺されたりしており、警察はほとんど助けにならなかった。[35]

危険と隣り合わせにもかかわらず、ベイカーはこの仕事を愛していた。育ちが良く、大学教育を受け、ニューヨーク市に住所を構える彼女であれば、もっといい暮らしができたはずなのに、ベイカーは、あくまでリトルトンで子ども時代に学んだ教訓を支えにしていたのだ。ニューヨークに戻ったベイカーは、組織の綱領をめぐってNAACPの指導者と衝突した。41年までに綱領が「時代遅れで古臭くて面白みがない」と気づき、目的が、黒人が白人の中産階級に立ち入れるようになることだけに限定されているように思った。[36] ベイカーは、NAACPが権力の殿堂で過ごす時間が長すぎて、教会の地下室や居間での集会が十分でなく、会員の世話に時間を割きすぎて、会員たちを有意義な方法で巻き込むことに時間を使えていないと感じた。ベイカーの望みは、子ども時代の記憶にあったコミュニティ精神の再構築と、大恐慌時代のハーレムで目撃した相互扶助とサポートだった。[37]

エラ・ベイカーのクライマックス

ベイカーは人生をコミュニティに捧げ、自身の言葉を借りれば「私は本当に、子どもを持つようなことに興味がなかった」。その理由のひとつは、自分の母親が、母になったためにキャリアの夢をくじかれたのを目の当たりにしてきたからだった。しかし42歳のベイカーは、コミュニティから母親になることを求められた。ベイカーのニューヨークのアパートメントに、兄弟のカーティスから、ベイカーの姪でまだ幼いジャッキーについて「北部の親戚に頼りたい」という手紙が届いた。カーティス・ベイカーの手紙には、エラが何年も待ち望んでいた依頼が書かれていた。ジャッキーの母マギーは、エラとカーティスの妹で、若くして妊娠し、長い間子どもの世話ができなかった。エラ・ベイカーの母アンナは、幼いジャッキーを何年もの間世話してきたが、45年になる頃には年を取って体が弱り、世代の違う子どもを育てるのが難しくなっていたのだ。ベイカーは子どもの頃から自分が産んでいない子どもの母親役を引き受ける経験を積んでいた。ベイカーは引き取りを承諾し、ジャッキーはニューヨークへと向かった。[38]

ジャッキーを引き取った当時、ベイカーはNAACPの全国支部長であり、ニューヨーク市オフィスの局長だった。ジャッキーは小学生の頃、伯母に「歩みを合わせるためにいつも急いでいた」のを覚えている。「会議室の後ろに座って、宿題をした夜が何度もあった」。ベイカーの夫のボブが、積極的にジャッキーの世話をした。しかし、冷蔵庫の販売と修理をするボブもまた、出張が多かった。[39] ベイカーはすき間を埋めるために、近所の人や友人を頼った。結婚によって遠縁の親戚になっただけの隣人のミス・レナが、家族をまとめる接着剤になってくれた。「ミス・レナがちょうどいいタイミングで窓の外を見てくれるので、私たちは頼りにすることができました」と、ベイカーは77年のインタビューで語っている。「そして〔ジャッキーは〕上の階の彼女の家に行って、食べさせてもらっていました」。

ジャッキーは、小学校から2ブロックを歩いて帰宅し、ボブもエラもいないときは、ミス・レナの玄関をノックすれば、おやつをもらえたり、話し相手になってもらえたり、宿題を手伝ってもらえたりすると知っていた。「8歳の子どもを持つことで、生活スタイルが劇的に変わったかですか?」のちにベイカーはインタビューで語っている。「会議ができないほどではなかったですよ」とベイカーは笑った。[40] ジャッキーの世話が、もっと広範囲の黒人コミュニティのケアを奪うことはなく、逆にコミュニティがジャッキーの世話を手伝ってくれた。

ジャッキーは60年の秋に、ニューヨークのワシントンハイツ地区にあるアールヌーボー様式が美しいオーデュボン舞踏場で結婚式を挙げた。ここは65年にマルコムXが暗殺された場所として知られているが、60年9月7日には喜びで満たされ、エラ・ベイカーとジャッキーの産みの母マギーをはじめとする家族や親しい友人が集って花嫁を祝福した。写真の中のベイカーは、ジャッキーからスーツにコサージュをつけてもらい、満面の笑みを浮かべている。ベイカーは花嫁の実の母ではないが、育ての親のひとりだ。ジャッキーの結婚式、そして生涯にわたるジャッキーとの親密な関係は、「エラ・ベイカーの私生活のクライマックスのひとつ」と伝記作家が記している。[41]

ナイジェリアと「ザ・フラッツ」

アメリカ人の人類学者ナイアラ・スダルカサは、60年代初頭にナイジェリアに到着して、ヨルバ人（主にナイジェリア南西部に居住する西アフリカ最大の民族集団のひとつ）の女性の親族関係のパターンを調査した。そして、そのコミュニティ精神とケアの種類が、リトルトンでのベイカーの幼少期に加えて、ジャッキーの育ての母のひとりになったベイカーの成人期に多くの共通点があることを見出した。「住んでいた小さな町で、私は変わり者だった」とスダルカサは記している。未婚で、20代後半で、子どももいない。高学歴のアメリカ人女性としては、今も当時も標準の範囲に収まる肩書だ。[42]しかし、ホスト役のヨルバ人たちには奇妙に映った。「いろんな人が私に子どもを『預け』たがりました。母親の役割を引き受けさせせようとしたのです」。

先方の女性にとっては、理にかなった依頼だった。人類学者は成人した女性で、使える両手が空いていて、宿泊している集合住宅には大勢の子どもと手に負えないほど子だくさんの女性が住んでいたのだから。コミュニティの次世代を育てる負担を分散するために、ヨルバ人の女性には定期的に「排他的な意味では自分のものではないが、『母親として』関わることができる」子どもが割り当てられていた、とスダルカサは説明する。ホストたちはスダルカサを、子どもという喜びと、子育ての仕事を血縁を超えて共有するコミュニティに招き入れようとしたのだ。[43]

スダルカサは64年にナイジェリアでの現地調査を終え、博士号取得のためにコロンビア大学に戻った。同じ年、キャロル・スタックという若い人類学者が黒人家族の親族関係の研究プロジェクトを開始した。スタックは、それほど家から遠くない場所で調査を行なった。研究対象は中西部の都市の貧しい黒人地区「ザ・フラッツ」で、報告書では「ジャクソン・ハーバー」と仮称になっているが、おそらくイリノイ州アーバナ・シャンペーンのことである。ナイジェリア北東部にいたスダルカサと同様、スタックは「ザ・フラッツ」の変わり者だった。白人で――情報提供者は、スタックを同名の姪っ子と区別するために、親しみを込めて「白いキャロライン」と呼んでいた――血縁関係と核家族を重要視する中産階級の出身だった。[44]

「ザ・フラッツ」では家族の定義が広く、行動することが血よりも濃かった。家族のような行動を取りはじめただけで、「友人は親族に分類される」とスタックは書いている。血または行動によって結ばれた親族の絆によって、「血縁の距離や基準に縛られない相互扶助の家庭内ネットワーク」が形成される。スタックにわが子を預ける人はいなかったが、子どもがひんぱんに世帯や家庭や友人の間を行き来する様を目の当たりにした。子どもが恒久的に引きわたされることもあった。若すぎる母親が赤ちゃんの世話に関わる意志を持たずに、子どものいない夫婦に「子どもを譲る」ケースもあった。しかし一般的だったのはスタックが「チャイルドキーピング」と名付けた、一時的に(無期限のことが多いが)他人の子どもの責任を引き受けるやり方だった。[45]どちらの場合も、親権と責任とケアが、血のつながった親からコミュニティ内の別の成人へと移行することになった。

ある晴れた夏の日の午後、スタックは「ザ・フラッツ」の玄関ポーチにジョージアという女性と一緒に腰かけていた。ジョージアは、おばのエセルがアリスという子どもの口から抜けかけた歯を引き抜こうとしたのを見て、やめてほしそうに顔をしかめた。まだ早い、と言わんばかりに、ジョージアは無言でにらんでいた。アリスはジョージアの実子だが、ジョージアとアリスはエセルと同居していて、ジョージアが一時的に別の町に引っ越した半年の間、エセルはひとりでアリスの世話をしていたのだ。白人の中産階級出身のスタックは、「特定の許可なしに、または緊急の場合を除いて、子どもに関するヘルスケアと懲罰への参加を許されている、または気軽に参加できる人は、親族でさえもほとんどいない」と書いている。しかし「ザ・フラッツ」では、エセルの親としての子どもに対する権限――この場合は、抜けかけた歯をアリスの歯茎から強制的に取りのぞく時期と可否の決定権――は、実の親であるジョージアに匹敵し、上回ってさえいるのだ。[46]

受け継がれる西アフリカの価値観

スタックが「ザ・フラッツ」に見た親族関係は、ヨルバ人の親族関係（地球の裏側からやって来た人類学者を全面的に参加させるほどの柔軟なシステム）、そしてベイカーが育ったリトルトンの「家族社会主義」と似た部分があった。親族関係が柔軟で流動的なのだ。一族の子どもが自分の子である可能性があり、子どもの側から見れば、一族の大人は全員、産みの母かどうかにかかわらず、母親役になる可能性がある。三者に似たところがあるのは偶然ではない。リトルトン、ジャクソン・ハーバーの「ザ・フラッツ」、そしてアメリカ全域に伝えられる黒人の子育ての伝統は、コミュニティの支援と相互依存という西アフリカの価値観にルーツを持っているからだ。奴隷にされたアフリカ人がこの伝統をアメリカの海岸へと持ち込み、「親族単位の拡大としてのアフリカの家族の概念」を再構築することが、生き残りと抵抗の一形態となったのだ。

西アフリカでの母親業は「産みの母が専有する養育の『仕事』ではなかった」と、社会学者のパトリシア・ヒル・コリンズは述べている。西アフリカの地域文化の多くで、産みの母は子どもと特別な関係にあると理解されているが、だからといって、母親になる権利や責任を担う唯一の女性ではなかった。子どもの世話と子育ては、コリンズいわく「協力的で年齢階層のある女性中心の『マザリング』ネットワーク」の中で、コミュニティが集合的に行なうものであり、それが奴隷制廃止後も生き延びて、ベイカーが育った南部の田舎町や成人してから住んだ北部の都市の黒人コミュニティの肥沃な土壌に、新たな居場所を見つけたのだ。[47]

アンナ・ベイカーのような祖母たちは、長い間、黒人ネットワーク内の子育て支援の主な担い手として頼りにされ、白人コミュニティのように金銭面や大変なときの限定としてではなく、安定したサポート源であった。祖母たちは、託児所が高価すぎたりなかったりしたときに子どもを預かり、疲れ果てた実の親に子どものいない時間を与え、子どもに、ひとりの人間にではなくコミュニティに要求を満たしてもらうことを教えた。[48] 別の言い方をすれば、祖母たちは次世代育成のプロジェクトに欠かせない存在であったが、これは人類の進化が彼女たちに用意した役割だったのかもしれない。

1957年に生物学者ジョージ・C・ウィリアムズは、人間の女性が生殖年齢を過ぎてからも何十年も生きるのは、子どもと孫に与えるケアが種の生存と繁栄に不可欠であるからだという理論を立てた。人間以外の哺乳類の大半は、繁殖できなくなるとほどなく死んでしまうのだ。[49] 近年、科学者たちはこれを「おばあちゃん仮説」と呼んでいる。年配の女性は、自分の子どもを追加で産むよりも、コミュニティと拡大家族のケアをするほうが役に立てるので、生殖を止めるのかもしれない、という考え方だ。

ヨーロッパの結婚パターン

歴史上では、祖母と近親者が子育てと子どものケアの中心的役割を担うのが当たり前、という時代がほとんどだった。しかし18世紀の後半に西ヨーロッパで奇妙なことが起こり、ヨーロッパ人とアメリカ人の祖母が不在となり、世界の他の地域との足並みがずれてしまったのだ。ヨーロッパ全域の過去からの結婚記録を調べ上げた経済学者のジョン・ハジナルは、あることに気づいた。18世紀半ば頃に、それまで大陸全域でほぼ一貫していた結婚パターンに、大陸の東と西で違いが見られるようになったのだ。

ハジナルは定規を使って、北東のフィンランド湾のサンクトペテルブルクから南西のイタリアのトリエステまで、地図に対角線を引いた。境界線の東側では、人々はこれまでの数百年と同じような生活をしていて、世界の他の地域の多くと似たような世帯を持っていた。女性は若くして結婚し、相手の男性ははるかに年上の場合が多かった。結婚後は数世代が共に暮らす大家族の一員となり、未婚の女性はごくわずかで、その大半が未亡人か修道女だった。境界線の西側では、徐々におかしな状況になっていった。結婚年齢が上がり始め、20代半ば、さらには後半に結婚する女性が増え、夫婦間の年の差が縮まっていった。夫婦は結婚すると、個別に独立した家計の世帯を持った。どの時点においても未婚である成人の割合が増え、全女性の半数がそうなっていた。「類似のパターンを持つ非ヨーロッパ文明の例は存在しない」と、ハジナルは指摘する。[50] 彼はこれを「ヨーロッパの結婚パターン」と呼んだ。

ヨーロッパの結婚パターンの出現は、それまでの結婚と子どもの数字をひっくり返した。結婚式の後に夫の実家に住み、既存の経済活動に参加するとしたら、結婚を遅らせる理由はほとんどない。結婚したら、さっさと子どもをつくり、数を増やさない理由もない。おばや義理の姉妹や祖母たちが、家事や食事や着替えなど、産む赤ちゃんのケアをしてくれるからだ。一方で、結婚式の後に独立した世帯を持つことになれば、先に職業と商売と土地と穀物を手に入れる必要があり、自分と家族の食事と住居と衣服のために、経済的に安定しなければならない。これは、年齢を重ねてから結婚することを意味する。一定の基準まで到達できなければ生涯結婚しないかもしれない。ということは、子どもの数が減る。

19世紀のヨーロッパの出生率の急低下の大半は、ハジナルの境界線の西側で起きた。東側の出生率は、それまでと大差がなかった。[51] 明らかな理由のひとつは、25歳や27歳で結婚した女性は、17歳や18歳で結婚した女性よりも、当然子どもの数が少なくなることだ。しかし人口統計学者は、西ヨーロッパと北ヨーロッパの夫婦が子どもの間隔を空けて意図的に出産を制限していた証拠も発見した。この地域のきょうだいの出生月の間隔が16世紀から19世紀にかけて着実に広がっているのだ。また、意図的に「ストップしていた」証拠もある。女性の生殖年齢が終わるよりもかなり前に末子が生まれているのだ。例えば、16世紀のチューリッヒの最後の出産年齢の平均は41・4歳だが、1819年は34歳である。[52]

ヨーロッパの結婚パターンが、産業革命後の活気に満ちたアメリカの植民地に漂着したのは、新たに生まれた裕福な共和制主義者がヨーロッパ的なものを捨て去ろうとしていた時でもあった。自立と自給自足という革命的な政治の理想に触発されたのだろう。アメリカ人はかつてないほど家族とコミュニティを区分するようになった。[53]それまで長い間、家族と継ぎ目なく融合していたコミュニティが、脅威のように見えはじめた。「私たちは世界の中へと出ていきます」と、1830年にレディース・マガジンの寄稿に記されている。「ビジネスと娯楽の現場の真っ只中に……［そして］正義と名誉のあらゆる原則を目撃する。たとえ、共通の正直さが命令するものが顧みられず、繊細な道徳感覚が傷つけられても」。ドアの外の危険から身を守るために「私たちは聖域である家に目を向ける。そこには共感と信用と美徳が集まっている」[54]。公と私、家庭と地域社会に道徳的区別をつけることは、植民地時代のアメリカではほとんど意味をなさなかったが、共和制国家となって間もない頃のアメリカ人にとっては、家族はまさに、アメリカ人が革命戦争によって創設した社会から身を守る役割を果たしたのだ。現代の核家族は単なる生物学的単位ではなく、自然かつ唯一無二の愛と忠誠心によって結ばれた社会的単位である、と大衆は想像した。[55]

核家族という理想

「すべての家族はそれ自体が小さな国家、または帝国である」と、1840年にヘマン・ハンフリーは書いている。「愛情が引き寄せた絆で結ばれ、家父長的なリーダーによって統治され、その特権には地球上のいかなる権力も介入する権利を持たない」。ハンフリーはアマースト大学の校長を長く務めた人物で、著書『家庭教育』は、家族の価値について論じた初の書籍とされている。その頃までに、核家族はアメリカ人の理想となり、まるで物理の法則のように、世界の自明の理として浸透していたのだ。「国家は自由に政府の形態を変えることができる……しかし家族は、いかなる時と場所においても、ひとつのモデルしかない。それは今も当初と同じであり、その美しさを損なうことなく、創造主の知恵と慈悲に直接反することなく、変更するのは不可能なのだ[56]」。

マニフェスト・デスティニー（1840～50年代のアメリカの西方進出・領土拡大を正当化した語）によって、西部へと引き寄せられた19世紀のアメリカ入植者たちは、ネイティブ・アメリカンの家族構造に遭遇した。それは、ひとつの自然な家族モデルが永続するという考えに異論を呈するものだった。人類学者で鉄道弁護士のルイス・ヘンリー・モーガンは、1850年代後半の数年を、スミソニアン協会の資金提供を受けて、カンザス州からミズーリ川を遡り、現在のモンタナ州に至るネイティブ・アメリカンの親族ネットワークを記録することに費やした。62年までに、モーガンは51の異なる親族関係のパターンを記録した。そしてそのすべてが、ごく最近になってアメリカの中産階級の標準となった、血統と結婚によって結ばれた集合単位よりも劣っている、と結論付けた。核家族を採用することで、男性は「野蛮な」過去である「乱交から立ち直り」、モーガンいわく「文明化を完了させる」のだ。[57]

モーガンが記録した51の親族関係パターンのいくつかは、世代や血統を超えてコミュニティの子どもを協力して育てる女性がいることを特徴としていた。ダコタ語の「tiospaye」は拡大家族という意味で、血縁関係ではない親族、異世代の絆、共同の母親業、さらには複婚までを網羅する用語だった。[58]女性は、未来の世代の保護者として、多くの場合、相当の権限を持つ地位に就き、家族やコミュニティの財産を管理していた。そういったシステムに含まれる「乱交」と「野蛮さ」が、アメリカ植民地主義が先住民家族を主な標的とする理由になった。[59]

私有財産の福音が集合的な土地管理に取って代わった。西部準州の法律は、土地所有の権利を婚姻に結びつけ、先住民が土地へのアクセスや経済的生き残りを望む場合は、親族から離れた土地で個々の家族ユニットをスタートさせることを、事実上義務付けた。[60]白人アメリカ人の文化と社会への「同化」の要求は、コミュニティの支援ネットワークを破壊し、核家族を孤立させた。選択または強制によって、19世紀半ばまでに、アメリカ人はダン・クエールが賞賛しそうな家族の形をおおむね受け入れていた。稼ぎ手として家族を養う父親、家事全般を引き受けて家族のモラルの番人となる母親、血のつながった子どもという家族構成だ。

サポートを提供しない社会

「核家族が自然な形態である」というヘマン・ハンフリーの主張は、もちろん真実ではない。世界のあらゆる地域やアメリカの200年間を見ても、ほころびは明らかだ。これが真実だという誤認が広まった結果、コミュニティと家族が長きにわたって互いに重なり合い支え合ってきたやり方が不自然に見えるようになった。「小さな国家」として生き残るためには、昔は隣人や友人が手伝ってくれた家事労働の分担をカバーする物的資源が必要になる。かつてベイカー家がおそ分けしたブラックアイビーンズを補うものや、コミュニティ内で行なわれた他人による子育ての代わりになるものが必要なのだ。しかし、そのようなサポートは必要ないと信じ、他人に依存することは自然の法則に反していると考える社会は、サポートを容易に提供してくれない。それどころか、サポートを必要とする家族を罰しようとさえするのだ。

キャロル・スタックがジャクソン・ハーバーの玄関ポーチやキッチンテーブルで、「ザ・フラッツ」の生き残りと繁栄を可能にした、共同体ネットワークと共同の子育ての実践を観察してから30年以上が経過した1990年代には、別の人類学者が黒人の家族と親族関係についての独自の研究を始めていた。スタックと同じようによそ者の雰囲気をまとうリース・マリングズは、ジャマイカで生まれ、コーネル大学で看護師の訓練を受けた後、方針転換してシカゴ大学で人類学の博士号を取得した。

ニューヨーク市立大学の教授としての任務が、生涯の研究へとつながった。マリングズはスタックのように、仕事の一環として、都市部の黒人家庭を戸別訪問した。調査対象はハーレム地区、活気にあふれた20年代にエラ・ベイカーを魅了し、その後の不況時に地域支援と復興の精神のインスピレーションを与えた地域である。マリングズの研究は、アメリカ疾病予防管理センターのリプロダクティブ・ヘルス（性と生殖に関する健康）部門より資金提供を受け、その内容の一部は、彼女の言葉を借りれば「生殖行動が実践される社会的状況を調査するという大胆な発案」だった。医療と公衆衛生の世界で、乳児の死亡率と健康状態の格差が白人と黒人の間で広がっていることへの懸念が高まっており、その格差は、母親個人に関連するリスク要因では説明できなかったのだ。マリングズは定性的な研究、つまり数値を計算するのではなく、人々と話し、医療カルテには時々しか現れない、地域社会にストレスを与える経済的、環境的、社会的状況を文書化することに焦点を当てていた。マリングズはこれを「ハーレム・バースライト（生得権）・プロジェクト」と名付けた。

マリングズが見たハーレム地区は、ベイカーが20年代に遭遇したときと同じぐらい活気にあふれていた。「都市部のアフリカ系アメリカ人文化のメッカ」だったと、マリングズは記している。州外から移り住む黒人アメリカ人や他国からの移住者の多くが、最初に目指す場所だった。バックグラウンドの異なる人々が交わることで独特の食とアートと音楽が生まれ、あらゆる場所から人々が移り住むことで、様々な点でコミュニティの絆が強まった。例えば、ハーレム・バースライト・プロジェクトに30代前半で参加したサンドラ・ボーンは、血のつながった家族はロングアイランドからバージニア州まで東海岸に散在していて、近くには誰もいなかった。妊娠したとき、団結して手を差し伸べてくれたのは、血縁の親戚ではなく、ハーレムのコミュニティだった。ファストフード店の同僚たちがベビーシャワーを開催して、共同でチャイルドシートやベビーカーやベビー服を買ってくれた。同じく黒人女性だったレストランのオーナーたちは、ベビーベッドを購入して保育用具一式を調えてくれた。[61]

侵食されたネットワーク

しかし別の点で、年月の流れはハーレム地区に優しくなかった。70年代半ばの世界的な経済危機が、ニューヨーク市の大幅な経費削減と社会サービスの縮小をもたらした。同じ時期に製造業の職が多く失われたことは、労働組合のある高給の仕事が減ったことを意味した。90年までには、ハーレム地区の雇用されている成人の半数以上が、一般的に低賃金で福利厚生が少ない事務職やサービス職に就いていた。80年代の景気回復はほとんど足しにならなかった。75年から87年までの12年間に、国内の貧困率は15%から23%に上昇した。88年から98年の10年間に、ニューヨークの最貧世帯の総収入は20%近く落ち込んだ。

さらに事態を悪くしたのが、90年代半ばにニューヨーク市が学校と教育への資金提供を10億ドル削減し、公立病院と公営住宅の民営化に乗り出したことだ。そのため、ハーレム地区のように裕福ではないコミュニティが長い間頼りにしていた支援システムが壊れてしまった。同じ頃、クラック・コカインがアメリカ合衆国全域の都市部に洪水のように押し寄せ、薬物依存と暴力をもたらした。その後に大量投獄のプロジェクトが始まったせいで、都市部の黒人コミュニティの構造がさらに衰えてしまった。現在では、アメリカ合衆国の黒人の子どもの7人に1人の親が、刑務所に収監されている。[62]

ハーレム・バースライト・プロジェクトの参加者たちは、マリングズと彼女のチームに、貧困と暴力と投獄と薬物依存という状況下での子育ては、ストレスの連続だ、とくり返し伝えた。「このような状況下で育つ子どもたちへの深い心配は、筆舌に尽くしがたい」と、マリングズは述べている。[63] 組織的な支援システムが（多くの場合、故意に）存在しない状況で、祖母は依然としてケアを提供した。マリングズは、そのケアが、女性中心のサポートネットワークや地域社会の絆の伝統を維持するためというよりも、生き残りのためだと気が付いた。娘が依存症と闘っていたり仕事をかけ持ちしていたりする状況では、孫の母親役を引き受けざるを得ないのだ。[64]

一方で、経済的に対極にいる中産階級入りした黒人家庭は、同クラスの白人の価値観とライフスタイルを取り入れて、拡大家族その他の親族関係から遠く離れた郊外や別の都市へと移り住むことが多かった。「黒人市民社会が制度構造の変化に直面し、ネットワークが侵食されていることは、ネットワークを作り直すか、黒人の子どもを支援する別の方法を開発する必要があることを示している」とパトリシア・ヒル・コリンズは述べている。「あまりにも多くのアフリカ系アメリカ人の子どもにとって、祖母や『架空の親類』が世話をしてくれると仮定することは、もはや現実的ではない」のだ。[65]

エラ・ベイカーはリトルトンについて、「町ではなく人」と説明している。しかし人々のコミュニティが繁栄するためには根が必要だ。根が土壌深くにもぐり、時間と信頼と相互支援によって育まれるべきなのだ。20世紀半ばに、この根がくり返し地面から引き抜かれ、より過酷な気候の貧弱な土壌に何度も植え替えられた。人々は街や都市に移り住み、生活も隣人への期待も異なる、何のつながりもない人たちに遭遇した。「彼らは根っこを失ったのです。失った人は、どうしますか？　より広い兄弟愛の観点から考えはじめる、と願いたいところですが」と、ベイカーは言った。[66]しかし、人種差別と貧困と移転の三重苦に加えて、核家族は外部のサポートなしに自助ができるはずだという世間の期待によって、コミュニティの維持は難しかったし、今もそうだ。ハーレム地区の経済状況が悪化するにつれ、黒人の祖母たちは、郊外や遠くの市街地で働く母親たちがナニーや保育士に有料で依頼するようなケアを提供するのに苦労するようになった。過去2世紀以上の間に、自分の家が城に、家族が子宮になり、私たちは親族関係の拡張的な考えを放棄し、両親を孤立させ、コミュニティから投資を減らし、コミュニティのケアを個人が有料で依頼する種類のケアに置き換えてしまったのだ。

コミュニティの再構築

必要に応じてコミュニティ支援のシステムを再構築することができなかったわけでも、再構築の事例が不足していたわけでもない。1865年12月、アメリカ合衆国憲法修正第13条により奴隷制が非合法化され、キャリー・スティール・ローガンという女性を含む10万人以上が解放された。ローガンは、他の何千人もの人々と共に、それまで知っていた唯一の生き方に別れを告げて、アトランタに向かった。ダウンタウンのユニオン駅でメイドとしての仕事を見つけ、床を掃除したり、電車の車両を拭いたり、ゴミを集めたりして日々を過ごした。ローガンは見知らぬ子どもたちが隅に寄り添い、乳児が風除けのブランケットにくるまれているのを見つけて驚いた。全員がお腹をすかせ、見捨てられたホームレスだった。ローガンの伝記作家のひとりが書き記したように、子どもたちは「逆境の荒々しい風に翻弄されて、破壊の流れの中を漂う浮浪者だった！」[67]

ローガン自身も孤児だった。1829年頃にジョージア州の田舎のプランテーション農園の奴隷として生まれた。幼い頃に母親を亡くし、保護や指導や愛情を、他の大人に頼らざるを得なかった。こういった共同体の子育ては、奴隷制度の下では当たり前に行なわれていた。年配の奴隷の女性がしばしば「社会的母（social mothers）」の役割を担い、両親が働いている間に子どもの世話をしたり、孤児になった子どもを引き取ったりしていた。[68] ローガンが子どもの頃、この種のケアの恩恵を受けていたのは確かだった。彼女に読み書きを教えた誰かは、大きなリスクがあるかもしれないのに、それを顧みずに世話をした。懸命に世話をしてくれた女性たちのことを思い出し、子どもたちの悲惨な状況を無視できなくなったローガンは、子どもたちを、昼間は空の有蓋車に隠し、夜に自宅に連れて帰るようになった。しかし、たちまち子どもたちの数が増えすぎて、彼女のわずかな賃金では養えなくなり、寝室が2つしかない小さな家には入りきらなくなってしまった。[69]

あきらめたくなかったローガンは、文才を生かして薄い本を執筆した。それは自身が奴隷にされ、孤児になり、解放されるまでの感動的な道のりを記した自伝と、アトランタの孤児を救う活動の資金を募る内容で構成されていた。「年老いた私に与えられた務めであり、尊く輝かしい仕事だと信じています。いつか哀れな私の虚弱な体が塵の中に落ちた後も、長く続いていくべきことです」と、ローガンは書いた。この本が、アメリカ初の黒人の子どものための孤児院である「キャリー・スティール孤児院」の建設につながった。

ローガンは、本の収入と全国の支援者からの寄付金を使って、アトランタ郊外の4エーカーの土地と3階建てのレンガ造りの建物を購入した。19世紀の終わりまでに、敷地内に学校と診療所ができ、225人以上の子どもに住む家と教育と職業トレーニングを提供する施設ができあがった。[70] 孤児院は、現在ではキャリー・スティール゠ピッツ・ホームの名称で知られ、何千人もの孤児たちに住む場所を与え、家族の絆を再構築している。

孤児の中には、副院長のオリベット・アリソンのように、成人してからホームに戻り、人生のキャリアをホームの若い世代に捧げた人もいる。アリソンが2010年に亡くなったときの死亡記事の最初の1行には「生涯自分の子どもを持たなかった」と書かれている。しかし彼女は60年以上にわたるキャリアの中で「何千人もの赤ちゃんの世話をした」[71]。施設のホームページには、キャリー・スティール゠ピッツ・ホームは「愛情の遺産」と書かれている。必要によって結びついたコミュニティが、ひとつの家族となったのだ。[72]

成立しなかった包括的児童発達法案

キャリー・スティール゠ピッツ・ホームがアトランタで行なった活動を見習って、コミュニティと家族を再考し、全国規模で利用できる公的な支援システムを構築する取り組みが近年行なわれているが、成功にはほど遠い状況だ。1971年に、ミネソタ州選出の民主党上院議員ウォルター・モンダールが、政府が資金提供する幼少期の子どものケアと幼い子どもを持つ家族の支援を大幅に拡大する超党派の法案を発表した。仕組みについての意見は民主党と共和党で異なったが、全体のコンセプトは、すべての親が利用できる公的資金による託児所のネットワークを構築するというものだった。

当時、すべての人が利用できる託児所という案は、非常に幅広い支持基盤を持っていた。フェミニストや女性団体は、この法案が、女性が家の外で働く可能性を広げてくれると信じていた。労働団体は、これが就業日の育児問題の解決策になると考えた。公民権団体は、アメリカ南部の黒人家庭の多くが頼っているヘッドスタート（アメリカ保健社会福祉省が1960年代半ばから行なっている、支援が必要な家庭の子どもを対象とした就学援助プログラムのこと）の拡大につながることを望んだ。一部の保守的なグループにとっては、資金提供プログラムや幼い子どもたちのケアは、家族に優しく魅力的に映った。最終形である包括的児童発達法案は、日中の保育と放課後ケアをスライド制の料金で提供し、家族のための教育、栄養、健康、発達のサポートを組み込んだチャイルドケア・センターのシステムを提案した。法案の議論にあたり、「交渉の余地のない唯一の基準は、これらの幼児期プログラムが、母親の就労を可能にするだけではなく、子どもの成長を促進するものであること」とモンダールは述べた。言い換えれば、プログラムは日中に子どもを預ける安全な場所を提供するだけではなく、実際的に子育てに参加するということだ。この包括的児童発達法案は、上院を3分の2近くの差をつけて通過し、姉妹法案が下院を通過した。[73]

法案は12月にホワイトハウスに提出された。支持者たちは、この超党派法が、ウォーターゲート事件前だがすでに多くの悩みを抱えていた大統領へのクリスマスプレゼントになることを望んでいた。しかし、分断が進むベトナム戦争の公の顔であるリチャード・ニクソン大統領は、そうは見なさなかった。彼にとって、法案はトロイの木馬であり、表向きは寛大で魅力的だが、内側に共和党を打倒する何かを隠しているように感じられた。大統領は法案に拒否権を行使し、その後、議会の同僚たちに痛烈な叱責文を書くという異例の措置を講じた。ニクソンは、「包括的児童発達法案は、暗闇への長い飛躍」であり、「中央政府の膨大な道徳的権限を、家族中心のアプローチではなく、共同的な子育てのアプローチの側に委ねる」ものだと書いた。託児所というコンセプト、つまり、母親が仕事に出かけている間、母親以外の人が子どもをケアし、子育ての少なくとも一部を担うことは、核家族というアメリカの理想に真っ向から挑むことだった。「この大統領、この政府は、その一歩を踏み出したくない」と、ニクソンは記した。[74]

この法案を批判する人々が懸念したのは、女性に子どもと一緒に家にいる代わりに働くことを奨励すると、19世紀に女性の労働参加によって子どもの数が減ったのと同様に、出生率が下がるのでは、ということだった。皮肉なのは、幼い子どもと家族を支援するインフラがないこと、もっと正確に言うと、そのインフラを使えるのが相当な金額を支払える人に限られることが、そのような結果をもたらしたことだ。

私たちは1世紀半をかけて、自助できる核家族を価値あるものと定め、自分とコミュニティの間に壁を作り、親には子育ての重荷をしょい込むことを期待し、助けが必要なときはお金を払うべきだと考えるようになった。しかし今、私たちは、これまで以上にお互いを必要としている。保育料は驚くほど高く、就労時間が膨大に増え、2人親世帯のほとんどは、生計を立てるために大人が2人とも家の外で働かざるを得ない。しかし、私たちに時間とエネルギーを取り戻させてくれるコミュニティを再構築するには、時間とエネルギーをかける必要がある。そして、外部の支援ネットワークがなければ、いったい誰にその十分な時間とエネルギーがあるのだろう？

リディア・ハンコックやエラ・ベイカーのように、自分の子どもを産まずに、他人の子どもの母親役を担った女性たちや、キャリー・スティール・ローガンやオリベット・アリソンのように、地域の母親役を務めた女性たちが実践したのは、スタンリー・M・ジェームズが「マザリング（母親をする）」と呼ぶ、生物学的生殖に依存しない子どもとコミュニティのケアである。「マザー（母親）」と名詞にしてアイデンティティを限定してしまうと、女性を孤立させる可能性があることは、近年の状況から明らかになった事実だ。一方で、「マザリング」という動詞なら、誰にでも行なえるニュアンスになる。子どもを産んだ経験の有無や、ケアを求める子どもの産みの母か否か、生物学的に子どもを産める体かそうでないかは関係ない。マザリングは、ボストンやリトルトンからナイジェリアまで、コミュニティが子育ての負担と喜びを分かち合うのを助けてきたのだ。

白人の中産階級よりもはるかに危機について精通しているコミュニティ出身の女性たちは、何世代にも何世紀にもわたって、コミュニティの支援が、コミュニティの生存能力と生まれる子どもの数につながっているのを知っている。活動家のバーニス・ジョンソン・レーゴンは、「マザリング」は文化的な仕事と理解するのが最良であり、「コミュニティがそれ自体と将来の世代を育成するために行ない続けること」だと述べている。[75]

キャリー・スティール・ローガンは、有蓋車の中やアトランタの小さなアパートの中、そして最終的には1世紀半近く繁栄してきた十分な資金のある組織の中で、私たち21世紀の人間には想像もできないような社会的変革の時代に、コミュニティと家族を再構築した。家族、コミュニティ、親族グループ、tiospaye（拡大家族）は、有機的でなくてもよい。有機的であることを期待したことが、それを失ってしまった理由のひとつなのだ。リトルトンのように、ザ・フラッツのように、初期のニューイングランドの町のように、子どもを愛し育てるという仕事を分かち合うことによって、実の親をサポートするコミュニティは新たに作ることができる。キャリー・スティール・ローガンが気づいたように、時には新たに作り出すことが必要なのだ。

3章　すべてを手に入れるのは無理だから

1950年代と60年代のアメリカは、独身で子どものいない女性にとって、いい時代ではなかった。この事実を肌で感じていたのがヘレン・ガーリーだ。「あなたが女性で30歳までに結婚していなければ、グランドキャニオンから身を投げたほうがいいかもしれない」とジョーク混じりに説明した彼女が、結婚してヘレン・ガーリー・ブラウンになったのは37歳、自分が言った期限よりずいぶん後だった。そのせいか、やりたいことを何でもやり、それを恥ずかしいと思わない独身女性を、生涯にわたって擁護し続けた。「お金について賢いことはセクシーです」と彼女は書いた。セックスも奨励した。62年の著書『セックス・アンド・ザ・シングルガール』に「それはあなたが継承した気質です。ふざけた悪い娘が思いついたいたずらではありません」と書き、女性たちを安心させた。[1]

ブラウンは、アーカンソー州の北西の端にある、オザーク山地の小さな町に生まれた。ブラウンいわく「ヒルビリーズ」の家庭で育った田舎娘で、漁業狩猟委員会の委員である父親を10歳のときに亡くした。[2] ティーンエイジャーになると、母親と姉妹と一緒にロサンゼルスに引っ越し、ウッドベリー・ビジネスカレッジに入学した。家族は最終的にアーカンソー州に戻ったが、ブラウンはロサンゼルスに残り、17社ほどの広告代理店で秘書の仕事をし、カリフォルニアで最も高給な女性コピーライターにまでのぼりつめた。そして65年、43歳のときに、コスモポリタン誌の編集長に任命された。

ブラウンは、その後30年にわたり、雑誌のページでキャリアの助言や美容のヒント、さらには露骨なセックスのアドバイスを提供した。また、当時の大物フェミニストたちと衝突した。グロリア・スタイネムは、コスモポリタンのニューヨークオフィスへの侵入を主導したと伝えられている。また、ベティ・フリーダンが、ブラウンの雑誌は「未熟な10代レベルの性的ファンタジー」を売っているだけ、と言ったのは有名な話だ。ブラウンが女性たちに提供する自由は、セクシーでフェミニンでハイヒールを履いて経験する類のものだった。それは、中産階級への尊敬の念を持つフリーダンや、ヒッピーに影響されたスタイネムの思想、つまり政治的に急進的なフェミニズムとはかけ離れていたのだ。[3] ブラウンが２０１２年に亡くなったとき、米国公共ラジオ放送のオーディ・コーニッシュは、彼女を「プラダを着たパイオニア、ピンヒールの革命家」と呼んだ。[4] ブラウンは「セックス・アンド・ザ・シティ」スタイルのフェミニズムの発明者であり、元祖キャリー・ブラッドショー（「セックス・アンド・ザ・シティ」の主人公）だった。[5]

「すべてを手に入れる」

ブラウンは1980年代の最初の数年間を、コスモポリタンを嫌う理由をたくさん持つ左派のフェミニストやレーガンに影響を受けた右派の伝統主義者からの批判をかわしながら、ニューヨーク市のハースト・タワー内のオフィスで過ごし、空いた時間には、「ザ・マウスバーガー・プラン」と仮タイトルを付けた本の構想を練った。これは、ブラウンが「マウスバーガー」と呼ぶ、自分と同じく特別な美貌や天才的なIQスコアや特権的な背景を持たずに生まれたが、議論好きで野心があり、成功への意欲がある女性のための指南本である。

ところが出版社は「マウスバーガー」案を却下し、代わりに『すべてを手に入れる（Having It All）』というタイトルが付けられ、この著書はベストセラーとなった。本には「トップにのぼりつめる」ための実証済みのヒントが満載で、内容は、かなり疑わしいがコスモポリタンの編集者にはさほど意外でもないこと（「ダイエットはまさに道徳的でセクシーで健康的」）から、あけすけだが実用的なこと（「強く握るのはNG」「歯をくちびるで包むように」）、本当にためになる話（「魂を明けわたしてはダメ」）まで広範囲にわたった。ブラウンは、好きな人とセックスしなさい、と「マウスバーガーの妹たち」にアドバイスをした。上司もOK、ただしセックスの腕前とキャリアの成功を混同しないこと。「寝てもトップには行けないし、真ん中でさえ無理です。自力でやるしかないので、まずは始めてはいかがでしょうか」と警告した。[6]

この本の表紙の60歳のブラウンは、パールのネックレスをつけ、ワイン色のシルクのドレスを完璧に着こなし、茶色の髪を一糸乱れぬヘルメットのように、きっちりとスタイリングしている。ブラウンにとっての「すべて」の定義を説明するかのように、サブタイトルである「愛、成功、セックス、お金（Love, Success, Sex, Money）」が頭上に配置されている。本の内容を正確に表しているようだが、ブラウンはこのタイトルを嫌っていた。「自分の中では、虐げられている人のための本というイメージなんです」と、ブラウンは残念そうに語っている。「負け犬だったけれど勝者になった人が書いた本です。このタイトルだと、最初からずっと勝ち続けていたおりこうさんみたいですが」。ブラウンは編集者に「すべてを手に入れる（Having It All）」は「陳腐でおかしい」と意見した。[7]

「すべて」の中身が変わった

ブラウンにとって残念なことに、「すべてを手に入れる」のフレーズはたちまち、ブラウンがさらに嫌がりそうな別の意味に使われることになった。81年のウェンディ・ワッサースタイン作の舞台「イズント・イット・ロマンティック」で、ある登場人物が母親にこうたずねる。「そんなことできると思う？　結婚して、男の人と一緒に住んで、良好な関係を築いて、同等の責任を分かち合う子どもを持ち、キャリアを手に入れ、その上、小説を読んだりピアノを弾いたり、女友達と仲良くしたり、週に2回のスイミングに行ったりできる？」母親は皮肉を込めてこう答える。「女性誌が『すべてを手に入れる』と呼んでいること？　それはあなたの世代の幻想にすぎないのよ」[8]。「すべてを手に入れる」のフレーズは、女性解放の影響を受けた「愛と成功とセックスとお金」のイメージから、瞬く間に、はるかに伝統的な種類の幻想へと姿を変えた。「『すべて』が、女性の3つの大きな構成部品を意味するようになった」と、ブラウンは回想している。つまり、仕事と男と子どもだ。[9]

今や子どもが「すべてを手に入れる」の中心的な存在であることを考えると、当時のブラウンの視野に子どもが入っていなかったのは、少なからず皮肉なことだ。フェミニストと反フェミニストの両方から極端に嫌われていたブラウンの見解は、女性の解放の邪魔になるのはブラジャーでも美の基準でもなく母性である、というところだった。91年、70歳に近づいていたブラウンは、元大統領の息子ロン・レーガンが司会を務めるテレビ番組のナオミ・ウルフとの討論に招かれ、「美しくなることは問題ではない」と主張した。ウルフは今や古典となっている名著『美の陰謀――女たちの見えない敵（原題：The Beauty Myth）』で、非現実的な美の基準は、女性を虜にすることを意図しており、女性たちの専門的で知的な才能を奪い、社会進出を阻んでいる、と述べた。ブラウンは、美の基準は女性が直面する最大の障害ではありえない、と論じ、「私たちは母親になること、妊娠することを奨励されています」と言い返した。

プロライフ（中絶反対）運動の主な目的は、女性たちを「子どもで身動きを取れなくする」ことであり、それにより、最近女性に門戸が開かれたが伝統的に男性の持ち場である仕事の世界での成功を難しくさせている、とブラウンは語った。[10] ブラウンは著書においても、母親になることと「マウスバーガー」の両立は可能だと認識している。「どうしても欲しくて、かかる費用を喜んで支払うなら、仕事の成功と上手に育てた子どもの両方を手に入れることは可能です」。[11] でも、なぜそれを望むのでしょう？　母性とキャリアの両方なんて、「そんな強引な話を、聞いたことがありますか？」[12] 初期の頃、ブラウンが繰り返し主張していたのは、「すべてを手に入れる」ということは、結婚や子どもとは無関係である、ということだ。「すべてを手に入れる」は、女性の性と職業の解放を意味していたのだ。

現在、あらゆる党派において、「すべてを手に入れる」ことは、ブラウンが意図しなかった「仕事と夫と子ども」願望という意味では、歓迎されていない。バラク・オバマ大統領の下で国務省の政策企画局長を務めていたアン゠マリー・スローターは、2012年にアトランティック誌に掲載された発言で波紋を呼んだ。2人の子どもの母親であり、プリンストン大学の終身教授であり、大統領から任命された彼女でさえも、「すべてを手に入れる」ことができていないと認めたのだ[13]。

ミシェル・オバマは、18年に、ブルックリンの満員御礼のバークレイズ・センターで聴衆に語りかけた。「『すべてを手に入れられる』〔という考え〕は、間違っています。一度には無理です、それは嘘なんです。前のめり《リーン・イン》になるだけでは十分ではない場合もあります」。彼女が先を続けると、拍手喝采が起きた。「だって、そんなこと、うまくいくわけないですよ[14]」。政治的右派では、長きにわたって、それは詐欺だと笑い飛ばされてきた。「家族との時間を犠牲にすることなくフルタイムで働き、産業のリーダーになる」ことは可能なので、自由にキャリアを追求すべきだと女性を説得するのはリベラル派の陰謀だと、保守派の自立女性フォーラムの会長キャリー・L・ルーカスは言った[15]。元副大統領のマイク・ペンスは1997年に「確かにすべてを手に入れることは可能だ」と論説に書いた。「ただし託児所に入れた子どもたちが、感情面で割りを食うことになる」[16]。

「すべてを手に入れた女性」への崇拝

「すべてを手に入れる」が、意見の潮流の変化を乗り越えて生き残ってきた地域もある。例えば、シリコン・バレーでは、前のめりになる《リーン・イン》だけですべてを手に入れることができるという主張が続いている[17]。2022年3月、無党派のキム・カーダシアンは女性たちに「気合を入れて働きなさい」と同様のアドバイスをした。女性たちの多くは、パンデミックの間、学校と託児所を当てにできず、仕事と生活が衝突して崩壊し、2年間苦しんできた[18]。しかし、この考え方をどこよりも熱烈に復活させたのは政治的右派だった。ある保守的な女性運動では、「すべてを手に入れる」は現代社会では可能であるだけではなく、その可能性があまりにも高いため、中絶やフェミニズムなどは不必要で、ばかげた時代遅れのものである、という主張に変容させてしまったのだ。

この考え方を体現したのが最高裁判所判事のエイミー・コニー・バレットだ。7人の子どもを持ち、毎朝クロスフィットを実践する彼女が、この国の最高裁判所の職に上り詰めたことは、子どもを持つことの物質的・経済的影響は——ロー対ウェイド裁判の裁判官は、政府が女性に意思に反して出産することを要求するには負担が大きすぎると推論したが——もはや存在しないことの証明なのだ[19]。この女性運動で論じられているのは、世界中のエイミー・コニー・バレットのような女性が、すでにすべてを手に入れたことを証明している、ということだ。もしくは、もっと早起きをして腕立て伏せをし、怠けさえしなければ、手に入れることができるのだと。

公平を期すために言うと、リベラル派も、ほとんどの場合、すべてを手に入れたように見える女性への崇拝から逃れられていない。バラク・オバマ大統領が2010年にエレナ・ケイガンを最高裁判所判事に指名したとき、彼女の司法記録と並んで生殖の記録が詮索された。ケイガンは、オバマが法廷に任命した2人目の女性判事で、ソニア・ソトマヨールに続いて子どもがいなかった。たとえ左派であっても、多くの人にとって、これは間違いだった。作家のリサ・ベルキンは、ニューヨーク・タイムズ・マガジンで、ある「フェミニストの友人」の不満を次のように語っている。「私は、彼女〔ケイガン〕が母親ならよかったのにと思う。これが間違ったメッセージを伝えることになるから」[20]。子どもを持たないことで、ケイガンとソトマヨールが最高裁判所への道を切り開いたと考える人もいた。この議論が示唆するのは、すべてを経験した女性を昇格させる方が良いのではないか、ということだ。

すべてを手に入れることへの固執の不思議なところは、この「すべて」が夫と子どもと仕事を同時に手に入れるという意味においては、さして新しくも革新的でもないことだ。歴史の大部分において、ほとんどの女性は、子どもを産んで家族に経済的に貢献することを期待されてきたからだ。アメリカの有色人種の女性、移民の女性、労働者階級の女性、貧困層の女性は、自分の子どもだけに目を向け労働力を注ぐという選択肢をほとんど持っていなかった。アメリカ合衆国における黒人女性が長い間経験してきたのは、奴隷制の下で強制的に家の外で働き、そして多くの場合、奴隷制が終わってからは経済的な必要のために家の外で働くというものだった。ヨーロッパの農業地域では、女性たちは、産んだ子どもたちと同様に、貴重な両手と背中と膝を持つ働き手として、家族が生き延びるために畑から苦労して食料を収穫した。先住民族の女性たちは、ヨーロッパ人が海岸に現れるずっと前から、北アメリカ大陸に住み、働き、母親になっていた。やって来た船には働く女性も乗っていた。経済的な生産性は、植民地時代の「良き妻」の賞賛すべき特徴だったのだ。[21]

中産階級のステイタスとしての専業主婦

19世紀は、人の働き方と働く場所に大きな変化をもたらした。働くとは、賃金と引き換えに労働するという意味となり、多くの場合は家の外が職場であった。そうなると、母親が家に残るという決断は合理的だった――誰かが幼い子どもの世話をし、家族全員の食事と衣類を準備しなければならないのだから。それはまた、家族の社会経済的ステイタスの指標として野心的な目標にもなった。新たに生まれた産業中産階級の一員になる方法だったのだ。[22]

ある歴史学者が「稼ぎ手と専業主婦の世帯」と呼んだのが、父親が働いて賃金を稼ぎ、母親が子どもたちの世話をして家を守る、いわゆる『ビーバーちゃん』（1957年から63年にテレビ放送されたホームコメディ）モデルだ。それが標準だったのはわずか1世紀半ほどの間で、歴史的にはほんの一瞬であり、その時でさえ、中産階級と、中産階級のふりができるほどの生活能力がある人たちの間だけで存在していた。[23]『ビーバーちゃん』がテレビ放送され、ベビーブームのピークだった1959年でさえ、両親ともに白人でアメリカ生まれの家族であっても、3分の1は、ひとりの稼ぎ手の収入では暮らしていけなかった。歴史家のステファニー・クーンツは、「世論に反して、『ビーバーちゃん』はドキュメンタリー作品ではなかった」と書いている。[24]

昔と同じく、現在でも母親の大多数が働いている。労働統計局によると、18歳未満の子どもを持つアメリカ人の母親の70％が家の外で雇用されていて、そのうち80％がフルタイムで働いている。[25] 一家の稼ぎ手と専業主婦の家庭が常となる現実は薄れているかもしれないが、女性の役割は母親になること、母親になることは家にいること、家にいることは働かないこと、という神話は残されており、それが自然であり、永続するように見えるのだ。2002年の調査では、幼い子どもを持つ母親がフルタイムで働くことが適切であると答えたアメリカ人はわずか11％だった。03年には4分の3近くの人が「近年、託児所で育てられる子どもが多すぎる」という文章に賛同した。[26] このような数字から考えると、多くのアメリカ人女性がキャリアの野心や経済的な必要性と、子どもを産み育てる能力との間に緊張を感じていることは、それほど意外でもない。

仕事を理由に子どもを持たない女性について語るとき、たいていの人が想像するのは、高学歴のフェミニストが、パンツスーツ姿でオフィスや会議室で仕事をし、猫の待つおしゃれな家に帰るというイメージだ。しかし、仕事や経済的な理由で子どもを持たないのは、産業革命以前のヨーロッパの女性の5人に1人が、人口増加を相殺し家族をサポートするために、結婚せず子どもを持たなかったことにも似ている。経済的苦痛がアメリカを襲い、アメリカ史上最も多くの女性が子どもを持たなかった大恐慌時代にも似ている。20世紀の最初の10年間に、黒人女性の3人に1人が子どもを持たなかったのは、経済的流動性と子づくりは相容れないと見なして前者を選んだからだ、と論じられていることにも似ている。1970年代と80年代に化石燃料の価格変動によって出生数が増減したアパラチアの石炭地帯にも似ている。[27]

19世紀、経済生活が根本的に変化するにつれて、アメリカの女性は総じて子どもを減らす決断をした。アメリカの人口は、一世代のうちに過半数が農村部から都市部へと移行した。19世紀の後半には、何百万人もの未婚の女性が仕事を見つけるために都市に移動し、その中には、賃金を得る労働によってさらに自由な生活を得ようとした元奴隷の黒人女性も含まれていた。奴隷解放と参政権運動の初期の成功によって、教育と専門職の門戸が一部開かれた。賃金労働という意味の仕事は、大部分が家の外へと移動した。

世界が家庭と仕事の2つの領域に分かれるにつれて、ほとんどの女性が子どもを持ちながら家族に経済的に貢献するべきという考え方は、必然ではなく、どちらか一方でいいように思えてきた。子どもを持つか、お金を稼ぐかのどちらかであり、両方ではないのだと。多くの女性は引き続き、子育ての合間に仕事を詰め込もうとした。しかし、子どもを産まないか、せめて出産を遅らせるか、出産する子どもの数を減らすのが、ますます現実的で魅力的な選択肢になってきたのだ。過去1世紀半の間、女性は、収入の範囲を問わず、経済的圧力の増大に直面しながら、子どもを産むことを求められてきた。その圧力は、母親になることと、職業上の野心と知的な努力、加えて（または）経済的生き残りを競わせるものだった。女性たちは合理的な対応を取った。産む数を減らしたのだ。

ボーヴォワールの革命

哲学者のシモーヌ・ド・ボーヴォワールのように、まったく子どもを産まなかった人もいる。シモーヌ・ルーシー・エルネスティン・マリー・ベルトラン・ド・ボーヴォワールは、1908年にパリで生まれた。彼女はフランソワーズとジョルジュ・ベルトラン・ド・ボーヴォワールの最初の子どもで、夫妻は当時、子どもに4つのファーストネームを持たせるのにふさわしいブルジョアだった。フランソワーズは裕福な銀行家の娘で熱心なカトリック教徒、ジョルジュは法務秘書で、貴族らしい野心はあるものの、ビジネスの才覚は並以下だった。第一次世界大戦の直前に財産を失い、ボーヴォワールと妹エレーヌの持参金が出せなくなった。ボーヴォワールは、そのことに安堵した。ボーヴォワールは後に、母親にも妻にも一切なりたくなかったと語っている。結婚の可能性から解放されたボーヴォワールは、作家か教師になることを望み、勉強に打ち込んだ。父は「シモーヌは、男のように考える子だ！」と感心して言った。[28]

「男のように」考えることで、ボーヴォワールは大きく飛躍した。29年、21歳のとき、競争率の高い年次学術試験の最年少合格者となった。この試験の合格者だけが、パリで抜群に選抜が厳しい名門大学院エコール・ノルマルで哲学を教えることができた。ボーヴォワールは単に合格しただけではなく、2位の成績を記録した。僅差で1位を獲得したのが、同じぐらい頭脳明晰なジャン＝ポール・サルトルである。2人はたちまち切っても切れない関係になった。2年後にサルトルがボーヴォワールにプロポーズをしたが、永遠に彼女の手を欲しがるほど愚かではなかった。

「2年契約に署名しよう」と、さわやかな秋の日、ソルボンヌ大学の外のベンチに2人で座っているときに、サルトルは提案した。ボーヴォワールは「冗談なの？」とたずねた。後にサルトルはもう一度、哲学者だけにできるオープンな関係になりたいと申し出た。「僕たちにあるのは本質的な愛だ。しかし、偶発的な恋愛を経験するのはお互いにとって良いことだ[29]」。彼らの実存主義的な愛は、現代史に刻まれるほど不思議なパートナーシップを築き上げた。ボーヴォワールとサルトルは一度も同居することなく、子どもを持たなかったが、80年にサルトルが亡くなるまでの半世紀にわたって、互いの最高の恋人でありつづけたのだ[30]。

　ボーヴォワールの最も有名な作品である49年の著書『第二の性』は、当時流行していた実存主義哲学をフェミニスト論へと展開した。「人は女性に生まれるのではない」とボーヴォワールは論じた。文化的規範と社会的期待に一生さらされることを通して、「むしろ女性になるのだ」と。20世紀後半からジェンダー学の哲学者として活躍するジュディス・バトラーは、後にボーヴォワールの作品を、生物学的性とジェンダー・ロールを区別した最も初期の例だと指摘した[31]。「生物学的、心理的、経済的な運命によって、社会における女性の姿が決まることはない」とボーヴォワールは主張した。むしろ「文明が」女性のあるべき姿を描くのだ[32]。そしてあるべき姿を、幼い頃から少女たちははっきりとわかっている。それは母親なのだと。

母性と仕事は両立不可能

『第二の性』には母性の制度の利点についてはほとんど述べられておらず、ボーヴォワールはこれを「ナルシシズムと利他主義、怠惰な空想、誠実さ、悪意、献身と皮肉の奇妙な混合」と表現し、「あらゆるケースで母性が女性を満たすのに十分」と信じるのは「危険な誤解」だと書いている。タイトルに政治性がはっきりと打ち出された哲学書を手に取る大胆な読者でさえ、ボーヴォワールが「母親」とタイトルを付けた章の最初の数十ページを中絶と避妊の話題に費やすのを知り、憤慨したかもしれない。

さらに次の10ページでは、多くの女性が「母性」という概念に感じる恐怖が記されている。それは、妊娠中に自分の体に対する自律性を失い、出産時に引き裂かれ、自身のニーズよりも小さな人を優先し、アイデンティティと野心と結婚を犠牲にすることである[33]（ボーヴォワールは「子どもの誕生は両親の死だ」とヘーゲルの言葉を引用し、射精は「死の約束である」と厳かに付け加えている）[34]。そういった意見は物議を醸したが、おかげで本は売れた。『第二の性』は49年にフランスで出版され、アカデミックな哲学者の著書というよりスパイもののミステリー作品のように本棚から飛び出した。発売した最初の週に2万2000部を売り上げ、その後数十年で100万部をはるかに上回った[35]。

ボーヴォワールは回想録で、サルトルと付き合ってごく早い段階で親になることを除外したと語っている。「母性に抵抗を感じたことは一度もなかった。単に、私の人生において自然な運命ではなく、子どもを持たないことで、自分の適切な機能を果たせていたのだ[36]」。両立が可能だとは思ってもいなかった。「私は執筆がしたかったので、子どもを持てないと思っていました」と、ボーヴォワールはベティ・フリーダンに75年のインタビューで話し、その内容がフリーダンの2

冊目の著書『女の新世紀へ——アメリカ女性運動の記録』に掲載されている。[37] ボーヴォワールは、知的キャリアを追求しながら、つまり「男のように」考えながら、母親になること、つまり女らしさの要求にこたえて生きることは、不可能だと信じていた。どちらかを選ばなければならず、仕事を選んだのだ。

1974年秋にバージニア大学に入学した私の母は、選ばなければならないとは考えていなかった。母は、ペンシルベニア州の田舎にあるクエーカー教の寄宿学校を出たばかりの長髪でヒッピーもどきの子どもで、シャーロッツビルのキャンパスで場違いな人間になった。割り当てられたルームメイトはチアリーダーで、母の荷物の少なくとも4倍はある洋服を持ってきていた。しかし、将来の可能性を大いに期待しているという点で、母は際立っていた。母の母、つまり私の祖母が生まれたのは28年、合衆国憲法修正第19条が女性に参政権を与えてからわずか8年後で、「私は生まれながらのフェミニストだ」と誇らしげに語っていた。祖母は大学に進学し、大学院で解剖学と生理学の学位を取得する直前に、若くてハンサムな博士課程の学生とブラインドデートをした。祖父は社会学専攻だったので、「ソフトサイエンスよ」と、今も祖母は、歴史学者の孫娘をからかうように、鼻で笑ってみせる。2人は半年後に婚約した。

私の母と姉妹は、教授そして指導者としてのキャリアと4人の子どもを持ち、適度にバランスの取れた結婚生活を送っている女性に、同じような道を期待されながら育てられた。しかし母は、バージニア大学時代の友人の大半が、目の前に2つの道があると信じていた、と振り返る。キャリアを持つか、キャリアを築きそうな男性を見つけて子どもを持つか。第三の道は存在しないのだ。母が大学を卒業して20年近くが経ち、ボーヴォワールが『第二の性』を出版して40年以上が経った90年代に、社会学者のキャロリン・モレルが子どものいない女性を調査したとき、調査対象となった女性の多くは、まだ子どもとキャリアを両立する道を見出せていなかった。モレルはこう記している。「このような女性は、子どもを持つことを、有給の仕事を離れて家にいること、労働の性的な分断、経済的依存、婚姻関係における権力の侵食と同一視している」[38]。ごく最近、2014年にハーバード・ビジネス・スクールがMBAを取得した男女のカップルを対象に行なった調査では、男性の大多数と女性の半数以上が、女性のほうが主要な親になると予想していたことがわかった[39]。

工業化以前の女性の労働

労働力の中にいることが重要になるにつれて、いかに女性が労働力から追い出されたかについてのおなじみのストーリーが、歴史家によって語られている[40]。多くの場合、物語は、近代化前、工業化以前のヨーロッパのどこかが舞台だ。そこでは、農民の家族が、自分の土地で食料を調達し、収入を補うためにパートタイムで職人技を使っていた。幸せな家族は、夜の時間や長い冬の間、ろうそくの明かりのそばで、一緒に布を織り、ジャムを作り、敷物を編んでいた。妻は夫と共に働き、平等に家庭の経済的基盤に貢献していたのだ。[41]
一部の歴史家の手にかかれば、この半ば神話のような時代は、女性労働の「黄金時代」と表すことができる。家の中に職場がある限り、仕事はある程度ジェンダーレスだ。仕事がジェンダーレスである限り、女性は家庭内で平等に力を保持することができた。その後、大惨事が襲う。産業革命を牽引した機械が、労働者をキッチンテーブルから工場へと連れ出したのだ。
ジェニー紡績機が次々と羊毛を糸に様変わりさせ、1800年をまたぐ数十年の間に、工場の床に機械の列が急速に増えたことで、イギリスの農耕民は、フリードリヒ・エンゲルスが「プロレタリアート（労働者階級）」と呼ぶものへと様変わりした。人々は都会の中心部に集まり、農場での労働や職人としての労働を賃金労働に置き換え、小さな家族経営の農場から都会の賃貸住宅へと暮らしを移し、家庭生活と仕事は完全に切り離されてしまった。歴史家のエドワード・P・トムスンが芝居がかった表現で言い表したように、家族は「毎朝、工場の鐘の音によってばらばらに引き離された」のだ。[42]父親が仕事に行き、母親は、重要性を失った家庭の監督者として家に残った。家はもはや経済を生みだす場所でも家庭内工業の職場でもなく、その機能は2つに縮小された。子育てと、それを行なうための柔らかく愛情ある快適な環境、「冷酷な世界からの避難所[43]」を作ることだ。その過程で、女性は家族に経済的に貢献する能力と、その貢献にともなう家庭内での力を失ったのだ。[44]
産業革命以前の神話的でジェンダーレスな労働の歴史については、労働条件の変化が女性と家族に与えた影響とその理由についての分析と同じく、異論も唱えられている。しかし、産業革命は間違いなく女性の生活と役割の革命でもあった。歴史家のレオノーレ・ダヴィドフとキャサリン・ホールは、18世紀後半から19世紀初頭にかけて、イギリスの女性が担っていた仕事が急激に減ったと指摘したが、これはおおよそ産業革命がイギリスを様変わりさせたのと同年代の出来事である。1790年代に女性は、看守、配管工、肉屋、農民、仕立て屋、馬具業者として地元の名簿に掲載されていたが、1850年代までに、女性の選択肢は、教育と婦人服仕立てと婦人用装飾品の細工に絞り込まれていた。[45]

同時に、女性を賃金労働から遠ざけて家に留めておくことが、ある種の社会的重要性を帯びてきた。労働者階級の多くは、女性化された私的な家庭を、男性的な公共の職場から切り離すだけの余裕を持たなかった。しかし、貴族でもなく生きるのがやっとでもない新興の中産階級は、家庭によっては多少の無理があっても、切り離すことが可能だった。こうして、家庭の妻と母親という務めが、新しい中産階級と多数派の労働者を隔てる一番わかりやすい境界線となった。もっと正確に言うと、女性の労働力の欠如が、境界線となったのだ。

家庭生活に関するイギリスの権威サラ・スティックニー・エリスは、1839年にこう記した。「紳士は、低級なほぼすべての職業に勤務時間を費やすことができ、立派な家庭を維持する手段があれば、紳士の身分が保たれる。一方、貴婦人はどんなに繊細な商品であっても、商売に手をつければ身分を失い、貴婦人ではなくなる」。家の主人がどんな種類の仕事をしても、たとえ汚れ仕事や手作業であっても、妻が家に残っているという事実は、主人と他人にとって、中産階級であることを意味したのだ。[46]

別の大陸では、19世紀後半に、中産階級に見られたい、中産階級でありたいという同じ欲求が、エラ・ベイカーの母親にフルタイムの母親業を選ばせ、教師としてのキャリアを終わらせた。作家たちは男性を「働く」「労働する」と表現し、女性には「活動《レイバー》」「台所仕事」「務め」があると書いた。女性の「労働《レイバー》」は、アメリカ人の新たな命をこの世に産みだすときだけだ、としたり顔で言う人もいるだろう。その後は何も産みださないのだ。女性の最高の使命が母になることなら、母親業に付随する数々の務めは、仕事以外の何ものでもない。[47]

既婚女性を解雇できる「マリッジバー」

もちろん、女性自身はそのような幻想を抱いていなかった。後述するスーザン・B・アンソニーは、生涯未婚で子どもを産まなかったことで有名だ。女性の権利と参政権獲得のために活動し、角ばった顔立ちと首元でまとめた髪が印象的な、アメリカの貨幣に登場した初の女性である。アンソニーは、家事労働の負担がないために政治的影響力を持てるという明確な意識を持ち、アメリカ国内を縦横に移動して、何千人もの聴衆に女性の参政権についての演説を聞かせていた。

アンソニーの親友で政治協力者のエリザベス・キャディ・スタントンは、7人の子どもを抱えて家に閉じこめられ、素晴らしい思想家でありながら、参政権運動の最前線に立つことができなかった。1853年にスタントンはアンソニーに手紙を書いている。「私が家で子どもに囲まれている間、皿洗いやお菓子づくりや裁縫など、たくさんの用事はできても、本を探すことはできません。私の両手も脳もそちらの作業に取られてしまうからです」[48]。アンソニーは友人が束縛されていることを残念に思った。アンソニーにとって、スタントンは知的な原動力だったからだ。アンソニーはスタントンの死後に記者に「彼女が雷を創り出し、私がそれに火をつけた」と語っている。[49] アンソニーのような19世紀のフェミニストは、母親業を含む家事労働を担うことと、知的で政治的、または専門的な仕事を遂行する能力が、多少なりとも相互に排他的であることをはっきりと理解していた。そして彼女たちは、これは偶然ではないとにらんでいた。[50]

1880年代からアメリカの雇用主は「マリッジバー」を設けるようになった。女性が結婚するとすぐに仕事を辞めることを義務づける規定である。1931年に行なわれたカンザスシティとフィラデルフィアの企業を対象とした調査では、保険会社の61%、出版社の37%、銀行の35%が既婚女性の雇用に対して厳格な方針を持っていることがわかった。また、保険会社の46%、出版社の34%、銀行の21%が、結婚式を挙げた女性従業員を解雇できた。[51]

リベラル派の弁護士で後に連邦最高裁判所判事になるルイス・D・ブランダイスは、1907年に最高裁判所にこの種の法律を支持する法廷助言書を提出した。ブランダイスは、すべての女性は「潜在的な母親」なので「過度な時間の労働によって母親になる資格を失うことは許されない」と記した。[52] 翌年、最高裁判所はこれを認め、女性がクリーニング専門店で1日に働ける時間数を制限するオレゴン州の法律を支持した。裁判所は、「健康な母親は元気な子孫にとって不可欠なので、女性の身体的健康は、人種の強靱さを維持する目的によって、公共の関心とケアの対象となる」と理由をつけた。[53]

連邦最高裁判所のお墨付きを得たことで、既婚女性と母親の労働力への参加を制限する法律が次々と現れた。32年、連邦政府の政策によって、公務員同士が結婚する場合、どちらかひとりが仕事を辞めることが義務付けられた。大恐慌の間に、政府からの収入がひとつの世帯に2人分流れ込むのは、失業者の多さを考えると良心的ではなかったのだ。[54] しかし、危機に瀕していたのは経済的公平性だけではなかった。ウィスコンシン州では、35年に州議会上院が共働き世帯に関する「深刻な道徳的問題」を提起する決議案を可決した。上院議員たちは、そのような家庭を次のように心配した。「産児制限の実践が奨励され、夫と妻が両方の雇用収入により利己的になると、文明と健全な雰囲気が破壊される見込みがあり、家庭を築くという考えが阻害される。これは家族生活の崩壊を招くふるまいだ[55]」。

マサチューセッツ州では、雇用主が働く女性のスケジュールを厳密に管理することを法律で許可し、多くの州では、女性の夜勤が完全に禁じられ、病院のような24時間勤務の職場への就職が制限されていた。70年代初頭まで、教師は第一子を妊娠すると解雇され、航空会社では、客室乗務員は妊娠すると解雇され、母親の雇用が禁じられた。19世紀と20世紀にマリッジバーと保護法を可決した人々は、女性は当然の選択をすると考えていた。教師やタイピスト、看護師、公務員を辞めるよりも、子どものいないオールドミスになることを嫌がると思ったのだ。しかし彼らは計算を誤った。女性を労働から切り離して強制的に母親にするのではなく、正反対の流れを作った可能性がある。つまり、一部の女性については、働くために母になることをやめさせてしまったのだ。[56]

第三の性

64年の公民権法によって、こういった法律の多くが廃止された後、そして子どもとキャリアの両立が法的に可能になった後でも、仕事と母親業の組み合わせは、依然として簡単ではなかった。80年代初頭、ある人類学者が、専門職の女性は「第三の性」とでも呼ぶべき不思議な立ち位置にあると主張した。子どもを妊娠し出産する可能性があるので男性ではないが、キャリアがあるので女性でもないのだ。その人類学者パトリシア・マクブルームは、何年もの間、ニューヨークのウォール街やサンフランシスコの金融街の高層ビル、コーヒーショップ、ビストロで、この奇妙な生き物を観察した。マクブルームは観察メモを取った。

服装（紺のスーツ、ボウタイをあごの下で結んだ白のブラウス、ローヒールの靴）、態度（攻撃的かつ合理的、仕事の焦点が明快）、発声（超低音、要点を述べる度に力強い声を攻撃的に押し出す）、感情面（どんなに痛くても泣かず、怒りをあらわにしない）。何よりも驚いたのは、生殖能力の状態だ。「出生率の大幅な低下ほど、あるパターンが不適応であることを迅速に特定するものはない」とマクブルームは書いた。「女性が子どもを産めないときは、何かがおかしいのだ」。専門職の女性たちは、その日々を過ごす環境に合わなすぎて、子どもを作る能力を失ってしまった、とマクブルームは結論付けた。81年のフォーチュン１０００社に選ばれた企業の女性幹部の61%に子どもがいない。対して、男性はわずか3%だ。１９１３年の著名な専門職の女性８８０人を対象とした調査では、子どもがいない女性は全体の4分の3であり、大きく変わっていないことがわかる。[57]

70年代と80年代にアメリカの社会と文化の構造が変化し、ジェンダーと職場の規範がひっくり返された。目に見える大きな変化のひとつが、アメリカ人女性が賃金労働に大規模参入したことだ。90年までに、女性の60％近くが家の外で働いているが、この数には、家族の経済的生き残りのために働く必要がある女性と、職業上の野心や知的関心のために働きたい女性の両方が含まれている。[58] 労働統計局によると、2019年には「子どもがいる夫婦」のほぼ3分の2が共働きで、それは国の大半の地域で、ひとり分の給料で快適な生活を送ることができなくなったのが理由のひとつだ。[59]

思い出してほしいのだが、稼ぎ手と専業主婦というモデルは一時的なものだ。歴史の中で、母親が家族に経済的に貢献する頻度が圧倒的に高いということは、問題は、母親業と仕事が相容れないことではない。問題は、今日の私たちの働き方が、母親業とますます相容れなくなっていることだ。仕事と家庭、収入と子どもが衝突し、全員が損をしている。アメリカの出生率は何十年にもわたって低下している。その上、14年のアメリカの労働力に女性が占める割合は、1999年よりも5％下がっているのだ。[60]

世界中で、そして歴史の中で、干ばつ、インフレ、経済の衰退、病気、飢饉には、出生数の減少がつきものだった。この相関関係を生理的な要因のせいにしたくなるかもしれない。栄養失調の女性は、妊娠の可能性が格段に下がる。極度のストレスは流産やインポテンツ、性欲減退の原因になる。しかし、人間を、ベルが鳴らないからよだれが出ないパブロフの犬に例えるのは性急だ。食べものやお金や安全が確保できないから、赤ちゃんが生まれないと決めつけるべきではない。ストレスを受けた体が子どもを授かりにくいのと同じぐらい、ストレスを受けた人は子づくりを望まなくなる。

人は、たまたま自然に妊娠するのではない。コンドームの利用と中絶、そして無子率は、1930年代に爆発的に増加した。1900年から10年に生まれたアメリカ人女性は、出産適齢期に世界大恐慌の引き金となった株式市場の大暴落「ブラックチューズデー」に直面した世代で、全国的に見ても子どもを産まない比率がアメリカ史上で最も高く、20%である。[61] この期間に生まれた黒人女性の3人に1人は、生涯母親にならなかった。[62] ノンマザーの割合は大恐慌時代にピークに達したのだ。子どもを持つ経済的な影響を考えると、大恐慌時代に女性が子どもを産まなかった理由に明らかな説明がつく。子どもを持つよりも、お金とそれを稼ぐ能力を選んだ、もしくは選ばざるを得なかったのだ。20年後、ベビーブームの間に子どもの数が爆発的に増加したが、これもまた、アメリカ史上最も寛大な社会福祉制度が提供された時期に重なっていた。[63]

子どもがいない女性の典型例を意地悪にイメージ化すると、肩パッドの入ったスーツを着てキャリアに夢中で、部屋の壁には家族の写真ではなく卒業証明書を飾り、ベビーベッドを置くはずの空き部屋に札束を置いている……となりそうだが、これは大まかな輪郭として間違っていない。

一般的に子どものいないアメリカ人女性は、母親たちに比べて、裕福で学歴が高く、仕事で成功しているからだ。[64] しかし、その絵はよく見ると、遊園地のびっくりハウスの鏡のように真実をゆがめて映し出している。ノンマザーのほうがお金があって高学歴というのは、現在の経済的状況だけに言及しているからだ。子どものいない女性の研究によると、実にその4分の3が、貧困層または労働者階級の出身である。経済的地位を上げるために子どもを持たないのであり、その逆ではないのだ。[65] エラ・ベイカーやシモーヌ・ド・ボーヴォワールのように、子どもよりも知的で政治的な仕事を選んだ人。ヘレン・ガーリー・ブラウンのように、マザーフッド・ペナルティよりも男性並みの給料を選んだ人。有名無名の無数の女性たちと同様に、母親になることよりも経済的な生き残りや社会的地位の向上を選んだ人。社会学者のS・フィリップ・モーガンは、「子どもを持たないことは、キャリアに関心のある教育を受けた女性だけが採用する新しい戦略ではなく、過酷な経済状況において、昔から普通に使われ承認されている対応だ」と書いている。[66] 人口学者のダウェル・マイヤーズはさらに無遠慮に、「出生率は絶望のバロメーターだ」と書いている。[67]

パトリシア・マクブルームやヘレン・ガーリー・ブラウンが、母親であり労働者である人を想像するのが難しかったという事実、つまり母親業と仕事の両立が難しいという事実は、生物学的な見解である。SFの世界が現実になるまでは、この地球を歩いているすべての人は、子宮の中で育ち、かなりの身体の回復を必要とする方法で産みだされる。一方で、これは歴史的な見解でもある。2世紀にわたり、女性と母性は家に属し、仕事は別の場所で行なわれると信じられてきたのだ。子どもが収入の邪魔をするとき、多くの人にとって、経済的に合理的な決断を下す以外の選択肢はない（ように感じられる）。つまり子どもの数を少なくするか、子どもをひとりも産まないのだ。

労働参加率と出生率の関係

今日の若いアメリカ人女性は、すでに歴史的な経済不況を2度も経験している。生計を立てるために複数の仕事をかけ持ちする人もいれば、専門職で働いた給料のほとんどを都会の家賃と奨学金の支払いに吸い上げられる人もいる。アメリカで子どもひとりにかかる託児所の平均費用は、連邦最低賃金でフルタイムで働く人の税引前収入とほぼ同額だ。[68] あらゆる収入帯において、女性は子どもを持つことによって、男性よりも大きな賃金ペナルティを受ける。[69] 経済的に生き残るために働く必要のある女性と、キャリアの野心のために働きたい女性との違いは、過去には明らかだったかもしれないが、大卒者が経済的に苦労し、中産階級が侵食されるにつれて、その境界線が崩れつつある。プリンストン大学の社会学者キャスリン・エディンは「私が初めて女性たちの話をきいた90年代半ば以降、子どもにかかる感覚的なコストが本当に高くなった」と述べている。収入レベルに関係なく、「キャリアはライフコースの一部であるという認識が広がっている」のだ。[70]

出生率を高めるために女性を労働力から締め出すことを目的とした一連の法律が制定されてから1世紀半が経ったが、この政策が裏目に出たことは明らかだ。今日の西ヨーロッパでは、労働力に占める女性の割合が高い国ほど出生率が高くなっている。「60年代から70年代にかけて、伝統的な家族の価値観を支持する人々は、〔男女平等を達成するための努力によって〕最初に打撃を受けるのは出生率だろうと主張した」と、フランスのル・モンド紙の記者アン・シェミンは述べている。「50年が経ったが、彼らは間違っていたようだ。ヨーロッパの出生率は、女性が仕事に出かける国で高く、家にいる国で低くなっている」。

女性が子どもと家にいることが期待されているヨーロッパの国々、つまりスペイン、ポルトガル、イタリアなど家族やジェンダーの規範が厳格な国では、女性ひとりが産む子どもの数が少なく、平均で1・3人から1・4人だ。フランスや北欧など、出生率と女性の労働参加率が高く、女性が平均して約1・8人の子どもを産む国では、寛大な産休制度、産前産後のサポート、無料の託児所があり、授乳中の母親の勤務日数が短い傾向がある。人口学者のローラン・トゥールモンはフランスについて、次のように述べている。近年、国をあげてナニー制度と産後の看護師訪問にリソースを注ぎ込み、質が高く低コストの保育があり、両方の親が最大3年の育児休暇を取ることができるなど、「より柔軟なパッケージになっている」[71]。このような政策のない国、つまり私たちの国のような国々では、女性は仕事か母親かという選択をもっと厳しいものだととらえている。ベルリンの人口開発研究所の研究者シュテファン・クローナートは、シンプルにこう述べている。「現代の問題は、女性が働くか否かではない。問題は、女性たちが将来子どもを産むかどうかだ[72]」。

4章　地球環境が心配だから

「自分にできるもっとも人道的な行動が、子どもをひとりも持たないことだという事実を、深く悲しんでいます。しかし、とうとうツケが回ってきたのです」。ステファニー・ミルズは、ミルズ・カレッジの1969年の卒業生たちを壇上からのぞきこんだ。カリフォルニア州オークランドの緑豊かな丘の中腹にある小さな女子大学の卒業式で、ミルズは真ん中で分けた長い黒髪を肩先で払い、あまり楽観的ではない卒業スピーチをしようと前かがみになった。

「未来の親候補であった私は、わが子が育つ世界とはどのようなところかと自問してきました。その答えは、『あまり美しくもクリーンでもない。実に悲しい』。人口は増加の一途をたどり、その人口を収容する施設も増え続ける必要があります。だから高速道路が増えて樹木が減り、電気が増えてダムのない川が減り、都市が増えてきれいな空気が減ります」[1]。このスピーチは全国紙の見出しとなり、ミルズは一夜にして有名人となった。ニューヨーク・タイムズ紙は「今年行なわれた卒業スピーチの中で……おそらくもっとも苦悩に満ちている」と評した。[2]

ステファニー・ミルズは生まれ育ったアリゾナ州フェニックスで、人口と居住地が爆発的に拡大するのを目の当たりにしていた。生まれた年には17平方マイルに10万人強の住人だったのが、大学を卒業する頃には250平方マイルに50万人以上が住むようになっていた。[3] 温暖なサンベルト気候に憧れる人々が、全国から集まってきた。1年の300日が晴天で、雪かきの必要がなく、土地が広く、空気はカラッとしていてきれいであるこの地に、人々は、その気候を楽しもうとやってきて、裏庭に穴を掘ってプールを作り、ゴルフのフェアウェイに緑を植えた。彼らは、この土地の地理的な事実には関心がないようだった。フェニックスは、アメリカ南西部、メキシコ北部、バハカリフォルニアに広がる荒涼としたソノラ砂漠に鎮座していて、年間降水量は10インチに満たない。これはざっと全国平均の4分の1であり、それよりはるかに少ない年もある。[4] 7月の気温はゆうに37・8度を超える。

ミルズ・カレッジに到着したミルズは、オークランド丘陵西側の緑の豊かさに感動したはずだ。悠久のセコイヤの木立、生い茂る森、空気が甘く感じるほどの芳香を放つ花。毎年夏になると、温かい大気と西側の太平洋の冷たい水が混じり合って発生する霧を、ゴールデンゲートブリッジの赤っぽいアーチが堰き止めているように見える。夕方になり霧が晴れると、巻きひげのような蒸気が巨大な塊になって橋の下をくぐり、湾を横切り、オークランドとバークレーの丘をざわめかせながら立ち上り、植物や人や断熱が不十分な家の壁など、あらゆるものを冷たい湿気で光らせてゆく。イーストベイ沿岸の湿気は、ベイエリアの気候の特徴を覆い隠す。

もしもミルズが大学寮を出て車でルート24を東に走り、コルデコット・トンネルを抜けていたら、丘の東側の夏の気候が、フェニックスと同じぐらい乾燥していることに気づいたはずだ。雨の多い冬の間に植物が茂り、乾いた夏にしおれ、9月には一面が黄色やこげ茶の枯れた低木だらけになる。コルデコットの東側にあるコントラコスタ郡は、ミルズが生まれてから人口が2倍になり、60年代までに森林の丘に住宅が点在した。この丘のような地域は現在WUI（wildland-urban interface、自然荒野と開発地との境界）と呼ばれている。[5] 現在のアメリカ西部で「WUI」という用語は「山火事」の文脈にしか使われない。91年に、破滅的な炎がオークランドの丘陵を襲い、25人の命が奪われ、2800戸の家屋が焼け落ちた。[6] 以来30年間に、北カリフォルニアでは何千戸もの住宅が火災によって破壊され、干ばつ、気候変動、不動産価格の高騰が相まって、WUIのさらに奥地での住宅建設が促進されており、より被害が増えそうな予感がする。

『人口爆弾』がベストセラーに

ミルズが登壇した69年には、オークランドはまだ燃えていなかったが、ミルズは未来を見越し、人口が増えてさらに事態が悪化することを心配したのだ。心配していたのはミルズだけではない。その1年前に、スタンフォード大学の生物学者ポール・R・エーリックが人口過剰の危険に警鐘を鳴らす200ページの論文『人口爆弾』を出版した。人間はすでに地球の収容力を超えており、ただちに人口を抑制しなければ、近い将来に飢饉、戦争、大量死、文明の崩壊が迫っている、とエーリックは記した。初版の表紙には、黄色のハイライトで強調された大文字で「あなたがこの文字を読んでいる間に4人が飢餓で死亡し、そのほとんどは子どもである」と警告されている。本の冒頭には不吉にも「全人類に食料を与える戦いは終わった」とある。[7]

黙示録的な悲観論にもかかわらず、『人口爆弾』は60年代の環境問題の書籍を代表するベストセラーとなり、それまでは環境運動の最前線にいる人だけが勇気をもって耳打ちしていた人口過剰の脅威を、大衆に知らしめることとなった。71年までにペーパーバック版が20刷になり、アメリカ人の半数近くが、現在の生活水準を維持するために、今後数十年にわたって人口抑制が必要になると信じるようになった。[8]

ステファニー・ミルズは、サマー・オブ・ラブ（67年夏にアメリカを中心に起きたヒッピー・カルチャーの社会現象）の時代の女子大卒業生に世間が期待するそのままの人物だった。キャンパスでは、避妊リング（IUD）でこしらえたイヤリングをつけていることで有名で、[9]地球愛と人類愛を理由に将来的に子どもを産まないと宣言していた。彼女はまた、フェミニストと環境保護主義者と経済学者、共和党と民主党の政治家が構成員というありそうもないグループの一員でもあった。このグループは、60年代後半から70年代前半にかけての短い間、緊急を要する基本的な真実に同意していた――「子どもの数を減らす必要がある」と。人類は長い歴史のなかで、地球の資源が人口を支えられるかについて心配してきた。そういった不安が、一時的に幅広い政治的目標――継続的な経済の繁栄と国家安全保障の確保、大気と水の保護、避妊と妊娠中絶を希望する人へのアクセスの拡大――と一致したのだ。

この奇妙な仲間たちの結びつきはすぐに崩壊した。ロナルド・レーガンによるアメリカの未来に対する楽観主義と宗教右派の台頭によって、80年代初頭までに終末論的思考と避妊政策の両方が、政治的に役に立たないとされたのだ。左派では、他のリベラルな優先事項との倫理的対立が生じた。例えば、移民問題（アメリカの人口に懸念があるなら、移民が厳しく制限されるべきでは？）、反帝国主義（世界の人口に懸念があるなら、アメリカよりも出生率が高い発展途上国での産児制限をアメリカが課す必要があるのでは？）、そして生殖に関する権利（リプロダクティブ・ライツ）だ。一部の環境保護論者が必要と考えた人口抑制策は、第二子を出産した女性に強制不妊手術を強制するのと同じで、政府には寝室や子宮に関与してほしくないというフェミニストの要求と、うまくかみ合わなかったのだ。

しかし69年においては、ステファニー・ミルズのIUDイヤリングと環境への懸念は、リチャード・ニクソン大統領の考えと意見を同じくするものだった。ニクソン大統領は、その年の夏に、連邦議会で、「劇的に高まる人口増加率」は「今世紀の残り3分の1において人類の運命に対する何よりも深刻な課題」と述べた。人口を制御することは「必須だ」とニクソンは顧問に語った。「国策の最優先事項」と。[10] 国に奉仕する方法は、これまで長い間そうだったように、アメリカ人を新たに増やすことではない。今のひとときは、みんなのために、子どもを持つことを自粛すべきなのだ。

「わが子が育つ世界」に考えをめぐらせることで、ミルズは環境問題を理由に出産を不安視するという新たな時代を世の中に示した。何世紀にもわたって、思想家や経済学者や活動家は、子どもが地球におよぼす影響を心配してきたが、懸念する具体的な内容は時と共に変化してきた。18

世紀から19世紀には、天然資源の供給の限界が懸念されていた。20世紀には公害が問題視された。そして21世紀の現在は赤ちゃんの「二酸化炭素排出量」と人間が引き起こす気候変動への加担が心配されている。ミルズは、生殖と環境を考えるにあたり、少し違った角度から問題を提示している。数世紀前や数十年前の先人と同じく、わが子が地球におよぼす影響を心配し、資源の消費や公害を心配してはいるものの、卒業式のスピーチでは、子どもが環境破壊に及ぼす影響よりも、地球が子どもに与える経験のほうに――ミルズは、温暖化や火災、洪水、多様性の損失などを予見していた――焦点を当てていた。

気候変動という現実が迫るなか、生殖の倫理は、この半世紀の間にますます複雑化している。子どもが増えれば、環境の状況が少し悪化するのではという懸念は残っている。しかし私たちは、状況がすでに悪すぎるという避けられない事実に直面していて、わが子が、自分よりもおそらく悪い条件下で厳しい生活を送ることになるのでは、と考えてしまうのだ。２０１９年に医学雑誌ランセットに掲載された報告書は、「今日生まれたすべての子どもの命は、気候変動の影響を大きく受けるだろう」と結論付けている。[11] ２００年にわたり、女性は環境上の理由から子どもを持たない選択をした、または選択しなければならないと感じてきた。現在では、多くの人にとって、その選択はこれまで以上に強く感じられる。

トマス・ロバート・マルサスは、ヘンリエッタとダニエルの6番目の子どもで、イングランド南東部のサリー州の中産階級の家庭で育った。ダニエル・マルサスは、ある歴史家が記したように「紳士」であり、学者でもあった。オックスフォード大学出身で、デイビッド・ヒュームやジャン＝ジャック・ルソーのような当時の知的著名人たちと定期的に交流していた。[12] トマスは1784年、18歳の誕生日を迎えてほどなく、数学を学ぶために、ケンブリッジ大学ジーザスカレッジに入学した。18世紀のケンブリッジ大学では、17世紀の偉大な同窓生アイザック・ニュートンの威光によって、純粋な数学、つまり思弁的な数学が、学業の成功と名声への最も信頼できる道であるという風潮が続いていた。しかしマルサスは、子ども時代にあまりにも多くの夜を、夕食のテーブルで繰り広げられる啓蒙思想の討論を耳にしながら過ごしていたので、数学は、人類の状態を改善するために使われてこそ価値があると考えていた。だからマルサスは、父親に宛てた手紙に書いたように、「自然界に実際に存在するものや、実用化される可能性があるものの話をすることで、大学ではかなり注目され」、仲間うちでは少々変わり者として知られていた。[13]

マルサスはケンブリッジ大学を卒業し、1789年に英国国教会で叙階されたが、これは彼が激しく反対したフランス革命と同じ年である。そして、サリー州のオークウッド礼拝堂で司祭補佐のような仕事に就いた。大卒の司祭であるマルサスは、ホームの教会に引きこもり、日曜日の朝の礼拝で、無関心な教区の信者たち（二日酔いのことが多い）に使い古しの説教を届けて安穏と日々を過ごすことができた。しかしマルサスが他の人たちと違ったのは、哲学と数学の知識があり、家と食事を世話してくれていた両親から経済的に独立したいと願っているところだった。

マルサスは2年間、彼の名を世に知らしめることになる執筆プロジェクトに取り組み、サリー州でゆっくりと進行している大惨事を理解するのに、いかに数学が役立つかを解明すべく、夜と週末にペンを走らせた。

マルサスの『人口論』

ロンドンの産業革命に火をつけた溶鉱炉はどこかの材木を必要とし、サリー州の森林はマルサスの生前にほとんどすべて伐採されていた。一方で、地域住民のほとんどは、土地を処分することなく都市の工場で働き、家族を養うために作物を栽培してぎりぎりの生活をしている自給自足の農家だった。[14] マルサスは、海峡の向こうのフランスの変わりようが心配だった。イギリスと似たような焦りと自暴自棄のせいで、悪化の一途をたどっているように彼には思えた。当時の政治経済学者の間で広く信じられていたのは、国家の人口が増えると、その国の経済生産が大きくなり、生活水準が上がるというものだった。[15] しかし、産業革命によって裕福ではなく貧しくなったサリー州に住むマルサスは、この経済理論を「自然界に実際に存在するもの」と一致させることができなかった。

マルサスは1798年の著書『人口論』で、問題は、人間がセックスが好きすぎることなのだと、あからさまに述べている。人間は、子どもを増やすことが可能ならば――子づくりが可能なほど栄養が足りているか、経済的に多くの子どもを支えられるという確信があれば――子どもを増やすだろう、と。豊かな時代には、新しい人間の数のほうが、人を支える資源よりも早く増え、食料などの生活必需品の需要が供給を上回り、資源をめぐる戦いや飢饉や病気などの危機によって、人口が持続可能なレベルに戻される。そして再び豊作で人口が増加し、次の危機と人口崩壊が起こる。人々が自分たちの手で問題を解決し、環境が快適に維持できるレベルにまで出産を減らさない限り、このサイクルは何度も繰り返されるだろう、とマルサスは主張した。

この生殖を合理的に考える能力こそが、人類が他の生命体と一線を画す特徴だとマルサスは考えた。「植物と理性のない動物は……種を増やしたいという強い本能に突き動かされる。この本能は、子孫を養うことへの疑念によって妨げられる」。無害なフェンネルでさえ、「他の植物が生えていない」なら、「地球の表面」を乗っ取るだろう。人間だけが、理性で本能に対抗する能力を持っているのだ。子どもを持つ前に、人は予想ができるからこそ、結果を注意深く見通すべきだ、とマルサスは書いている。

「大家族を持ったとして、最大限に努力すれば、家族に惨めな貧しい思いをさせたり、結果として地域社会からの脱落という憂き目に遭わせないという確信はあるだろうか？」答えがノーなら禁欲して結婚を遅らせるべきだ、と良き聖職者のマルサスは助言している。マルサスは、人は自制心に頼るべきだと信じていた。全体の利益のために、肉体の欲求を合理的に操るのだ。だから彼にとって、避妊や中絶を考える余地はない。自己管理に失敗したときに、政府が介入し、結婚の最低年齢要件などを追加したり、結婚許可証を発行する前に経済的安定を証明するようカップルに求めたりするという流れだ。マルサスは、セックスを否定するのは惨めなことだと認めながらも、飢え死にするよりははるかにましだと説いている。[16]

反響と反発

『人口論』の刊行により、マルサスは、両親から経済的に自立するという点では、目的を果たした。1798年版の売れ行きが好調なので第2版では増補し、四半世紀の間に55回以上も版を重ねた。しかし、子どもの数を減らすように人々を説得するという点に関しては、評価は不明瞭だ。マルサスはこの思想によって友人を増やすことはなかった。啓蒙主義の冷たい合理性よりも感情を重んじる詩人と芸術家と思想家の運動であるロマン派は、その感情を情熱的な憎しみとしてマルサスに注いだ。イギリスのロマン主義運動の創始者のひとりで詩人のサミュエル・テイラー・コールリッジはこう記した。「私は、人間の無知と弱さと邪悪さが生んだすべての異端や宗派や派閥が、この忌まわしい教義ほどには、キリスト教徒、哲学者、政治家、市民としての人間を貶めるものだとは思わないことを、厳粛に宣言する」[17]。もちろん「忌まわしい教義」とは子どもの数を減らすことだ。偉大なロマン主義の詩人パーシー・ビッシュ・シェリーはもっと簡潔に、マルサスは「宦官《かんがん》で暴君」と書いた。[18]

マルサスは1834年に亡くなったが、それでも19世紀半ばのマルクス主義者は彼を憎むのを止めなかった。フリードリヒ・エンゲルスは、マルサス主義を「卑劣で悪名高い理論、自然と人類に対する反抗的な冒瀆」「隣人愛と世界市民権に関する美しい言葉をすべて打ち砕いた絶望のシステム」と呼んだ。[19] マルクス自身はそれほど感傷的ではなかった。マルサスを「ナンセンスの作者」「科学に反対する惨めな罪人」「地主階級の代理人」「人々の根本的な敵」、そして最悪の場合「浅はか」だと評した。[20] マルクス主義者の主張は的を射ていた。マルサスは、科学的な見地から多すぎる人口はすべての人に脅威を与えると論じていたが、主に気にかけていたのは貧しい家庭の子どもの数だった。子どもの数を減らすべきだという主張を売り込むことで快適な暮らしを得ながら、マルサスと妻ハリエットは遠慮なく3人の子どもを持っていた。

マルサスの死去から半世紀を経て、1877年に英国マルサス同盟を創設したアニー・ベサントは、善良な司祭であったマルサスを墓の中で喜ばせたのかもしれない。当時のベサントは、ロンドン中を魅了したスキャンダラスな裁判の渦中にあった。そのため、かつては尊敬を集める人気の講演者だったベサントは、誰もが知る有名人になっていた。[21] その年の初め、ベサントはアメリカ人医師チャールズ・ノウルトンによる皮肉な題名の書籍『哲学の果実、または若い既婚者のプライベート・コンパニオン』のイギリス版を出版した。ノウルトンの本は、新婚初夜にカップルが一から知っておくべき受胎のメカニズムをあけすけな言葉で説明する内容で、進取の気性に富むヴィクトリア朝の人間でさえ冷や汗をかくような図解が添えられていた。また、性交後の女性に腐食性化学物質の投与を勧めるなど、賢明ではないものを含めて、さまざまな避妊方法が紹介されていた。このような神への冒瀆をイギリスに持ち込んだノウルトンとベサントの最後のとどめが、小さな家族の利点を強調するノウルトンの信条だった。ノウルトンは、夫婦が本当に幸せになれるのは、家族の人数を制限できる場合、または子どもをひとりも持たないという選択ができる場合だけだと主張した。[22]

新マルサス派の登場

ベサントとノウルトンは、新マルサス派のメンバーだった。19世紀後半にマルサスの思想の一部を取り入れ、さらに発展させた新マルサス派は、マルサスと同じように、すべての人の生活の質は、個人の産児制限にかかっているという考え方に賛同していた。彼らは、天然資源の需要が急速に供給を上回っており、人口の少ない世界は、より幸せで、より裕福で、より食べ物が多いという意見に同意していた。

しかし新マルサス派は、重要な点で本来のマルサス派とは異なる意見を持っていた。ひとつには、マルサスが貧しい人が子どもをたくさん産むことが貧困の原因であり、天然資源を圧迫していると主張したことを問題視したのだ。マルクスの後の時代を生きたベサントとノウルトン、そして政治的同志は、貧困は、個人の選択ではなく、社会レベルでの不平等が原因であると主張した。ただし、個人が避妊を使うことに加えて、話題にすることまでも違法とすることは、解決に役立たないと指摘した。[23] 新マルサス派は、司祭の自己否定に我慢がならなかった。人口は、禁欲ではなく避妊によって制限すべきだと信じていた。彼らは、避妊具を使うことを奨励し、恋愛と子づくりを切り離し、さらには結婚を完全に切り離すことを勧めた。新マルサス派は「性的自由と親の慎重さ」を提唱し、この組み合わせが人々の生活を向上させるだけでなく、子どもの数を減らし、限られた天然資源の需要を軽減すると考えた。[24]

アニー・ベサントは、1847年にロンドンの上位中産階級の家庭に生まれた。母親はアイルランドのカトリック教徒、父親はダブリンで教育を受けたイギリス人だった。ベサントときょうだいは、アイルランドの自治を支持する情熱的な議論を食卓で聞かされて育った。20歳のとき、聖職者のフランク・ベサントと結婚した。すぐにアーサーとメイベルという2人の子どもをもうけたが、フランクとは「相性が悪いペア」だったと、後にベサントは書いている。夫婦はお金のことで喧嘩をした。既婚女性は財産や資産を持つことができないため、ベサントが執筆や講演活動で得た印税はフランクが管理したのだ。また、政治をめぐる喧嘩もあった。ベサントは都会の貧しい人々の権利と生活に関心を持つようになったが、フランクは彼らの魂と死のほうを気にかけていた。そして宗教をめぐっても言い争った。教会がイギリスの帝国支配を助長していることが、ベサントの信仰心を根底から揺さぶったのだ。73年、ベサントはフランクと別れ、子どもたちを連れてロンドンに移り住み、女性の権利から貧困、帝国主義、世俗主義、避妊の利点まで、あらゆることについて話す講演者として、引く手あまたになった。[25]

アメリカでコムストック法の下、あらゆる種類の避妊が違法とされ、それについて話すことも違法とされたように、イギリスでも避妊は違法だった。『哲学の果実』がイギリスで出版された直後、ベサントは宗教指導者で構成された準法律執行機関である「英国悪徳抑圧協会」に逮捕され、わいせつ行為で起訴された。イギリス当局にとって不運なことに、この裁判は新マルサス派にとって、これまでで最も強力な宣伝材料となった。イギリス人は、この裁判について熱心に情報交換し、街角や食卓やパブで、避妊について語り合った。ベサントと共同被告人で後に無神論者として初の国会議員になる活動家のチャールズ・ブラッドローは、それぞれ公開法廷で「人口問題」と呼ばれるスピーチを行ない、かつてないほどの大人数の聴衆の前で、女性と都市生活者と労働者階級の人にとって避妊が有益であることを熱弁した。裁判が終わったとき、精霊は瓶から出た。そもそも悪徳の知識を抑圧することは、すでに知っていることを忘れさせるよりもずっと簡単なことなのだ。[26]

ベサントは最終的に法的専門性により牢獄入りは免れたが、裁判官は、無神論と避妊の擁護を理由に、母親として不適格であると判断し、フランクに完全かつ永久的な親権を与えた。[27]裁判で政治的な力を奪われ、母親としての役割を公的に剝奪されたベサントは、結局、かつて両親を興奮させた大義に立ち戻る道を見出した——イギリスの帝国支配だ。ベサントは、アイルランドの自治に関する両親の主張をインドの植民地計画に適用し、声高にインド独立を支援する擁護者となった。1890年代には、マルクス主義やフェミニストとは距離を置き、ヒンドゥー教や仏教などアジアの宗教の思想に基づいて、アメリカで創始された秘教的な宗教である神智学に入信するようになった。20世紀初頭には、ベサントは世界的な神智学運動のリーダーとなり、インド内政連盟の会長であり、イギリス国籍でありながらインド国民会議のメンバーに選出されていた。1933年に亡くなったベサントの遺体は絹で包まれ、インドのマドラス（現チェンナイ）にあるアディヤール川の河口で荼毘に付された。火葬の煙が海へと流れていく間、何百人もの弔問客が川岸にひざまずき、ヒンドゥー教の経典『バガヴァッド・ギーター』の一節を唱えて祈った。[28]

ベサントは生前に娘のメイベルと再会している。メイベルは、一時期はローマカトリックに入信したものの、自ら神智学者になった。しかしベサントは、娘と10年以上離れ離れになっていた。

現在、イギリスのナショナル・ポートレート・ギャラリーには、メイベルの写真が飾られている。8歳くらいのメイベルは、2列の軍用ボタンが付いた凝ったプリーツドレスを着て、まっすぐにカメラを見つめている。写真の下には「メイベル・エミリー・ベサント」の名が刻まれ、「1878年5月23日、母親を奪われる……母親の異端を理由に」と説明が添えられている。[29]

現代の環境保護運動が始まったのは、もうひとりの異端児であるレイチェル・カーソンの功績が大きい。海洋生物学者で全米図書賞を受賞したカーソンは、アメリカ人のテクノロジーと進歩に対する疑いなき崇拝が環境破壊を引き起こしていると警告した。カーソンは、1962年に出版したベストセラー『沈黙の春』で、広く使われている農薬DDTの危険性について説得力のある主張を行ない、アメリカの政治家や一般市民の注目を集めた。出版後、アメリカではDDTの使用が禁止され、70年にはニクソン大統領が環境保護庁を設立し、大気浄化法、原生地域法、国家環境政策法、水質浄化法、絶滅危惧種法が10年以内にすべて署名された。

スタンフォード大学のオフィスでは、ポール・R・エーリックが『沈黙の春』の成功を注視していた。エーリックやシカゴ大学の社会学者ドナルド・ボーグらは、60年代前半に、人間が環境に与える影響について、学会論文や雑誌で警告していた。ボーグは、人口と人口統計に関する厳格な社会科学研究を行なう非営利団体「米国人口協会」の会長だった。ベビーブームは、将来的に起きる破滅的な出来事の駆動力だった、とボーグは考えていた。「アメリカの人口統計学的事実を整理してみると、人口爆発の影響を逃れられたと自画自賛するのではなく、全員が参加者であることに気づくべきだとわかります」。抜本的な対策を講じなければ、アメリカの人口増加は国家を「マルサス派の岩礁に墜落」させる恐れがあったのだ。[30] エーリックは、人々はもっとパニックになるべきだと考えた。「私は怖いです」とエーリックはルック誌に語った。「私の世界は破壊されようとしている。私は37歳だが、今後10年間に何らかのホロコーストで死ぬのではなく、それなりに快適な世界で67歳まで生きたいと思う[31]」。問題は、誰も耳を貸さないということだった。

カーソンは、DDTのような人類が開発した技術が有害であり、無謀に使われることで環境を脅かしているのだと、人々を説得するのに相当な苦労をした。そしてエーリックとボーグの警告は、さらに納得させるのが難しかった。人間はDDTのような巨大な害をもたらす武器などなくても、人間の存在そのものが自然界にとって脅威であるというのだ。ただしエーリックでさえ、人口を問題視したり、産児制限を解決策と見なしたりすることには消極的だった。「私はなにも、ある日突然、立ち上がって『大変だ、みんなにセックスを止めさせなければ』と言ったわけではない。あれこれあって、気づいたらこうなっていた[32]」。しかし、いったんそうなった以上、アメリカと世界の人口の増加が人間と自然の両方が直面する最も重要な課題である、というエーリックの信念が揺らぐことはなかった。

『沈黙の春』の成功は大きなヒントになった。カーソンは、うまく書かれた本には不人気な政策の変更が必要であると説得する力があることを実証したのだ。うまく本を書けば、子どもの数を減らそうと思わせることができるかもしれない。[33] 65年、エーリックはスタンフォード大学の教授陣と同窓生に向かって「レイチェル・カーソンに続け」と呼びかけ、科学者たちは「象牙の塔から出て」、一般の人に耳を傾けてもらう方法を考えることが急務だ、と訴えた。[34] 学者ではない一般の読者を獲得するために、エーリックは12歳の娘に10ドルを払って『人口爆弾』の草稿を読ませ、理解できないところや退屈だったという箇所をすべて書き直した。[35] この型破りな編集方法が功を奏したのは明らかで、中学生が認めたエーリックの著書『人口爆弾』は、環境保護団体のシエラ・クラブとバランタイン・ブックスの提携によって出版されると、次々と完売し、累計発行部数は200万部以上と言われている。[36]

『人口爆弾』の初版の表紙には、タイトルの上に鮮やかなブルーのフォントで「人口抑制か忘却への競争か」という厳しい選択が示されている。左下には、爆発しそうな爆弾の絵が描かれ、「人口爆弾は、時を刻み続けている」というキャプションが添えられている。警告がちりばめられた表紙をめくると、読者を迎え撃つのは陰鬱な統計の数字の連続だ。30年代から60年代にかけて世界の人口は20億人から40億人へと倍増し、その次の世代でさらに倍増する可能性がある――。農業技術は進歩し、かつてないほど多くの食糧を生産できるようになったが、本当に無限に農業生産量を増やすことができるのか？　エーリックは、この先10年間に、毎年1000万人が餓死すると予測した。その大半は子どもで、そのほとんどは南半球の「発展途上国」に住む子どもだ。北半球の先進国では、人口過剰の兆候が食糧不足や大量餓死として現れることはない。そこでは、増え続ける資源需要を満たそうという懸命な努力の結果としての環境破壊という形で現れるだろう。[37] 長期的には、たとえ人口増加がわずかにゆっくりと進んだとしても、たとえ国が食糧生産の増加や環境への悪影響に歯止めをかける技術や資源を持っていたとしても、永久に持続可能な人口増加率というものは存在しない、とエーリックは主張した。

ZPGの成長と内部抗争

裏表紙まで読み進めた胃袋の強い読者は、「人口増加ゼロ（Zero Population Growth）」という新しい組織への参加を促す切り取りクーポンを発見する。名前から目的が推測できる、略してZPGと呼ばれるこの団体は、イェール大学の昆虫学者チャールズ・レミントンと、ニューヘイブンの弁護士リチャード・バウアーズによって設立された。レミントンとバウアーズは、人口増加は存亡の危機であるというエーリックの信念に共感し、人々を説得するために「2人で止めよう」「赤ちゃんではなく愛を育てよう」「後継ぎ汚染を止めよう」という、バンパーステッカーになりそうなスローガンを考え出した。そして、政治家と接触できるようにワシントンDCに事務所を開設し、資金と熱意を投じて、子どもの税額控除など、政府が人口増加を直接支援するような政策に反対するロビー活動を展開し、あっという間に侮れない存在となった。

69年当時のZPGのメンバーは100人ほどだった。しかし、『人口爆弾』がベストセラーになり、サンタバーバラ沖で石油が大量に流出し、南カリフォルニアの海岸に10万バレル近い石油が流れ出て鳥やイルカ、アシカなどの海洋生物が死に、ステファニー・ミルズが公に子どもを持たないことを誓い、70年に初めて公式にアースデイが開催される間に、新しいメンバーが少しずつ加わり、その後、一気に増加した。70年末には、全国に150の支部があり、会員数は2万人ほどになっていた。最盛期には、支部数は400、会員数は3万5000人であった。[38]

しかしZPGは、成長する一方で、内部抗争に悩まされた。環境とは無関係な理由で「ZPGのバンドワゴンに飛び乗った」人たちと戦わなければならなかったのだ。団体の元事務局長によると、「人種差別主義者もいた――それは間違いない」し、人口問題への関心の高まりが移民の制限につながることを望む「制限主義者もいた」。その半世紀前、マルサスの思想は、控えめに言っても少々荒れ気味になっていた。避妊のパイオニアであるマーガレット・サンガーは、そのキャリアの初期に新マルサス派の考え方、すなわち、個人が避妊によって出生を制限することが、すべての人々の生活の質と資源の量を改善するという考え方に傾いていたが、20年代後半には完全に優生学者になった。サンガーやアメリカの優生学運動の関係者は、問題は出産の総数ではなく、望ましくない出産の数であると考えた。サンガーは、避妊や中絶を合法化すれば「不適格」な女性が母親になるのを防ぐことができると主張し、状況によっては、貧困層や障害者など特定の女性に対して政府が避妊を義務付けることが正当化されると考えた。サンガーの避妊キャンペーンは、33年に米国優生学協会によって支持された。

「人々が最高の人生を送るためには、より広い空間とより多くの資源が必要である」というマルサス派の主張も、上手に年を取れなかった。ナチスがドイツの東にある領土を侵略し、ユダヤ人やロマ人を排除して殺害するという民族浄化を正当化した主な理由のひとつは、レーベンスラウム（生活空間）が必要だというものだった。ドイツ民族が繁栄するためには、もっと広い空間が必要だと主張したのだ。[39] 公民権運動の指導者ジュリアン・ボンドは、「適切な視点を持たなければ、『人口爆弾』は、怒り、怯え、力を持つ人種差別主義者の手の中で、黒人の頭上にある理論的なハンマーとなり、大量虐殺の究極の正当化の要因となる」と警告した。[40]

ZPGは全国的に、ある学者の言葉を借りれば、「優生学の亡霊を屋根裏部屋に閉じ込めて」おこうとした。[41] 組織の全国的な指導者たちは、地方事務所がすべての移民に反対するような「おかしな立場」を取ることに反発し、そうした提案がZPGの公式な方針を表していないことを明確にするよう、支部に求めるガイドラインを発表した。[42]『人口爆弾』では優生学の歴史を明確に扱わなかったが、エーリックは70年末には、ZPGが提唱する人口抑制（すべての人の幸福のために必要だと彼らが考えるもの）が、ナチズム、人種差別、帝国主義の支持者の間でも人気があったことを何度も認めている。過去に行なわれてきた、人口を計画し、コントロールしようとする試みは、しばしば「白人の差別主義者の陰謀」の一部であったと、エーリックは演説や論文で述べている。人口抑制の支持者の少なくとも3分の1は、「白人や富裕層ではなく、黒人や貧困層の抑制を意味している」と彼は推定している。エーリックは、キャリアの初期には産児制限は「カラーブラインド」（人種的な偏見がないという意味）だと言っていたが、後にその言い方をやめてしまった。[43]

ZPGの指導者たちは、当時の人口学者の研究にも頼っていた。学者たちは、アメリカに人口増加をもたらしたのは、緩やかな移民政策や都市の貧困、有色人種の女性の多産ではなく、白人で裕福な郊外の家族の個々の決断であることを実証した。それはたまたま、最も資源を必要とする赤ちゃんを産むグループでもあった。[44]「愛嬌のある小さなもの」でありながら、67年の研究データによると、白人の中産階級の子どもは大量の資源を使っている。一生のうちに2600万トンの水と2万1000ガロンのガソリン、1万1500ポンドの肉、2万8000ポンドの牛乳と生クリーム、9000ポンドの小麦を消費するのだ。[45]人口を増加させたのは、白人の出産と裕福な白人の親の消費主義であり、その後の環境破壊に最も責任があるのはその両親である、とZPGの全国指導者は主張した。

フェミニストとの結びつき

ZPGは、アメリカの家族構成と消費との関係を批判することで、ベビーブームを批判する他の強力な批評家たちと自然に協力し合うようになった。それが、出産を制限したり完全に避けたりすることが女性解放の鍵であると考えるフェミニストたちだ。エーリックにこのつながりを強く勧めたのは妻のアンだった。ポール・エーリックがアンに出会ったのは、カンザス大学の大学院1年の時で、アンはフランス語専攻の学部生だった。2人は共通の興味がいくつかあり、すぐに意気投合した。アンは、人口が自然環境に与える影響について、ポールが抱いていた懸念を共有しながら、独自のフェミニズムの視点も持ち合わせていた。アンの祖母は参政権運動のデモに参加したことがあり、母親もおばも、彼女が育った40年代から50年代のアイオワ州デモインでは珍しく、職業的なキャリアを持っていた。アンは大学で学位を取ってキャリアを追求するつもりだった。

54年12月にポールと結婚し、その2カ月後にアンは妊娠したが、これはどちらの計画でも望みでもないことだった。11月に娘のリサが生まれ、アンはリサの世話のために大学を中退し、ずっと避けたかった専業主婦と母親という役割を担うことになった。アンは学位を取得することはできなかったが、何年もかけてゆっくりとキャリアを再構築していった。ポールの生物学博士論文の挿絵を担当した後に、61年に出版された蝶の本のために科学的に正しい昆虫の絵を何百枚も描き、ついにはポールの共著者として、人口の危険性に関する多くのエッセイ、本、講演を手がけた。エーリック夫妻はそれ以上子どもを増やさなかった。しばらくは経済的に無理だったし、ある時点からは、人口問題への取り組みもあり、アンが知的好奇心を満たすキャリアを望んでいたため、もはや子どもを増やすことが意味をなさなくなったのだ。[46]

エーリック夫妻に偶然に子どもができたことと、それがアンの人生に影響を与えたことは、『人口爆弾』に女性の避妊へのアクセスを増やすよう求める声が散見される理由のひとつかもしれない。2人が結婚した54年当時は、夫婦の避妊を認めた連邦最高裁のグリスウォルド対コネチカット判決は、10年以上先の話だった。『人口爆弾』が出版された68年当時、マサチューセッツ州などでは、未婚の人に避妊について教育するだけで、逮捕されることがあった。中絶は、国土の半分以上で例外なく違法だった。こうした法律は、エーリック夫妻が個人的な体験から知っていたように、女性の選択肢を狭めるだけでなく、人口増加の原因にもなった。

ZPGの指導者たちは、リプロダクティブ・ライツ（生殖に関する権利）を声高に主張し、さまざまな州で制定された、女性が一定の数の子どもを産むまで不妊手術の選択を禁止する法律に抗議した。また、中絶へのアクセスを支持する人たちを州議事堂に集めるバスを後援した。70年、この団体の事務局長のシャーリー・ラドルは、サクラメントで開かれたカリフォルニア州議会で証言した。「私たちの大きな目標のひとつは、社会のすべての人々が自発的に家族の人数を制限できる手段を提供することです。これは、中絶を含むあらゆる形態の避妊を容易に利用できることを意味します」。ラドルは間を置いてから、最終的にロー対ウェイド裁判を勝訴させた主張である「子宮は所有者の関心事であって、国家の関心事ではない」を言い添えた。[47] プロチョイス（中絶支持）運動で最もよく使われるスローガンのひとつ「オンデマンドの中絶」を考案したのは、フェミニストでもなく、女性でもない、男性の環境活動家のギャレット・ハーディンだった。[48]

ZPGの焦点は人口を減らすことであり、男女の役割分担を変えたり、アメリカの家族を作り直したりすることではなかった。しかし、「母親であることが女性であることの代名詞となることは、誰にとっても良いことではない」という女性運動には完全に同意していた。母親であることに価値があると教えられてきた女性にとっても、女性が義務として産んだ子どもの重荷を抱える環境にとっても、ひとつしかない地球を分かち合う人類にとっても、誰にとっても良いことではないのだ。「私はある活動の急進派である。それは女性解放運動だ」と述べたのは、ハーバード大学人口開発研究センターの創設者であり、人間の行動が気候を積極的に変化させていると警告した最初の科学者のひとり、ロジャー・ルヴェールだった。[49]

第1回アースデイのちょうど1カ月前、70年3月に、環境保護団体のシエラ・クラブは、環境問題を理由に子どもを産まない女性の新たな代弁者として有名になったステファニー・ミルズを特集したエッセイ集を出版した。母になることが女性の最大の功績とされる社会で、ミルズには、一日中避妊薬を配っていても人口が増え続けることが分かっていた。女性たちが必要としていたのは避妊だけではない。他の選択肢も必要とされていた。「女性の役割は、子どもを産むことよりも、もっともっと多くのことを包含するように拡大されなければならない」と彼女は書いている。[50]エーリックは『人口爆弾』の中で、同様の主張を行ない、「多くの女性が出産から得ている満足感」に代わるものを提供する必要性を強調した。[51]70年、彼は、その代替案とは「男性との平等性の向上とライフスタイルの選択の幅の拡大……多様な職業が直ちに女性に開放されるべきである」ことを意味すると明言した。[52]アン・エーリックは、69年に同僚に宛てた手紙の中で、不用意な表現をしている。「他にすることがないからと、もうひとり赤ちゃんをもうけている女性が、驚くほど多い[53]」。

「子どもを産まない環境的な理由は、どうなったの?」数年前、コロラド州での家族の結婚式で、レストランのデッキの手すり沿いに並んで立っていたとき、おばが私に尋ねた。話をしながらロッキー山脈を見上げると、夜空に刻まれた山脈のギザギザの輪郭から目を離すことができなくなった。「若い頃は、フェミニスト仲間との間で、それが大問題だったわ」。おばは私のいとこ2人の継母であり、もう祖母でもあるが、子どもを産んだことはない。その理由が、人口や汚染レベルの増加、気温や海面の上昇と関係があるのか、それとも他のことをしたかっただけなのか、私はおばに尋ねなかった。「他のこと」の可能性もあった。おばは庭仕事と料理の達人で、家具の修復もインテリア装飾も上手にこなしたし、音楽もアートも、人生も、私がうらやましくなるほど楽しんでいる。当時の私には、子どもを産む・産まないの倫理をめぐる環境保護主義者とフェミニストの協力関係が、なぜ崩れたのかがわからなかった。そもそも協力関係が存在したのかさえ私にはわからないが、とにかくそれは完全に崩壊したように見て取れた。

権威化する人口抑制策

おばからの質問についての答えは、次のようなことだと判明した。1970年代に入ると、フェミニストと環境保護主義者と左派と右派の政治家を束ねていた勢力が、別々の方向へと分散し始めたのだ。ひとつには、73年にはアメリカの女性の生涯出生数が初めて2人を割り込み、減少を続けたために、人口過剰の緊急性のアピールが難しくなった。すでにほとんどの人が実行しているので、「2人で止めよう（Stop at Two）」のバンパーステッカーが不要に思えた。[54]

さらに憂慮すべきことに、世界各地で行なわれている人口抑制の実験が、明らかに権威主義的な色彩を帯びてきたのだ。65年にリンドン・ジョンソン大統領は、当時大飢饉に見舞われていたインドへの食糧援助を、インド政府が女性の不妊手術を奨励することに同意するまで拒否し続けた。欧米諸国から圧力を受け、世界銀行から6600万ドルの小切手を受け取ったこともあり、インディラ・ガンジー率いるインドは、世界でも類を見ない大規模な不妊手術キャンペーンを実施した。政府は、アメとムチの両方を使った。各自治体が不妊手術のノルマを達成するまでは、現金支給から医療・電気・行政書類・昇給の拒否に至るまで、あらゆる手段を講じた。77年だけでも、800万人以上のインドの女性が不妊手術を受け、そのほとんどが農村部の貧しい低カースト層だった。[55] 79年、中国は一人っ子政策を制定し、不妊手術と避妊・中絶の義務化、罰金などを用いて、順守を徹底させた。[56]

10年以上にわたって寝室や生殖器のプライバシーと自律と管理を求めてきたフェミニストの多くは、環境保護主義者が強制的に人口を減らす手段に傾いたり、時には心から支持までするこどに憤りを覚えていた。ZPGの活動家たちは、出産を許可制にする、2人目以降の妊娠を中絶するよう義務づける、公共の水源に不妊症を引き起こす薬を加える、といったあらゆる提案をした。[57]

カリフォルニア大学デイヴィス校の著名な生態学者であり環境保護論者でもあるウォルター・E・ハワードは「もはや生殖を個人の私的な問題とみなすことはできない」と宣言した。「性交は結構だが、無秩序な妊娠の数は、その時点で生きているすべての個人と、将来生まれる人々の福祉に影響を与えるからだ」。[58] 70年代半ばまでに、フェミニストは「人口抑制」が、たとえ環境への配慮らしき理由であったとしても、昔の政府が行なっていた女性の身体の管理を派手にブランド変更しただけだと、声高に指摘していた。[59]

結局、人口抑制のための環境運動は、優生学の亡霊を屋根裏に閉じ込めておくことができなかった。「オンデマンドの中絶」という言葉を作った環境活動家ギャレット・ハーディンは白人民族主義者だった。ハーディンが環境上の理由による人口抑制について書いた数十冊の本や記事は、明らかに人種差別的で誇り高きナショナリズムの思考に基づいており、アメリカ人の数だけでなく、肌の色や文化的背景や話す言語にも言及した内容だった[60]。政治的左派にとって、人口という観点から環境問題を組み立てることは、受け入れ難くなっていった。ステファニー・ミルズでさえ、環境問題を理由に子どもを産まないことを最終的に撤回した。74年に人口過剰の危険性についてスピーチするように求められたとき、ミルズは断った。ミルズは、自身の子どもを産まない決断は「個人的なことであって、人口や生態系の問題ではない」とコメントした[61]。

気候変動という課題

70年代から現在まで、環境運動の原動力は、公害や飢餓から、氷冠の融解、海面上昇、森林の焼失へと移り変わってきた。人口や資源不足というマルサス的な懸念から離れて、人間の行動、特に炭素排出によって、地球が人類にとって住みにくくなっているという現代気候科学へと移行した。人類が環境にダメージを与えているという科学的な証明は、今に始まったことではない。65年、女性解放運動の「急進派」だった科学者ロジャー・ルヴェールは、リンドン・ジョンソンの大統領府から、人為的に排出された二酸化炭素が地球を温暖化する可能性について調査するよう依頼された。「2000年までには、大気中の二酸化炭素が現在より約25％増えるだろう」とルヴェールは結論づけ、「これは大気の熱収支を変化させ、気候に著しい変化が起こる……可能性がある」と述べた[62]。

1980年代後半になると、事実はさらに明確になった。当時NASAゴダード宇宙研究所の所長だったジェームズ・ハンセンが、地球温暖化は「今、すでに起こっている」と議会で証言したのだ。コロラド州選出のティモシー・E・ワース上院議員は、公聴会の最後に、ハンセンの証言は議員にとって道徳的な挑戦であると指摘した。「議会は、この温暖化傾向をいかに遅らせ、あるいは食い止めるか、また、すでに避けられないかもしれない変化にいかに対処するか、検討し始めなければならない」とワースは述べた。[63]ジョージ・H・W・ブッシュは、気候変動に関する政策を掲げて選挙活動を行ない、大統領として92年の「気候変動に関する国連枠組条約」に加盟した。

それでもなお、気候変動は、対処しなければならないにせよ、ずっと後の将来の問題であるように思われた。97年、クリントン政権は、ブッシュ政権が署名した国連枠組条約の拡大版である京都議定書での拘束力のある排出量目標について、議会の支持を必要としていたが、議員たちは尻込みした。[64]将来起こり得ることについての科学が、企業利益を確実に損なう行動を本当に正当化するのか、という疑問があった。一方で石油会社は、数十年にわたり、気候変動を否定する大規模な広報キャンペーンに資金を提供し、気候に関する懸念が愚かで偏執的で間違っていると思わせるように働きかけた。[65]

そういった最善の努力にもかかわらず、2010年代に入ると、気候変動という現実が無視できなくなった。記録的な干ばつ、熱波、山火事、洪水が起こり、環境活動は再び爆発的に盛り上がった。13年に数万人のデモ隊がワシントンDCで行進し、オバマ政権に対して、「キーストーンXL」パイプラインの建設中止を要求した。カナダ産原油をグレートプレーンズの大草原を横断してアルバータ州からイリノイ州とテキサス州の製油所まで運ぶ石油パイプラインシステムである。環境保護団体「350.org」の創設者であるビル・マッキベンは、これを「アメリカ史上、とてつもなく圧倒的に群を抜いて大きな気候変動集会」であると表現した。[66] しかし、こういった新たな環境活動へのエネルギーの盛り上がりに反して（または、それゆえに）、多くの若者が「もう手遅れではないか」、特に「子どもを持つには遅すぎるのではないか」という疑問を抱くようになった。16歳から25歳までの若者1万人を対象にした最近の世界調査では、10人に4人が気候変動のために子どもを持つことを恐れていることがわかった。[67]

多くの人にとって、資源不足と人口過剰が環境破壊を引き起こすというマルサスの指摘は依然として有効だが、マルサスの『人口論』発表から2世紀の間に、推進力となる懸念事項は変わってしまった。1969年のステファニー・ミルズから80年代のおばのフェミニストの友人たち、現代の若者の多くに至るまで、女性にとって重要なのは、今も昔も、個々の子どもが環境に及ぼす影響というよりは、子どもが生活のなかで体験する出来事や、与えられた世界でいかに生き延びるかのほうである。作家のミーハン・クリストが最近述べたように、「カーボンニュートラルな赤ちゃん」を産む方法がわかったとしても、生まれた赤ちゃんは炭素だらけの世界に住まなければならないのだ。[68]

「命がけで逃げているときに、子づくりはしない」

将来親になるかもしれない人が、わが子が生まれついた世界で生き延びられるのかと考えるのは、もちろん新しいことではないし、現在の危機的状況に限った現象ではない。32年、パラグアイとボリビアの国境にあるグランチャコ地方の先住民アヨレオ族の生活は、両国の戦争によって引き裂かれた。10万人以上の兵士が押し寄せ、武器や病気を持ち込んだ。文化人類学者のチームが、ある村の女性たちにインタビューしたところ、アヨレオ族の母親のほとんどが、戦争中とその直後に幼い子どもを殺したことを認め、当時の出産の40％近くは母親の新生児殺しで終わったと推定される。子どもを大切にし愛情を注ぐアヨレオ族の人々にとって、嬰児殺しは重大な犯罪だ。しかし、緊急時にはコミュニティの存続が優先され、人数が増えることは生存の可能性を直接的に脅かすことになる。[69]

1850年代にモルモン教徒がユタ州の南パイユート族の領地に入植すると、持ち込まれた病気によって、一部のパイユート族の集落では90％以上の人が死亡し、出生数も激減した。戦争と死と喪失が何十年も続いた後の1883年、パイユート族のある女性はこう記した。「私たちの民族は長い間不幸でした。だから、増加するのではなく減少することを望んでいます」[70]。気候変動は新しい事象に感じられるかもしれないし、特異な問題ではあるものの、疎外されたコミュニティの人々は、以前からこのような問いに取り組んできた。「奴隷制度やジム・クロウ法、リンチ、人種差別に直面して、黒人たちは遠くない過去、この世に赤ん坊が生まれてくるたびに震え上がった。聞き覚えのある出来事ではないだろうか？」と、ライターのマリー・アナイズ・ヘグラーは書いている。[71]

子づくりは経済学者が「プロシクリカリティ（正循環）」と呼ぶものであり、つまり人間は危機的状況ではうまく繁殖できない。[72] 人類学者のサラ・ブラファー・ハーディによると、人類を含むあらゆる種族の母親は、自分が置かれた生態学的・歴史的状況に基づいて、いつ、何人の子どもを育てるかを選択する。霊長類は、食糧不足や環境悪化の折に生まれた赤ちゃんを捨てることが確認されており、つまり、生殖本能や母性的な絆よりも、与えられた生息地で生き残るプレッシャーが勝るということだ。[73] わが子は大丈夫だと思い込んだり、子どもたちを待つ未来を信頼したりすることは、現代社会が生んだ革新的な発想だが、それは今もなお特権階級にのみ通用する考え方だ。危険の認知が生殖に与える影響について研究する経済学者のリチャード・エヴァンスは、ニューヨーク・タイムズ紙に「命がけで逃げているときに、子づくりはしない」と語っている。[74]

近年、アメリカの政治の左右両極に位置する人たちが、環境上の理由で子どもを産まないという考えを、「ばかばかしい」「敗北主義者」「危険でさえある」と一蹴している。2019年にニューヨーク州のアレクサンドリア・オカシオ＝コルテス議員がインスタグラムの動画で、気候科学の悲惨な予測によって若者たちが「まだ子どもを産んでもいいのだろうか？」という正当な疑問を持つようになった」と語ると、フォックス・ニュースの司会者は、彼女を「ノーチャイルド政策」、さらには「文明的自殺」を提唱していると非難した。[75] ニューヨーク・タイムズ紙は、リベラル寄りの記事やオピニオン・コラムの執筆者を後援しているが、たいていは、気候変動の現実を認めた上で、環境の将来に対する懸念よりも子どもが与えてくれる「希望」を優先する内容だ。イギリスの哲学者トム・ホワイマンは、21年の春にタイムズ紙にこう書いている。「世界はひどい場所かもしれない。しかし、子どもを持つことで、あなたはそこに新しい何かを送り込んでいる」。ひょっとすると、そのことによって、と彼は言葉を続ける。「状況が本当に良くなる可能性がある」[76]。

未来に対する正当な懸念と、新しい命が現在にもたらす喜びや驚きを天秤にかけることは、私たち親候補、そして人間全体にとって、倫理的に非常に複雑な計算を求められることだ。しかし、環境問題——天然資源、公害、気候のいずれであっても——を理由に出産を遅らせたり避けたりするのは、歴史的に見ても不合理なことではないし、特に目新しいことでもない。私たちは、怖い未来に直面するのは初めてではないし、生存者を少なくすることで対応するのも、初めてのことではない。2世紀にわたり、トマス・マルサスからポール・エーリックとステファニー・ミルズ、そして現代の若者の10人に4人に至るまで、人々は、わが子が環境に与える影響、そして悪化した環境がわが子に与える影響について考えてきた。そして2世紀以上もの間、「持たない」というおそらく最も難しい選択肢を取り続けてきたのだ。

5章　物理的に無理だから

2014年4月、ブルームバーグ・ビジネスウィーク誌の表紙にブリジット・アダムスという女性が登場した。きちんとサイドで分けた肩までの長さのブロンド髪、長袖の黒いシースドレスと上品なデザイナーブランドのヒールといういでたちが、まぎれもなくビジネスウーマンであり、おそらく優秀であることを示していた。

ニューヨーク州のハドソン・バレーにあるエリート校ヴァッサー大学出身で、イタリア語を流暢に話し、10年以上、有名なテクノロジー企業のマーケティングに携わってきたアダムスは、卵子凍結のために1万9000ドルもの出費をした。雑誌の表紙には「卵子を凍結すれば、キャリアは自由になる（Freeze Your Eggs, Free Your Career）」という見出しが躍る。「新しい不妊治療法は、すべてを手に入れようとする女性たちに、より多くの選択肢を与える」。アダムスのほかに、記事にはマンハッタンの医師、ロサンゼルスの弁護士、ウォール街の投資銀行家、作家が紹介され、その全員が、仕事も忙しいのに不妊の心配をしなければならないことに不満を感じていた。「私はただプレッシャーを取り除きたかったのです」と、医師のスザンヌ・ラジョワは語った。「男性には体内時計がないですから、これで少しは公平になるかと思いました」。投資銀行家のエミリーは卵子凍結のために「車よりは多く、家よりは少ない」費用をかけ、その経験から「力をもらった」ように感じたと語った。彼女の母親はあまり感心しなかったようで、「冗談半分にこう言われました。『よかったわね。ビジネススクールに通って、週に100時間働いて、誰にも出逢う時間がなくて、だから卵子を凍結するお金があるのね』と。ママありがとう」。ブルームバーグのライターが「卵子凍結世代」と呼ぶ人々にとっては、費用対効果の点で理にかなっている。「卵子を凍結することで、背筋が伸びて、目線が高くなる。仕事にも恋愛にもプラスに働きます」。

体外受精という革命

アダムスが卵子を凍結する決心をしたのは、30代後半に離婚した後だった。39歳になることは「絶望的なレベル」だった、と彼女は振り返る。子どもに関しては、今何かをしなければ一生ないと感じ、卵子凍結が貴重な時間稼ぎになると思った。処置をしたことで、自由を手に入れて晴れやかな気持ちになった。突如として体内時計から解き放たれ、あと数年はキャリアに集中でき、結婚相手を見つけて、ずっと望んでいた大家族を手に入れるのにまだ間に合う、と思った。「確実ではありませんが、自分が望んだ賭けです」[1]。あるジャーナリストは、ブルームバーグの表紙を飾ったアダムスを「卵子凍結の申し子」と評した。[2]

1970年代後半に登場した体外受精（IVF：in vitro fertilization）は、不妊に悩む女性にとって革命としか言いようがないものだった。「in vitro」とはラテン語で「ガラスの中」という意味で、科学者が実験台のガラスシャーレの中で受精させる方法を考え出したという、今でも信じられないような事実にちなんだ言葉である。78年にイギリスで最初の体外受精児が誕生するまでは、これまで生まれたすべての人間は、生きた人間の体内で受精していた。それがガラスの中でできるようになり、体外受精ビジネスは爆発的に普及した。94年、米国小児科学会誌は「体外受精はビッグビジネスだ」と少々不穏な見出しをつけた。記事は、儲かるようになった医学の分野では「起業家が参入し、資金を調達して投資家を満足させるためには、患者を多く獲得して、その一人ひとりから多くの利益を上げなければならないと気付く」と警告している。[3]

この言葉は、予言的であった。2000年代以降、卵子凍結はまさにこの起業家精神に拍車をかけ、投資家やベンチャーキャピタルを惹きつけ、18年までに97％の不妊治療クリニックが凍結保存を提供するようにまでなった。卵子凍結は、現在（子どもを持つ準備ができていないため）または将来（準備が調えば援助なしで妊娠できるかもしれないし、結局子どもを持たない道を選択するかもしれないため）において不妊治療クリニックの顧客にならないような人を、両方とも顧客に変えてしまった。アダムスが経験したように、最初の採卵は高額であることに加えて、凍結した卵子の保存にかかる費用が年間1000ドルを超えることもある。もちろん、凍結した卵子を持つことで、それを使用するためにさらに高額な手術費用を支払う可能性も出てくる。ある経済学者は、これを不妊治療業界の「投機的転換」と呼んでいる。クリニックは、現在の不妊の悩みに高額な解決策を提供するだけではない。女性は将来の不妊の解決策を購入することもできるのだ。[4] 不妊治療が世界的に、体外受精や卵子凍結、卵子・精子提供や代理出産に至るまで、数十億ドル規模の産業となった理由のひとつは、血のつながった核家族を求める力が非常に強いためだ。まさに歴史が物語る、何が正常で自然であり、何が家族を構成するか、の現れである。

「卵子凍結の申し子」としてのアダムスの地位は短命だった。45歳の誕生日を目前にして、アダムスは自分の卵子を使うことを決意した。まだパートナーは見つけていなかったが、自分のキャリアに自信があったので、精子ドナーを使ってシングルマザーになることを目指したのだ。ところが、ここからが問題だった。凍結した11個の卵子のうち、2個は解凍に失敗、3個は受精せず、5個は遺伝的に「異常」な胚ができたとクリニックから告げられた。最後の1個は正常な受精卵で、子宮に移植されたが着床しなかった。アダムスは、妊娠していないこと、そして実の子を宿すことはないだろうという知らせを受けたとき、「野獣のように」叫んだとジャーナリストに語っている。アダムスはノートパソコンを壁に投げつけ、床に倒れこんだ。「私の人生で最悪の日でした。たくさんの感情が駆けめぐりました。悲しみ、怒り。恥ずかしさも。『なぜ私が?』『私は何を間違ったの?』と自問しました」[5]。

　苦しみと悲しみの中で、アダムスは最初に、同じ立場になった女性の多くがそうするように、自分を責めることを考えた。不妊症は、メディアや一般的な想像の中で「ヤッピー（young urban professionals、若く都会的な職業人）の病気」「女性自身の選択や女性の解放が引き起こす病気」という枠組みで語られることが多い。その患者は、20代から30代にかけて、教育やキャリアの成功、貯蓄口座や401(k)（確定拠出年金）の残高など、見当違いの優先順位を追いかけたか、あるいは楽しみを追い求めすぎて落ち着いて子づくりを一緒に行なう男性を見つけられなかった女性だとイメージされる。そして、ようやく「やっぱり子どもが欲しい」と思ったとき、自分の体内時計が時間切れになったことに気づいて戸惑うのだ。

実際のところ、体外受精の平均的な患者は典型的なヤッピーだ。白人（85・5％）、平均より裕福（3分の2の世帯年収が10万ドル以上）、高学歴（72％が大卒で、人口全体の約2倍の割合）、30代。このような女性は、子を授かれないことが深い悲しみの原因になるという考え方に、あまり異論はないだろう。[6] 不妊の苦しみに同情的な人でさえ、労働市場への参加と、出産の先延ばしと意図しない無子は、一本の線でつながっていると考える。社会学者のマーガレット・J・サンデロフスキーは「不妊症は、女性革命の予期せぬ副産物であった」と書いている。[7]

不妊症の長い歴史

本当のところは、もちろん、不妊症の歴史は20世紀後半のフェミニズム運動よりもはるかに古い。聖書の創世記に登場する4人の女家長のうち、サラ、リベカ、ラケルの3人は、何年も妊娠できずに苦しんでいた。聖書に出てくるラケルの最初の言葉は、「わたしに子どもをください。さもないと、わたしは死にます」というヤコブに対する要求だ。[8] サラについては、登場するやいなや、彼女には子どもができないことがまず説明される。[9] サムエル記上で、ハンナは夫のエルカナとの間に子どもを授かることができないことに苦しめられている。「ハンナよ、なぜ泣くのか」とエルカナは嘆き悲しむ妻に問いかける。「なぜ食べないのか。どうして心に悲しむのか。わたしはあなたにとって10人の息子よりもまさっているではないか」。絶望したハンナは、エルカナと一緒に聖地シロへ巡礼に行き、子どもを求めて熱心に祈る。しかし、ハンナが独り言を言っているのを祭司が目撃し、酔っているのかと責める。祭司は「いつまで酔っているのか」と問い詰める。「酔いをさましなさい」。するとハンナは答える。「いいえ、わが主よ。わたしは不幸な女です。ぶどう酒も濃い酒も飲んだのではありません。ただ主の前に心を注ぎ出していたのです」[10]。さいわい神は、ハンナが酔っていないことを見抜いた。ハンナとエルカナは客間に戻り、そこで聖書的な意味でお互いを「知る」。このとき、ハンナは男の子を授かり、「わたしがこの子を主に求めたからだ」という理由でサムエルと名付けた。乳離れするのを待って、ハンナはサムエルを連れてシロに戻った。3歳の雄牛に小麦粉とぶどう酒を運ばせて、シロでその雄牛を殺して、息子を祭司に手渡し、家路につく。「この子を与えてくださいと、わたしは祈りましたが、主はわたしの求めた願いを聞きとどけられました」とハンナは言う。聖書の語り手は「そして彼女は、主のために彼をそこに置いた」と語る。[11]（旧約聖書1955年改訳版を参考）

「その親子関係の実験はうまくいったね。送り主に返すとは」と、現代の読者は皮肉るかもしれない。しかし、1712年に清教徒の牧師ベンジャミン・ワズワースがボストンの女性たちにこの物語を語ったとき、彼は別の教訓を持っていた。子宮を開くかどうかは神が決める。妊娠も不妊も、単に神の意志なのだ。[12]神が母になるのにふさわしくないと考えたと知り、想像を絶する苦悩にさいなまれる人もいた。19世紀、マサチューセッツ州ウィルブラハムに住むサリー・ブリスは、結婚して8年になっても子どもがいないため、絶望に打ちひしがれていた。自分で喉をかき切った男の葬儀に参列した後、彼女は日記に「私もいつ同じことをするかわからない」と書いた。[13]しかし、この説明に安らぎを得た人もいるだろう。神が決めたことであれば、自分には何もできないからだ。

不妊は、医学的にも歴史的にも奇妙なものだ。アメリカ疾病予防管理センターは、不妊とは、「異性のカップルが避妊せずに1年間定期的に性行為を行なった後、妊娠しないこと」と定義している。[14]これを、実存的な危機であり、真の悲劇であり、攻撃的で、しばしば費用がかかり、侵襲的で痛みをともなう治療を受けるべき病状だと捉える人もいる。またある人は、避妊せずに異性とセックスを1年間続けても妊娠しないのは、非常に幸運なことだと思うだろう。不妊は、本人がそれを病状だと考える場合にのみ、医学的な症状になると言えるかもしれない。

また、長年にわたり、診断が個人の生活状況に左右されてきた病状でもある。社会学者のサリー・マッキンタイアは、女性には「2つの現実のビジョン」があると指摘する。未婚の女性にとって、「妊娠と出産はアブノーマルで望ましくないことであり、逆に子どもを産みたいという願望は異常かつ利己的であり、説明が求められる」。既婚女性にとっては、その逆だ。「妊娠と出産は正常で望ましいことであり、逆に子どもを産みたくないという願望は」――さらに言えば、子どもを産まないという単純な事実も――「異常であり、説明が求められる」のだ。[15]アメリカの歴史の大半において、既婚女性と未婚女性は、卵管の詰まり、卵子の数の少なさ、無排卵など、まったく同じ生理的問題を抱えていても、どちらか一方だけが不妊とみなされ、医療の介入（あるいは歴史のある時点では神の介入）が必要とされてきた。

不妊治療のための様々な試み

そして、アメリカの歴史の大半において、神や科学による介入は、あまり効果的なものではなかった。18世紀から19世紀初頭のアメリカでは、妊娠できない女性は、作物が育たない畑と同じように「不毛（barren）」と呼ばれていた。そのような女性は、ハンナがシロの神殿で行なったように、自分が母になるにふさわしい女性であると神を説得するために、祈り、断食し、善行を積んで償いを求めたかもしれない。18世紀になっても不妊が魔術の仕業だという疑いは消えなかったので、子どもを授からない女性は、こっそりと助産婦やコミュニティの他の女性に相談して、神の力を補うための薬草療法を受けた場合もあっただろう。

また、医師から食事や運動のアドバイスを受けたり、夫とのセックスの回数を減らし、質を高めるように勧められたりしたかもしれない。この時代の医師は、「量より質」が大切だと考えていた。セックスと妊娠についての人気の指南本『アリストテレスの完全なるマスターピース』には、夫に対するこんな指示が書かれている。「女性は、どちらかと言えば回数よりも上手に行なうことを選ぶ。その場合、上手かつ頻繁に行なうことは矛盾する」。ヨーロッパやアメリカの植民地で、不妊の治療にあたった初期の医師たちは、妊娠には双方の性的快感が必要であると、ほぼ例外なく信じていた。男性が精液を出すにはオーガズムが必要であることは誰の目にも明らかなので、排卵の仕組みがよくわからないうちは、女性が種を作るにもオーガズムが必要だというのが理にかなっていると考えられた。1708年にイギリスの医師ジョン・マーテンは「妊娠するためには、子宮が歓喜の状態になければならない」と書いている。[16]

1781年、スコットランド人のジェームズ・グラハムという人物も、その延長線上の考え方をしていた。グラハムはスコットランドの医師であり、少なくとも本人はそう主張していた。18世紀半ばにエディンバラ大学で医学を学んだそうだが、歴史家は実際に卒業した証拠を見つけることができない。[17] 革命前のアメリカ植民地で医学を修め、オカルトにも手を出し、ベンジャミン・フランクリンの電気に関する研究にも魅了されたようだ。[18] 革命の熱気とともにロンドンに戻り、トラファルガー広場のすぐそば、ロンドンのファッショナブルなポールモールに不妊治療のクリニックを開き、繁盛させた。グラハムは自分のクリニックを「多産な処女膜の寺院（Temple of Prolific Hymen）」と名付けた。この寺院に、子どもを切望するロンドンの裕福な夫婦は、50ポンドという法外な料金で宿泊し、「医療、磁気、音楽、電気」の施術の数々を受けることができた。

グラハムは、彼が「天空のベッド」と呼ぶ豪華な部屋に顧客を招き入れた。部屋は贅沢かつ趣味よく装飾されていた。美術品、ヒポクラテスとキューピッドの胸像、きらめくガラスの鏡、カラフルなランプが置かれ、最高級の香水の香りが漂い、天井には銀と水晶の巨大なシャンデリアが輝き、最高品質の蜜蠟キャンドルの炎がともっていた。部屋の中央には、振動するベッドがあり、その周りを、性的魅力を高めるとされる1500ポンド（約680キログラム）の磁石が囲んでいた。ご懐妊を保証します、とグラハムは顧客に伝えていた。[19]「天空のベッドで極上のエクスタシーが楽しめます。驚異の体験です。愛の喜びを感じながらパワフルな刺激を受ければ、不妊の方も確実に実を結びます」[20]。「私は……医学博士であるが、それだけではない。魂の医者です」という表現を、グラハムは好んで使った。[21]

1840年代には、本物の医学博士が別の治療法を試みた。「情報」を与えることだ。フレデリック・ホリック博士は、人体を正確に模したフランス製のマネキン人形を携えて、アメリカ各地で講演を行ない、人気を博した。ホリックと人形は、40年代の5年間にフィラデルフィアで26回の講演を行ない、加えてボルチモア、ワシントンDC、セントルイス、シンシナティ、ルイビル、ピッツバーグ、ハートフォード、マサチューセッツ州の各地でも講演を行なった。さらには、ニューオーリンズ行きの蒸気船の中で、乗客のリクエストに応えて即席のお話会もした。ホリックの講演は、ヴィクトリア朝時代の無難な範囲を大きく超えて、女性のオーガズム、月経周期、受胎のプロセス、女性の人体の基礎知識などを伝える内容だった。彼の講演につめかけた女性たちにとって、それは新しい体験だった。「ホリックの人形を初めて見て、気絶する人も多かった」と、ある新聞記事は伝えている。[22]

1850年、医師ホリックは『結婚の手引き、あるいは生殖の自然史』を出版し、医学用語ではないあけすけな言葉で、何がどこにあるのかを説明した。ホリックは、仕組みを理解できれば、夫婦が妊娠の確率を飛躍的に高めることができると考えた。しかし、情報による治療に限界があることは、ホリックでさえも認めていた。夫婦があらゆることを適切に行なっても妊娠しない場合、カトリックには、それ以上言えることはなかった。「一般的に医師は、そういったことについてほとんど知らない」と彼は認めている。[23] 19世紀後半まで、祈りや振動ベッド、基本的な仕組みの見直しなどを除けば、医師は不妊に悩む女性たちにしてあげられることが少なかったのだ。ある医学書は「すべての女性が自然に母親になるという考え方は間違っている」と記している。「もともと子宮系に欠陥があり、どんな術策によっても改善されないのに、そのことが死後も隠されている場合が多い」[24]。

初めての人工授精

不妊治療が、倫理的には怪しげではあるが小さく前進したのは、1884年、フィラデルフィアのサンソム・ストリート病院に、ある裕福な商人がウィリアム・パンコースト医師をたずねたときだった。パンコーストは、当時市内で最も尊敬され著名な医師のひとりで、女性の体を治療するツールを手に入れられないかと考え始めていた新世代の医学者でもあった。商人は素朴な疑問を医師に投げかけた。「なぜ、私の家には子どもがいないのでしょうか」。商人からすれば、明白な理由はなかった。妻は10歳年下で、ペンシルベニア州の「富と名声を誇るクエーカー教徒の旧家の生まれ」であり、「健康そのもの」で、神も医学も、母親になるにふさわしいと考えるであろう女性なのだ。興味を持ったパンコーストは、商人の妻を診察室に招き入れ、上級医学生たちが周りを囲む中央のテーブルに寝かせた。ヴィクトリア朝時代の恥じらいをかなぐり捨て、科学的調査という大義名分のもと、男性たちは妻の生殖器系を徹底的に調べた。結果として、19世紀の医師が想定できる不妊の原因となる身体の不調は一切なかった。子宮頸部に傷や炎症はなく、きつすぎたり緩すぎたりもなく、卵巣には病変がなく、子宮は正しい位置にあって、正常な大きさだった。

困り果てたパンコーストは、かなり珍しい手順を踏んだ。夫の商人のほうに目を向けたのだ。19世紀半ばのアメリカの医師の多くは、男性がインポテンツでない限り、夫婦の妊娠の悩みの原因にはなり得ないと考えていた。商人もまた健康で、家柄もよく、重い病気にかかったこともない。ただし唯一、若い頃の放蕩が原因で不幸にも「軽い淋病にかかった」ことがあるとのことだった。そこでピンときたパンコーストは、またもや型破りな行動に出た。「精液のサンプルをください」と頼んだのだ。パンコーストは商人の精液を顕微鏡で観察し、妊娠をもたらす行為の際に男性が与える小さなオタマジャクシを探した。ところが、見当たらなかった。現代では、淋病を治療しないことが不妊の原因になるとわかっている。パンコーストは、この商人には「精子がない」と結論づけた。

問題がはっきりしたところで、パンコーストと医学生たちは、どう手助けをすればいいのかと頭を悩ませた。ついに、ある学生が下品な冗談を言った。「この問題の唯一の解決策は、誰か男を雇うことだ！」学生たちは笑ったが、パンコーストの頭の中には奇跡の治療法の輪郭が描かれた。パンコーストは再び商人の妻を呼び出して、追加の、もっと突っ込んだ検査が必要であると告げた。そしてクロロホルムを投与し、ゴム製の注射器と一番魅力的な医学生を準備した。9カ月後、商人の妻は元気な男の子を出産した。夫婦は大喜びだったが、パンコーストは、自分の評判のことも考えたのだろう、騙したことへの罪悪感にさいなまれた。出産後まもなく、医師は父親になった商人にすべてを告白した。すると商人は、息子の出生が怪しいと知って、動揺するどころか愉快そうに笑い出し、パンコーストの秘密は守る、ただし医師が妻には何も言わないのが条件だ、と告げた。パンコーストはこれに同意し、6人の医学生にも秘密厳守を誓わせた。しばらくの間はすべてうまくいっていた。商人と妻は幸せに暮らし、子どもは成長してニューヨークの実業家になった。

倫理違反かブレークスルーか

ベンジャミン・フランクリンが「3人で秘密を守ることはできる。そのうちの2人が死んでいれば」と書いたのは有名な話だ。ウィリアム・パンコーストは1897年に亡くなったが、6人の医学生と秘密は生き続けていた。その秘密は、聞き手次第で、重大な倫理違反になるか、重大な医学的ブレークスルーになるかが分かれる内容だった。最初に沈黙を破ったのはA・D・ハード博士だった。1909年、ハードはメディカル・ワールド誌の編集者に2ページの書簡をしたため、「人工授精」という目を疑うような見出しを掲げた。彼は、最初の一行で爆弾発言をした。「パンコースト教授が初めて女性を人工妊娠させたのは、25年前だった」と。記事には、身体検査、「軽い」淋病、クロロホルム、「男を雇う」企みなど、この事件の詳細が記されていた。[25]

ハードの記事は医療界を騒然とさせたが、その理由は、医学的なブレークスルーだったからではなかった。生命倫理学者のエリザベス・ユウコは、「初の人工授精は倫理的な悪夢だった」と書いている。[26] C・L・エグバート博士は、メディカル・ワールド誌1909年6月号に掲載された書簡の中で、「あなたの教授が、意識のあるうちに、その女性を誘惑していたほうが、1000倍も立派だったでしょう」と怒りをあらわにした。「あるいは、あきれたことですが、意識不明の彼女と性交していたのと同等の立派さです」。エグバートはハード博士に「全能の神の掟を読みなさい」と提案した。「私の愛する兄弟よ、その中に偽りの性交というテーマについて十分示されているはずです」[27]。人工授精そのものよりも、それが幅広い影響をもたらすことを懸念する人もいた。人工授精は結婚の神聖な結びつきを壊す、と心配する書き手が何人も現れた。また、医師は自分を神と混同しないように注意すべきだ、と警告する人もいた。[28]

ハードは、メディカル・ワールド誌に掲載された続編の書簡で、今後の処置は、理想的には女性の書面による同意のもとに行なわれるべきだ、と述べている。ただし、女性が何を望むかは、真の利害関係者である「社会」にとって二の次であると、彼は主張した。この商人とその妻は、ハードが考えるに、人種的にも経済的にも、子だくさんになることが望ましいアメリカ人だったが、子どもがいなかった。そして処置の後に、職業的にも成功した立派な息子をもうけることができた。その証拠とばかりに、ハードは「この1年以内に、彼と握手したことがある」と付け加えた。ハードは、この商人の妻のような既婚の裕福な白人女性が母親になることは、社会にとって有益でしかないと信じていた。そういった結果を得るためには、不愉快な秘密を隠しておき、結婚の神聖さに多少の傷を負わせる価値があるのだと。ハードはこう主張した。アメリカ人が、気難しさや感傷的な気持ちさえ克服すれば、「慎重に選ばれた種子による人工授精は、人種を向上させる処置として認識されるようになるだろう」[29]。

出生率と優生学

20世紀の最初の数十年間には、「人種」を向上させることがどうしても必要だと考える人が大勢いた。アメリカ生まれのプロテスタントの白人女性が、祖母よりも健康状態が著しく悪いのは、多かれ少なかれ当然のことと考えられていたのだ[30]。出生率の低下は、この理論を支持する強力な証拠だ。都市生活の不協和音が女性を不妊にしている、と心配する人もいた。流行服のせいにする人もいた。ファッショナブルな女性は、自宅のあちこちに気絶したときのための長椅子を置くべきであり、当時流行していた締め付けが厳しいコルセットは「子宮の乱れ」を引き起こすと警告された[31]。もしくは、新聞を読むことが、女性に過剰な興奮をもたらすのではないか。あるいは、生まれ故郷から遠く離れた都市での長年の暮らしによる疲労なのか、夫がビジネスで冒すリスクへの不安なのか、たとえ短期間であっても、家から出て働くことが、生涯にわたる有害なストレスをもたらすのか[32]。

最も悪者扱いされたのが、教育である。米国婦人科学会会長のジョージ・エンゲルマンは、出生率が大学を卒業した女性で最も低いのが明らかな証拠だとして、大卒レベルの仕事は「神経衰弱」を引き起こし、高学歴の女性を不妊症にしてしまうと述べている[33]。エンゲルマンは、1900年の同学会の年次総会の基調講演で、思考と生殖が互いに排他的だとデータが示している、と述べた[34]。1909年、ニューヨークの週刊誌インディペンデントの社説は、「高校までの女子の平均的な教育コストに、生まれてくる子どもひとりを加えなければならないと言うのは、おそらく誇張ではないだろう」と述べている。[35] 19世紀のアメリカの経済拡大の原動力となったもの——都市化、流動性、産業、教育、資本主義——が、アメリカ生まれの白人女性の繊細な体質と神秘的な生殖システムを狂わせてしまったように思われた。

　自分たちのイメージ通りに国が続いていくことを望むプロテスタントの白人中産階級のアメリカ人にとって、このような「母親のパフォーマンス」の低下は、実存的な脅威だった。[36] 1905年、セオドア・ルーズベルト大統領は、全米母親会議に「一家に2人しか子どもを作らない人種は、人口が急速に減少し、2、3世代で絶滅の危機に瀕するのは当然である」と、数学の論理を無視した警告をした。それは良いことである、とルーズベルトは脅すように付け加えた。「そのような教義を実践する人種、つまり人種的自殺を実践する人種は、存在するのに不適格だとはっきりと示すことになるからだ[37]」。

　社会科学者で優生学者でもあったエドワード・アルスワース・ロスは、1924年にセンチュリー誌に「人口不足は、われわれアメリカ人が最も恐れなくてよいことだ」と書いている。「私たちは棺桶1つにつき2つのゆりかごを埋めており、ゆりかごの幅はますます増えている[38]」。1790年の初の国勢調査では、アメリカ人の数は400万人弱であったが、1900年の国勢調査では7600万人を超えた。[39] 出生率はかなり低下していたが、それでもアメリカ人女性は平均して3、4人の子どもを産んでおり、人口が増え続けるには十分すぎるほどだった。しかし、問題は数ではなかった。「私たちが心配しなければならないのは、質なのです」と、ロスは続けた。[40]

「優生学（eugenics）」という言葉は、ギリシャ語で「good」と「origin」または「birth」を組み合わせた言葉に由来している。１８６９年にチャールズ・ダーウィンの親戚でもあったイギリスの天才学者フランシス・ゴルトンが行なった研究がきっかけで、19世紀末のイギリスは「良い生まれ（good birth）」に魅了された。ゴルトンは、イギリスの上流階級に見られる優れた資質（知性、衛生、法を守るなど）を観察し、これは遺伝性に違いないと判断した。そこで、もしも単純に上流階級の人々が多くの子どもを産めば、質の高いイギリス人が増え、質の高いイギリス人が増えれば、イギリスにとって素晴らしいことだと考えたのだ。[41]

「良い生まれ」という考え方は海を渡り、ジム・クロウ法が白人と黒人の間に明確な線を引き、数十年にわたる移民ブームだったアメリカに到着した。白人以外のアメリカ人や移民が将来の人種構成を決めるのでは、という懸念が広まっていたため、ある種の出生が他の種よりも望ましいとするゴルトンの考え方は、当然のことながらかなり普及した。サウスカロライナ州の婦人科医セオドア・ガイラード・トーマスは、１８９１年の論文で、「文明人」の女性の不妊を引き起こす「文明生活の価値を低下させる習慣」は、「北米インディアンの女性」にも「南部の黒人女性」にも影響がないと警告した。[42] インディアナ州では１９０７年に全米初の強制不妊手術法が制定され、その後30州が続き、黒人、先住民、移民のコミュニティ、貧しい白人や精神疾患の人々を対象に、政府資金による不妊手術や産児制限キャンペーンが開始された。アドルフ・ヒトラーは、後にこれらのプログラムを、ナチスの優生政策を正当化する先例として挙げることになる。[43]

「望ましくない」とされる出生を制限するのが、負の優生学だ。その反対側にあるのが正の優生学で、「望ましい」出産を増やすことを目的とした政策や行動のことである。ハードのように、医学の進歩が、女性を不妊にする近代生活に対抗するのに役立つと考える人もいた。しかし、20世紀の幕開けの頃から、アメリカの科学者の一部は、もっと恐ろしいシナリオを思い描くようになった。アメリカの白人女性の体質や子宮は、結局のところ、完全に健康であり、使われていないだけなのだ、と。ある産科医は、1909年にメディカル・タイムズ誌への寄稿で「学歴があり、活動を休まず、美的感覚にあふれたアメリカの女性たちは、一般大衆に、妊娠について倫理的な、本質的とも言える嫌悪感を抱かせるように仕向けた」と記した。[44]

医師のC・G・チャイルドはさらに冷酷だった。「太った」女性と「学者」と「公務員の女性」と「孤立した女性」は、多くの人が現実に迫っていると信じている人口危機の「最終的な責任」を負っていると論じた。[45] 選挙権や法的権利、教育や専門職へのアクセスを獲得しようという努力に気を取られ、女性は子宮を満たすことを怠り、ある医師の言葉を借りれば「国家進歩の後退」の直接の原因となっているのだ。[46] 19世紀の見解は、最終的に次の2つに分かれた。女性が故意に妊娠を避けているのか、それとも単に、教育や読書やファッションなど、妊娠の可能性を低くする行為にふけっていたのかだ。しかしいずれにしても、今も昔も、「彼女たちのせいである」という一点では大方の意見が一致していた。

21世紀のテクノロジーを前に不妊がなお続くのには、医学的な理由がある。新しい人間を受胎して育むという生殖が、間違いなく人体の最も複雑な営みなのだ。しかし、歴史的な理由もある。不妊を解決しようとする人たちには、常に別の動機があった。19世紀のアメリカでは、不妊は神の意志や自然の摂理がもたらす哀れな状態から、徐々に、現代生活のストレスによってもたらされた、熟練した医療者の注意を緊急に必要とする状態へと認識が変わってきた。19世紀に子どものいない女性を母親にしようとした医師たちは、単に卵巣や子宮の機能を理解し修復しようとしただけではなく、社会悪を解決しようとした。つまり、近代化と教育が白人女性の脆弱な体質に悪影響を及ぼし、白人女性の生殖能力が有色人種や移民に比べて低くなっているという問題に注目したのだ。ハード博士は、不妊治療の目的は、単に病状を治すことではなく、「人種を向上させるための処置」であると同業者に理解してもらうことを望んでいた。

不妊治療ツーリズム

人種や生殖だけでなく、経済や階級といった歴史的な糸が絡まり合っているのが、東カリブ海のバルバドス不妊治療センターである。このクリニックは、バルバドス最大の都市ブリッジタウンの郊外、クライストチャーチにあるシーストンハウスという歴史ある大邸宅の中にある。周りにはヤシの木や熱帯植物が生い茂り、玄関には曲線を描く高窓があり、向かいにはきらめくカリブ海と柔らかな白砂のパノラマビューが広がっている。[47]

現在、シーストンハウスには、クリニックのウェブサイトの宣伝文句のような「楽園での最高の体外受精治療」を求めて世界中から人々が訪れている。不妊治療クリニックとしては、控えめに言っても奇妙な立地だ。シーストンハウスは、かつてのサトウキビ農園にあったコロニアル様式の邸宅を復元したものだ。バルバドスは、イギリス初の本格的な奴隷植民地で、大英帝国が初めて人間を動産とする奴隷制を考案し、その限界を試した場所である。様々な形態の奴隷制度は、おそらく人類の歴史と同じくらい昔からあるが、動産奴隷制の規模の大きさと徹底ぶりは、ヨーロッパ人による残酷な発明だった。鎖につながれてカリブ海に運ばれてきた奴隷のアフリカ人は、法的に人間性を奪われ、生まれた子どもと共に、生涯「所有物（動産）」として分類された。1661年の奴隷法は、イギリス領バルバドスで奴隷にされたアフリカ人は「所有財」であり、証書所有者の気まぐれで売買できる資産であることを明確にしている。1630年代に最初の奴隷となったアフリカ人がブリッジタウンに到着し、その後何十万人もが、カリブ海の炎天下で砂糖とラム酒に対するヨーロッパ人の飽くなき欲求を満たすために、サトウキビ畑で植物の堅い茎を刈り込み、残酷な状況で働き、死んでいった。[48]

現在、シーストンハウス1階の明るく快適な待合室には、アメリカやヨーロッパなど海外から不妊のカップルが訪れる。「バルバドス不妊治療センターは、南国の楽園での優れた成功率の体外受精と、低価格でストレスのない治療を提供します」とは、ウェブサイトの案内文だ。海外の美容外科は、アメリカ人の施術目的の旅行意欲を当て込んで、カリブ海、メキシコ、インド、東欧などに、豪華な宣伝文句と大幅な費用削減を約束して、旅行者を誘い込んできた。近年では、不妊治療のための海外旅行も人気が高まっている。「不妊治療ツーリズム」とも呼ばれるように、これがなければ不妊治療から遠ざかっていた人たちを、呼び寄せているのだ。例えば、イタリアでは同性婚が認められておらず、不妊治療を受けるには結婚している必要があるため、イタリアのレズビアンカップルは積極的にスペインに渡航して治療を受けている。バルバドス不妊治療センターには、ある人類学者が指摘するように、別の理由――コスト――によって締め出された「主にヨーロッパかアメリカの白人の顧客」が訪れる。[49] 美しい環境に加えて、ウェブサイトでは、カップルがどれだけお金を節約できるかをアピールしている。というのもバルバドスでは、アメリカの半分から3分の1の料金で体外受精が受けられるからだ。

アメリカでは、体外受精の1サイクルは平均1万2000ドルから1万7000ドルで、保険会社が治療の一部をカバーすることを義務付ける15の州の住人でない限り、卵子凍結や体外受精などの処置はすべて有料だ。[50] この費用を理由に、妊娠が難しい女性の3分の1しか、治療を受けるどころか、医師に相談さえしないことが、ある調査からわかっている。[51] 処置を受ける人に、裕福で高学歴な白人層が多いのは意外ではない。[52] 黒人女性は白人女性よりも不妊症になる確率が大幅に高いが、それでも最近のある研究によると、アメリカの体外受精患者の85%以上が白人だ。[53]

アフリカの「不妊ベルト」が投げかけるもの

世界的に見ても、生殖補助医療は、それを最も必要とする人にとって、最も利用しにくい。アフリカ南部と中部の女性は、北半球の女性はもちろんのこと、アフリカ北部の女性よりも劇的に高い割合で不妊に悩まされている。この理由はいくつかあり、例を挙げると未治療の細菌感染症や寄生虫、不妊の原因となる過去の出産時の合併症などがそうだ。ジンバブエで行なわれた調査によると、続発性不妊症（一度でも子どもを産んだことのある女性が不妊になること）が62%の女性に見られることがわかった。このことは、出産そのものが女性の次なる出産を妨げている可能性を示唆している。研究者はこの地域を「不妊ベルト」と名付け、人類学者はこの地域の女性たちの日々の苦しみを記録してきた。ある報告書は「子どもを産めない女性は、夫に拒絶され、社会から追放され、しばしば追放者として生き、劣等で役立たずという認識を受ける」と結論付けている。[54]別の研究グループは、この地域の不妊は、一種の「社会的死」として経験されることが多いと指摘している。[55]

ニーズと需要があるにもかかわらず、不妊ベルトには、不妊治療クリニックや治療がほとんど存在しない。一部の国際援助機関から見れば、HIV／エイズとマラリアと妊産婦死亡率という三大脅威に比べて、不妊は単に「優先順位が低い」問題である。別の見方をすれば、不妊は人口過剰の便利な解決策にもなる。2004年の世界保健機関（WHO）の報告書は「不妊率が高いと全体の出生率と人口増加率が低下するため、子どもを産む能力の向上が出生率を下げる取り組みを妨げる可能性がある」と指摘している。例えば、サハラ以南のアフリカで不妊症が「正常」レベルまで減少すると、その地域の出生率は15％上昇すると推定されている。[56]その意味するところはこうだ。このように出生率の高い地域で、赤ちゃんを産めない女性がいることは、本当に問題なのだろうか？

アメリカでもアフリカでも、不妊症の女性一人ひとりにとっての答えは、もちろん「イエス」だ。不妊症と診断された女性は、がんと診断された人と同レベルのストレス、不安、抑うつ状態にあることが、研究で明らかになっている。[57]また多くの研究から、不妊治療によって妊娠に成功したり、最終的に養子を迎えたりした女性は、「まだ正常になった気がしない」「社会的に母親になった事実が、自分の体が自分を母親にしてくれなかった苦悩やトラウマを完全に消し去ってはくれない」と話していることもわかっている。[58] 私の友人にも、叶えるためならどんなことでもする、という人が何人もいる。何年も食べるものすべてに注意を配り、性生活を全面的に見直し、気分の乱れや体の変化を引き起こす自己注射やホルモン薬の投与を延々と行ない、数万ドルものクレジットカードの借金を背負ってでも、生物学的な方法で赤ちゃんを授かりたいのだ。私は、そんな人たちの苦痛と願望の強さをじかに見てきたし、だからこそ、なぜそこまで多くの犠牲を払うのかが理解できる。

養子縁組の長い歴史

また、自分がエイリアンになった気分にもさせられる。私は幼少期のほとんどを、家族を構成する絆が生物学とは関係ない、ごちゃまぜの大家族の中で過ごした。世帯のなかに4つの名字があった。6人の大人が私たち子どもの生物学的生産に関与し、全員で私たちを育てた。私が姉と呼んでいる女性が、4カ月しか年上でないことがわかり、人を混乱させることもある。義理のきょうだいが2人と養子の兄弟がひとりいるが、遺伝子や両親が同じでないことを伝える必要があるときを除いて、ふだんは修飾語を使わない。「弟の結婚式に行く」「姉の子どもたちに会うのが待ち遠しい」と話している。私の母は、コーチや美術の先生や友達の親から電話をもらい、「○○ちゃんのママですか?」ときかれると、「まあ、そんなところよ」と元気よく答えていた。このように育った私は、家族はさまざまな形で作ることができると確信している。他の女の子たちは、お腹のなかで赤ちゃんがキックするのを感じる日を夢見ていたかもしれないが、私は高校生の頃には、養子縁組の利点を強く確信していた。少なくとも17歳の自分には、1年の大半にわたって自分の体を共有しないですみ、新しい洋服の準備がいらず、エクササイズの習慣も中断しなくてよいのだと思えた。ほぼ普段どおりに過ごしながら、ある日わが子を抱きしめることができる。きっと、多くの男性が子どもを持つときと似たような体験なのだろう。

ちなみに、アメリカでは過去に多くの人が養子縁組を経験している。オックスフォード英語辞典によると、「養子縁組」という言葉は14世紀までさかのぼり、当時も現在とほぼ同じ意味だった。「合法的または非公式に、それまで存在しなかった関係に人を引き入れる行為」だ。[59] アメリカでは、養子縁組の「法的」な部分は、19世紀前半の革新によるもので、アメリカ人が核家族の重要性と、どの子がどの親に属するかを知ることの重要性を認識し始めたのと同じ時期だった。

それ以前は、裁判所も地域社会も、子どもとその子どもを育てようとする大人との関係を正式に結ぶことに、驚くほど無関心だった。例えば、ベシア・ロスロップは、17世紀のマサチューセッツ州で、夫のトーマスが乳児を抱いて帰宅したときに母親となった。赤ちゃんはトーマスの死んだ従兄弟の娘で、みなしごになった赤ちゃんは、引き取り手が見つからないまま、家を転々としていたのだ。ロスロップ家は憐れみから、または絶望的な状況だったことを理由に赤ちゃんを引き取ったのかもしれない。しかし後にベシアは、どんな親でも赤ちゃんを愛するのと同じように、この赤ちゃんを愛していたと話した。ベシアとトーマスは、夜に火のそばに座り、赤ちゃんを見つめながら、わが家にたどり着くまでの間「この子をあちこちに行かせてくれた神の摂理」

に感謝した。ロスロップ夫妻の養子縁組は、裁判所も法律も書類もなく、「この子を家に連れてきて、そこで育てよう」と決めただけのものだった。

ところが、この状況が数年後に法廷に持ち込まれることになった。トーマスがフィリップ王戦争で戦死した後のことだ。ロスロップ家の財産を狙う親族が、どこからともなく現れ、この赤ちゃんが彼の娘かどうかを争ったのだ。トーマスは遺言を残さなかったが、ベシアはこの子がトーマスの正当な相続人であると主張した。彼女は裁判官に「私の愛する夫は、この子の優しい養育者でした」と訴えた。「私を妻として受け入れたのと同じように、その子を養女として本当に心から受け入れていたのだと、私は謙虚に理解しています」。裁判所は、ロスロップ夫妻が養育していたことを理由に、赤ちゃんがロスロップ夫妻の子どもであることを認め、ベシアにトーマスの遺産を使って彼女を養育する許可を与えた。[60]

もちろん、現代の養子縁組のプロセスは、ベシア・ロスロップが母になるまでの道のりや、私が10代の頃に抱いていた「簡単に家族が作れる」という素朴な考えとは、ほとんど共通するところがない。ひとつには、養子縁組にはお金がかかる。連邦政府のサービスである児童福祉情報ゲートウェイによると、国内の養子縁組は平均1万5000ドルから4万5000ドル、国際養子縁組は2万ドルから5万ドルだ。[61] もうひとつには、手続きに何年もかかることがある。ある学者は、養子縁組の仲介業者は、不妊に悩む人への売り込みに消極的であることを指摘する。生物学的に親になれないことへの悲しみが癒えておらず、養子を完全に受け入れる準備が調わないという懸念が理由だ。体外受精産業がそのような夫婦に熱心に営業を行なうこともあり、そもそも養子縁組を検討しない人が多いとも考えられる。[62]

おそらく最も難しいのは、近年、養子の倫理面が注目を集めていることだ。養子が出自を知る権利や、実親の権利、養親のセクシュアリティや人種に基づく差別、国境や人種を超越した養子縁組の潜在的な危険といった問題提起がなされているのだ。おそらくこうした理由から、アメリカにおける養子縁組の年間件数は2007年から14年の間に17％減少し、その後も減り続けている。[63] ある研究者グループは、養子縁組の減少が、体外受精や凍結保存などの生殖技術の進歩にうまく対応していると指摘している。[64] また、膨大な費用と倫理的な複雑さに直面し、生物学的に母親になることが長く好まれてきた社会では、不妊に悩む女性は、養子について「自分の子どもを持つほどの良さはない」、つまり血のつながった子どもを持つことの「次に良いこと」と思うようになったのかもしれない。[65]

「スーパーベイブ」の誕生

不妊の解決策として、倫理的に複雑でない体外受精が好まれるようになったのは、皮肉なことだ。私たちの歴史的記憶では、生殖の倫理をめぐる議論に大きく立ちはだかるのは、中絶である。1980年代に発生し、90年代に勢いを増したクリニック爆破事件、医師殺害事件、数十万人規模の「生命のための行進」を見れば、胚に関する政治問題として、中絶ほどホットな問題はないと思われる。しかし70年代初頭、体外受精の初期の実験は、少なくとも同じように物議をかもした。実験台の上で、血清の入ったシャーレに人間の胚を作り、それがいつか人間になることを期待する？　それは、多くの人にとって、とんでもないことだと思われた。体外受精は、人間の生殖に関する他の実験にも門戸を開くことになるのだろうか？　クローンやデザイナーズ・ベビーのような？　神の真似事に近づきすぎないか？　73年に最高裁が中絶を合法化した後、新たに増え続けるアメリカの中絶反対運動は、体外受精が人間の胚を破壊することを指摘し、74年に胚・胎児研究の禁止を議会で可決させた。一方で、科学者や医師たちは、その胚から生まれ得る子どもたちの危険性を強調した。ある科学者はワシントン・ポスト紙にこう語っている。「私が心配しているのは、このような実験がうまくいかなかった場合、すべての科学の進歩に影響が出ることだ。社会は、私たちに十分なゴーサインを出したのだろうか？」[66]

78年7月25日以降、社会は、ほぼ満場一致でそうなってしまった。その日、イギリスのグレーター・マンチェスター州にあるオールダム総合病院で、女の子の赤ちゃんが生まれた。ルイーズ・ブラウンの体重は5ポンド12オンス（約2600グラム）、10本の手足の指と、ぽっちゃりとした頬、そして力強い小さな2つの肺から発せられる泣き声。こういった事実は、何千年もの間、新米の親に喜びと安堵を与えてきたが、今回の場合は、両親も分娩を担当した医師も、9カ月間ずっとためていた息を吐き出したに違いない。ルイーズ・ブラウンは、体外受精で生まれた最初の赤ちゃんだ。ルイーズが生まれたというニュースは、瞬く間に世界を駆け巡った。ロンドン・イブニング・ニュース紙は「スーパーベイブ」と報告した。[67]ニューヨーク・デイリー・ニュース紙は「赤ちゃんは女の子。状態は『エクセレント』」と見開きの紙面で祝った。[68]

ルイーズ・ブラウンは最近、「もし私に何か問題があったとしたら、体外受精は終わっていただろう」と振り返っている。[69] しかしルイーズには何の問題もなく、ルイーズの完璧な姿は、体外受精に対するアメリカの抵抗感を一夜にして一掃した。ルイーズの誕生から数日後、全米の科学者たちは、ジミー・カーター大統領の時代に設立された、胎児研究に関する問題を検討するための保健教育福祉省の倫理諮問委員会に対し、体外受精研究の全国的なモラトリアムを解除するよう強く求めた。そして1年も経たないうちに、「たとえ胚がその後に壊されるとしても」胚の研究を行なうことが許可された。バンダービルト大学の研究者ピエール・スパートは、国立衛生研究所から37万5000ドルを受け取り、体外受精の「遺伝的リスクを立証する」ために、400個のヒト胚を受精、検査、廃棄した。[70]

胎児と胚の違い

体外受精は、アメリカで最も大切にされている2つの理想のはざまに押し込まれていた。ひとつは、200年にわたる血のつながった核家族への畏敬の念、もうひとつは、過去半世紀に高まりを見せた中絶反対運動の信条である、生まれる前から人の命は守られるという信念だ。体外受精に対する世間一般の認識は、前者が後者より大きく勝っていることから、血のつながった核家族がいかに私たちを支配しているか、そして血のつながった子どもを持つという期待がいかに女性を支配しているかが明らかだろう。2013年のピュー・リサーチセンターの調査では、アメリカ人の約半数が中絶は道徳的に間違っていると答えたのに対し、体外受精についてそう考えている人は12％しかいなかった。[71] 両者とも受精卵の破壊をともなう処置なのにである。アラバマ州の上院議員クライド・シャンブリスは、「胎児の生命の尊厳」を守るため、州内で事実上すべての中絶を禁止する「人命保護法」を提唱したが、体外受精で作られた胚を廃棄することに問題はないと明らかにした。「研究室の卵は当てはまらない。それは女性の体内にあるのではない。女性は妊娠していないのだ」[72]。

「体外受精の何が好ましくないかを説明するほうが、ずっと難しい」と、全米の中絶反対組織である「プロライフ・アクション・リーグ」の共同創設者アン・シャイドラーは認める。[73]中絶を求める女性の何が好ましくないかを説明するほうが、はるかに簡単なのだ。中絶を求める女性のほとんどはすでに母親であり（アメリカ疾病予防管理センターによると、中絶手術を受けた女性のうち10人に6人にはすでに子どもがいる）、その多くは後に母親になるという事実にもかかわらず、中絶は通常、母親になることを回避する試みという枠組みで語られる。[74]対照的に「体外受精は女性の母親としての役割については疑問がない」と、ラトガーズ大学の法学教授マーゴ・カプランは書いている。[75]体外受精の患者の平均像は、30代、既婚、大卒、裕福、白人の母親になりたい女性だ。[76]言い換えれば、150年以上にわたって権力者たちが心配してきた「空っぽの子宮」を持つ女性像であり、その健康状態の悪化や「妊娠を嫌う体質」が「国家の衰退」を引き起こすと言われてきたのだ。[77]受胎の瞬間からの人の生命の尊厳を主張する人々にとってさえ、体外受精の目的――子どものいない女性を生物学的な母親に変えること――は手段を、完全に正当化することはないにせよ、あいまいにしてきた。

不妊治療が数十億ドル規模の産業となったのは、人々が多額の費用や身体的な負担をもってしても、遺伝子を共有するわが子を望むからにほかならない。この欲求は、説明の必要がないほど一般的であり、強力なのだ。しかし、必要かどうかはさておき、説明は存在する。19世紀後半から20世紀にかけて、アメリカでは核家族化が進み、家族にとっても社会全体にとっても、子どもの出自が重要視されるようになったということだ。不妊に直面した女性が、並外れた痛みと悲しみを経験することは疑いもない真実であり、その痛みは、治療のために支払う多大な犠牲である。また、「実子を持つべき」という期待や「持たなければ欠陥がある」という考え方は、歴史や社会が私たちに課しているものであることも事実だ。

1944年、医師がいつ女性の子宮を摘出すべきか、どのように行なうのが最善かについての教科書をフィラデルフィアのジョセフ・プライス病院外科医長ジェームズ・ウィリアム・ケネディとマギル大学産婦人科准教授アーチボルド・ドナルド・キャンベルが執筆した。『膣子宮摘出術』という簡潔なタイトルのついた教科書には、女性が何世紀も前から骨身に沁みて知っていたことが明記してあった。「子宮の価値は、不妊性または受胎可能性によって推定される」[78]。子宮が受胎可能であるならば、女性の痛みや子を産む希望の欠如にかかわらず、医師は子宮の摘出を避けるために手を尽くすべきだと助言されている。その意味するところは、妊娠と出産という行為が、女性とその部位を価値あるもの、残す価値のあるものにしているということだ。

聖書に登場するサラは、90代で子どもを産むと告げられ、神の前で笑ったが、実際にサラは、その妊娠によって聖書に名を伝えられることになった。創世記の別の箇所で、ラケルがついに息子ヨセフを出産したとき、一番の感情は喜びではなく、安堵だった。「神は、わたしの恥をすすいでくださった」とラケルは言った。[79] ハンナは、サムエルを身ごもり、出産することで満たされ、育てる必要すらなく、乳離れするとすぐに神に委ねる。ブリジット・アダムスは、「卵子を凍結し、キャリアを自由にする」ために数万ドルの賭けに出て、うまくいかなかった自分を責めた。そして聖書の女性たちとブリジット・アダムスとの間に生きた無数の女性の苦痛は、社会からの憐憫や疑惑や軽蔑や非難によって、さらに辛いものになった。

体外受精はすべてを解決しない

グラハムの振動ベッドやホリックのマネキン人形の時代を経て、もちろん技術は進歩した。冷凍卵子から、そしてシャーレの上で人間を作ることができるようになったのは、純粋に素晴らしいことだ。それでも、体外受精などの不妊治療の成功率は比較的低いままだ。2019年にアメリカ疾病予防管理センターが行なった不妊治療クリニックの調査によると、37歳以下の女性のうち、体外受精を何度か繰り返して赤ちゃんを授かったのは、約半数にすぎない。38歳を超えると、成功率は劇的に下がる。[80] それでも、体外受精の存在は、私たちが語ってきた生殖に関する物語の未解決部分をきちんと整理してくれた。グリスウォルドとベアードの最高裁判決（1965年に既婚女性の避妊を、72年にすべての女性の避妊を合法化）、そしてローの最高裁判決（73年から2022年に覆されるまで、中絶は憲法上の権利であるとした）によって、私たちは、すべての女性に子どもを産まない選択ができると信じるようになった。卵子の凍結や体外受精のような技術によって、女性は自分の意志で子どもを産む選択ができるように見えた。子どもを産まない女性にとって、これは自分の人生について他人が抱く思い込みを覆す地殻変動だった。ある歴史家はこう問いかける。何世紀もの間、実際には子どものいない人生を選んでいたにもかかわらず、不妊と憐れまれた女性は何人いたのだろうか？[81]今日、私たちは逆の質問をすることができる。母親になることだけを望んでいるのに、喜んで意図的に子どもを産まない「チャイルドフリー」だと思われている女性は何人いるだろうか？

体外受精が特異なのは、赤ちゃんを切実に望む女性の腕に赤ちゃんを抱かせることを約束することではない。何世紀にもわたって、非公式または正式な養子縁組や里親制度や共同養育によって、子どものいない家庭に子どもが与えられてきたのだ。体外受精が本当に約束するのは、女性を生物学的な母親にすること、子宮に価値を回復させることだ。問題は、体外受精がその約束を果たさない場合があり、その失敗によって、女性が、選択肢が少なかった過去の時代よりも、さらに傷ついた気持ちにさせられることだ。多くの女性にとって、体外受精は神や科学（またはその両方）からの贈り物だ。その一方で、クレジットカードの支払いや自己注射用の注射器が詰まったバッグが手元に残るだけで、願いが実現できない人もいる。そして、必ずしも偶然ではない理由で、まったく手の届かない人もいる。不妊の謎を解き明かそうとする2世紀にわたる探究は、まだ部分的にしか実現されていない。だから、なぜ現代の女性が子どもを産まないのかと問うときに、何よりも明白でありながら最も無視されがちな答えがある。それは、高価な生殖医療を利用できないから、あるいはブリジット・アダムスが人生最悪の日に知ったように、利用できても産めない場合があるからなのだ。

6章　子を持つ以外の人生を歩みたいから

1974年、マーシャ・ドラット＝デイヴィスという教師が、CBSのドキュメンタリー番組『60ミニッツ』に出演した。今や半世紀以上にわたって全米のお茶の間で放送されている長寿番組だ。ドラット＝デイヴィスは32歳で、ロングアイランドで教師をしている。結婚相手のウォーレンという男性は、ギターで妻のことを歌にしていた。しかし、白人の中産階級に属するありふれた生活の裏には、ウォーレンとマーシャが誰にも、長い間、お互いにさえも言えずにいた秘密があった――子どもが欲しくないことだ。

結婚して間もない頃は、子どもを持つことは考えもしなかった。経済的に不安定な時期もあったし、2人とも自分の仕事を愛していた。しかし、71年に出版されたエレン・ペックの『赤ちゃんの罠』を読んだとき、マーシャは気づきを得た。本は、アメリカの主流に近づいていた「子どものいない人生」を送ることの利点について書かれた最初の論文だった。マーシャは「私たちは話し合う必要がある」とウォーレンに告げ、その本を手わたした。2人は、これまで恐ろしすぎて、自分の深い闇を互いに認められずにいたことに気づいた。『赤ちゃんの罠』を手にしたとき、そのすべてが明らかになったのだ。「私たちは、『そうだった、子どもを持ちたくないんだ』と思いました」。結婚生活に安堵の気持ちがもたらされたが、ほっとしたのもつかの間、新たな恐怖にさいなまれた――他の人に話すべきなのだろうかと。「まだカミングアウトしていませんでした。『これが私たちの選択で、私たちは満足しています。喜んでもらえたら幸いです』とは言っていません」。2人はその夜、CBSでその言葉を全国に伝えた。[1]

理論的には、60分番組の流れはシンプルだった。マーシャとウォーレンが子どもを持つ計画がないことをウォーレンの両親に告白する様子を撮影するというものだ。しかし実際には悪夢が展開された。夫婦が両親を招いて、真剣な話をするところをテレビの番組で放送したいと告げると、共産主義者かドラッグの売人にでもなったのかと心配された。もちろんそうではないが、真実はもっと悪かった。話が終わる頃には、ドラット＝デイヴィスは、秘密がそっちだったらよかったのに、と思っていた。

撮影は「2時間の試練」だったと彼女は振り返る。義父は、ウォーレンの育て方の何が間違っていたのか、どうしてそんな利己的な息子に育ってしまったのかと、疑問を大声で口にした。義母はすすり泣きながら、子どもを産むつもりがないのになぜマーシャはウォーレンと結婚したのかと尋ねた。[2] 2時間にわたる痛ましい会話と丁寧な説明は、放送時にはわずか数分に短縮され、ウォーレンが口を開くのはたった一度、父親に何かをささやいた時だけだった。マーシャは「だから、私は嫌な女そのものだった」と回想している。[3] 番組では、当事者たちの会話と、子どものいない若いカップルが自家用飛行機やヨットの窓から手を振ったりと、子どものいない若い夫婦がするものだと誰もが思っている利己的で贅沢なことをしている映像が組み合わされて放送された。40年近く『60ミニッツ』のアンカーを務めた伝説のニュースマン、マイク・ウォレスは、視聴者に、今日目撃したことについて謝罪してこのコーナーを終えた。「母の日にこれを放送するというひねくれた態度を許してください。皆さん、おやすみなさい」[4]。

「あなたは女性と名乗るべきではない」

マーシャの記憶では、これがとんでもないトラブルの始まりだった。泣き止んだ義母は、怒りと攻撃に満ちた詩を作るようになった。CBSのインタビューの翌朝、マーシャとウォーレンが目を覚ますと、義母の詩がドアの下に詰め込まれていた。「あなたがたの財産のすべてを誰に託しますか」と詩はつづられていた。「強盗、ジャンキー、ただのチンピラに」。締めくくりはこうだ。「われわれの子どもたちは結婚しているが、実際にはただの友達だ」。

放送の後、マーシャは教師の職を解かれ、15年間、代理教師のリストからも外されたという。夫婦は殺害予告を受け、飼っている犬も殺すと脅された。マーシャがロングアイランドの高校3年生を対象に、いつ、どのタイミングで子どもを産むかについての講演に招かれたとき（当時ロングアイランドでは、10代の妊娠が驚くほど増加していた）、抗議の人たちが外に集まり、警察の付き添いが必要になった。[5]「悪魔の妹が今日演説を行なう」と、抗議の看板には書かれていた。

「子ども嫌いを近づけるな」「子どもは恵みだ」。夫妻の隣人は匿名で手紙を送りつけ、「神を信じない、赤ん坊嫌いの女」がこの通りに住んでいることを残念がった。「あなたは女性と名乗るべきではない。女性が子どもを欲しがらないなんて不自然です」[6]。

この反発の強さに、マーシャは驚きを隠せなかった。「私は『出産促進政策』の意味も知らなかったし、編集のことも知らなかった。番組が放送されるまで、何も知らなかったんです」[7]。「出産促進政策（pronatalism）」は、オックスフォード英語辞典に「特に国家による、大家族を持つ習慣の擁護または奨励」と定義されている。この「擁護または奨励」は戦後のアメリカを席巻し、マーシャがその存在に気づかないほど、生活全体に浸透していた。義母の詩作はかなり奇抜な例だが、もっとありふれた形のものは、「母さんが作るまではスープじゃない！」というキャッチフレーズのキャンベルのCMのように、どこにでもあった。「だったら、私が昨日の昼食に作ったのは何だったの？」とマーシャは夫に皮肉交じりにたずねた[8]。出産促進政策が、家族の役に立つこともある。たとえば、子育てにかかる費用を支援する税控除や、フランスやスウェーデンのように手厚い出産休暇や産後のサポートを保証する政策などがそうだ。また、19世紀後半からアメリカで、30年代のナチスドイツで、70年代にかけてのソビエト共和国で行なわれた、出産促進政策の取り組みにともなう避妊と中絶の禁止などは、従わない人を罰することに重点が置かれている。

50年代から60年代にかけて、アメリカの女性は若くして結婚し、若くして出産し、100年にわたるアメリカの出生率の減少を逆転させた。第二次世界大戦後、血のつながった核家族を作ることは、ある歴史家の言葉を借りれば「国家の強迫観念」となった。「国家と自己のための唯一の救い」なのだ。[9] 70年代が始まると、マーシャ・ドラット＝デイヴィスやエレン・ペックのような若い女性たちが、自分たちの世代にとっての救いが何なのかを考え直した。70年、オランダのフェミニストたちは婦人科学会でピケを張り、北海の寒風にさらされながらコートを脱いで、腹に油性ペンで書いたスローガン「Baas in eigen buik（自分のお腹のボス）」を見せた。翌年、ドイツのフェミニストたちはベルリンでデモ行進を行ない、「子どもを持つべきか、持たざるべきか。その選択は私たちだけのものだ」と訴えた。ある歴史家は彼女たちを「拒否の世代」と呼んだ。[10]

神に処女を誓ったテオドラの一生

拒否は結果をもたらした。マーシャ・ドラット＝デイヴィスの『60ミニッツ』、オランダのフェミニストたち、ドイツのフェミニストたち、そしてペックの著書が、出産促進政策の醜い裏の顔を明らかにしたのだ。それは、子どもを産めという国家による圧力というよりは、産まない女性に対する怒りであった。その激しい怒りの矛先は、とりわけ、70年代から80年代にかけて「子どもを持たない選択をした」あるいは「チャイルドフリー」と呼ばれるようになった女性たち、つまり、堂々と公然と子どもを欲しがらない女性たちへと向けられていた。仕事や経済的な理由、家族のサポートがないこと、地球環境への義務感、妊娠しにくいことなどの理由で子どもを持たないことを説明するのは難しいが、単に子どものいない人生を送りたいだけなのだと説明するのは、最も難しいことだった。

しかし、この願望は今に始まったことではない。11世紀の終わり頃、イギリスのハンティンドンで、ベアトリクスという貴族が、子どものいない人生を望むようになる娘を産んだ。ベアトリクスと夫のオーティは、その娘をテオドラと名付けたが、この名前は定着しなかった。歴史上テオドラは「クリスティーナ」として記憶されているが、この名前は、「キリスト教徒」「キリストに従う者」を意味するギリシャ語の「christós」に由来する。クリスティーナ（旧テオドラ）が特別な存在であることは、胎児のときから両親には明らかだった。ベアトリクスが妊娠中、地元の修道院から雪のように白い鳩が飛んできて、寝室の窓に飛び込んできた。鳩は羽をたたんでベアトリクスの袖に入り、丸7日間、妊婦に寄り添っていた。ベアトリクスは1週間ずっと動かず、鳩はそっとなでると、「最初は膝に、次に胸に、心地よく、喜びをあらわにして休んでいた」。ついに鳩が飛び立つと、ベアトリクスは確信と安らぎを覚えた。ベアトリクスは、身ごもった子どもは「神様に喜ばれる存在になる」と、耳を傾ける人全員に伝えた。イエス・キリストも鳩に取り囲まれたことがあり、その鳩は実は聖霊であった。だから、これは良い知らせとしか言いようがない。テオドラ／クリスティーナが生まれる日、ベアトリクスは一日中教会で過ごし、「子孫への望みのために陣痛に耐えた」。そして、神の祝福を受けた美しい赤ちゃんが誕生した。

幼いころのテオドラは、ちょっと変わった性格をしていた。たとえば、「いけないことをしたと思うと、自分の柔らかい体を棒で叩く」。毎晩、ベッドに横たわりながら、「まるで見える人に話しかけるように」主イエスに話しかけ、誰にも聞こえないと信じていたようだった。同じ寝室だったきょうだいたちは、眠かったのか、彼女の考えを否定してからかい、もっと静かな祈り方を見つけさせようとした。14歳のとき、テオドラは生涯処女を守ることを正式に誓った。「この世で私が望むものは、あなたのほかにありません」と彼女は神に告げた。結婚もしないし、男に触れさせないと約束した。その結果、彼女は生涯子どもを産まないこととなった。

娘が神に立てた誓いはさておき、テオドラの両親は裕福な商人だったので、わが子の結婚を、他家と同盟を結び、ビジネスを発展させ、社会的地位を高める機会と考えていた。テオドラと同じような家に生まれた女性は、家族が選んだ男性と結婚し、家庭を持ち、夫に仕え、子どもを産むという伝統的な生活を送るのが一般的だった。なかには、中世の上流家庭の娘によくあることだが、親に持参金として払うお金や意志がなくなると、修道院に入ることもあった。テオドラにとって不運なことに、ベアトリクスとオーティには金銭的余裕があり、娘が修道院に入ることを望まなかった。夫妻は、テオドラがバートレッドという若い貴族と結婚するように仕向けた。テオドラは不満だった。「私は処女を誓ったのです」と、両親に訴えた。

結婚式の夜、テオドラの両親はバートレッドを娘の寝室に押し込め、ドアに鍵をかけた。翌朝、テオドラが処女でない輝きを見せていることを期待してドアを開けると、驚いたことに、テオドラは一晩中、新しい夫に貞操の美徳を説いていた。翌日の夜、バートレッドが再度結婚の目的を果たそうと、彼女の部屋に忍び込み、無理やり体を触ろうとしたが、テオドラはうまくタペストリーの陰に隠れてしまった。いらだった両親は、地元の神父を呼び、結婚と母になることの大切さを説いてもらった。神父はテオドラに指南を与えた。「処女だけが救われると思うな。多くの処女が滅びる一方で、多くの家庭の母親が救われることは、よく知られているとおりだ」。するとテオドラは言い返した。「多くの家庭の母親が救われるのなら、処女はもっと簡単に救われるはずです」。テオドラは神父と議論し、あらゆる聖書の引用に、真摯な推論で応えた。ついに神父はさじを投げ、肩をすくめて両親のところに戻った。テオドラは家を飛び出し、名前をクリスティーナに変え、何年も地元の修道士たちのところに身を隠し、両親を苦しめ、処女を誓ったことが冗談ではなく本気であることに気づかせた。結局、父親は娘が結婚を解消することを許した。地上の夫から解放されたクリスティーナは、マルキアテのクリスティーナとなり、イエスの花嫁となり、セント・オルバンズ修道院の副院長、学者、そして大勢の女性の弟子たちの指導者となった。[11]

クリスティーナの生涯を記した記録は、「聖人伝」というスタイルの伝記になっている。聖人伝は、ごく具体的な目的を念頭に置いて書かれている。カトリック教会に対して、その主題が聖人化されるべきだと主張するためだ。そのため、聖人伝は大げさな表現になりがちで、想像を絶するような信仰や善行が描かれる。男性であれば、自らを飢餓に追い込んだり、大金を寄付したり、沈黙の誓いを立てたり、ヘブライ語聖書の預言者に倣って、砂漠でひとりで暮らしたり、長時間裸で過ごしたり、といった具合である。[12]女性の聖人伝では、若くして処女を誓い、その誓いを守るために権力者や卑劣な男性に対して、英雄的な努力を繰り返す描写が多い。クリスティーナの場合のように、試練のひとつが結婚であることが多く、その際、聖人になるためには、自身の欲望だけでなく、彼女の身体に対する法的・宗教的権利を持つ男性の欲望もかわさなければならない。21世紀の読者にとって、クリスティーナのような聖人伝は、結婚して母になるという伝統的な道を避けることが、神への誓いという中世の完璧な言い訳をもってしても、いかに困難であったかを示している。子どものいない人生を送るというクリスティーナの決意は、900年後のマーシャ・ドラット＝デイヴィスと同じように、周囲の人々から嘆かれ、拒絶され、ひどく恨まれたのである。

宗教に人生を捧げること

その闘いの向こう側で手に入れた人生に価値を見出した人もいた。12世紀のドイツのベネディクト会系女子修道院長ヒルデガルト・フォン・ビンゲンは、神秘主義者、詩人、作曲家として名をはせ、植物学の論説や医学書、ヨーロッパ最古の音楽劇のひとつ『諸徳目の秩序（Ordo Virtutum）』に至るまで、あらゆるものを書いた。またローマ教皇と国王、そして神聖ローマ皇帝（のうち少なくとも1人）に助言した。ヒルデガルトはクリスティーナと同じように、高貴な生まれの女性として教育を受けたが、そんな身分の女性であっても、教皇や皇帝の耳に入ることはめずらしかった。ヒルデガルトは処女を誓い、母になることと結婚を放棄したことで、知的で影響力のある生活を送ることができたのだ。[13] クリスティーナは、処女を誓うことで、中世イギリス貴族の女性に課せられた伝統的な道から脱する数少ない方法を見つけることができた。そして、自分の選択を後悔するどころか、女性の追従者たちを指導し、同じ道を選ぶように励ました。

言うまでもなく、キリスト教において母であることは崇高なことだ。イエスを身ごもり、産み、育てたマリアは、4世紀ごろから、教会の教えの中で「天国の女王」とも呼ばれている。ただし信仰心の強い女性たちは、同じくらい以前から、マリアのもうひとつの特徴である処女性に注目してきた。マリアはイエスの母でありながら、神に選ばれてその子を身ごもったとき、処女であった。これは何百年にもわたって、日曜学校の授業を混乱させてきた事実だ。ローマ帝国から少なくとも19世紀アメリカまで、宗教に人生を捧げることが、女性にとって唯一社会的に受け入れられる代替案だった。処女であれば子宮は空っぽのままなので、彼女たちは独自に定義する母親像を創り出し、地域社会のための慈善活動や宗教活動を行なうことでその在り方を確立していった。19世紀のフランスのカトリック修道女、リジューの聖テレーズは、姉への手紙に「カルメル会としての私たちの使命は、何千もの魂を救う母となる福音的な働き手を形成することです」と書いている。[14]

クリスティーナと同じように、エレン・ペックもまた、伝統的ではない生き方を通じて追従者たちを導いている。ペックは、マーシャ・ドラット＝デイヴィスに子どもを持たない人生を考える許可を与えた本『赤ちゃんの罠』の著者であり、マーシャ・ドラット＝デイヴィスと同様に、ゴールデンタイムのテレビで騒動を起こした存在だった。71年、ペックは当時みんなが見ていた番組である『トゥナイト・ショー』に出演した。司会者であるジョニー・カーソンの艶やかな木机の脇に座ったペックの姿は、ひときわ目を引いた。ファラ・フォーセットのような前髪のある長いブロンドの髪、黒のアイライナーで引き立たせた青い目、ブリジット・バルドー似だと評判の顎のラインと頬骨——彼女は魅力的だった。[15]だが、その容姿が視聴者に与えた好感は、すぐに消え失せてしまった。会場の参加者からブーイングが飛び交い、司会者のカーソンは笑顔を決めこんだ。ペックは、何百万人ものアメリカの視聴者がリビングルームで見守るなか、「意図的に子どもを産まない」という主張を展開した。ペックが「チャイルドフリーな人生」と呼ぶ生き方だ。[16]

ペックは、マーシャ・ドラット＝デイヴィスと同じく教師だった。メリーランド州ボルチモアのピムリコ中学校で8年生の英語を教えていた。同校同窓会のフェイスブックページは、若くてクールでミニスカートの似合う教師として、ペックのことを懐かしく振り返っている。ペックは、生徒のドレスコードに違反するほど短いスカートで授業をしていたそうで、ある投稿者は「男子はみんな彼女に夢中だった！」と回想している。またペックは、優秀な文法の教師であり、ある卒業生は、ペックの授業のおかげで、ある10年生の教師（ペックよりはるかに印象が薄い）との議論に勝つことができたと語っている。[17] ペックが69年に出版した初の著書『10代の男の子をゲットする方法、そしてゲットした後のアドバイス』は、10代の女の子に向けた美容と恋愛とファッションに関する不真面目な指南本で、この本によってペックは、「最高にクールなお姉さん」という評価を確立した。その2年後、ペックは『赤ちゃんの罠』で全米の有名人になった。初版の1万部はわずか10日で完売した。[18]

「親になることは大人になることの正反対」

『赤ちゃんの罠』は、私たちの社会では「赤ちゃんが強調される分、大人は軽視される」と指摘する。女性が目的（種の増殖）の手段と見なされる限り、それ自体が美しく、生き生きとしていて、価値があるとは見なされない。男性を単なる提供者と見なす限り、人間未満の存在だと見なされるかもしれない。[19]残念ながら、この理にかなった有用な社会批評の断片は、この本に散見される他の見解の数々に埋もれてしまい、多くの読者はそこに到達する前に敬遠してしまうかもしれない。『赤ちゃんの罠』は、ペックの夫との60ページにわたる海外旅行の物語から始まる。「南仏の道端でトリュフ風味のハム、果物、ブリオッシュ、冷えたシャンパンで」ピクニックを楽しみ、「ブルゴーニュ地方の洞窟でシャンベルタンの黒ワインを味わい」、フレンチリビエラでピカソ美術館を散策し、「ルツェルン、パリ、ジュネーブ、バルビゾン」の個人美術館を訪れる。「私たちはマルク・シャガールに会ったのです」と、ペックはさわやかに付け加えた。[20]

こういった冒険を可能にしたのは、子どもを作らないことでお金を貯めたからだとほのめかし、単なる金持ちなのだろうという憶測を一蹴している。また、「私が話した中で、子どもがいない女の子のほうが、ほとんど例外なく、かわいく、会話しやすく、自覚を持ち、生き生きとしていて、刺激的で、満足している」[21]といった乱暴な一般論も、読者にとって乗り越えなければならない壁である。そして、「30歳なのに18歳に見える」というロリという女性が、そのとき付き合っていた既婚男性とアゾレス諸島へ旅行するような話にも耐えなければならない。ロリの既婚の恋人は、もちろん全員が子持ちだ。「確かに、みんな子持ちの男よ」と、ロリはペックに説明した。「子どもがいない男は、自分の妻をまだ愛してるから」[22]。

エレン・ペックは、人を怒らせるのが得意な人だった。たとえば、72年の母の日の前日に、母性という制度に対する追悼文を書き、それがニューヨーク・タイムズ紙に掲載された。「かつて、子どもを持つのには正当な理由があった。それは必然だった。他にやることがなかった。人類の生存は人間の繁殖力に依存していた」。こういったことは、もはや事実ではない、とペックは続けた。ホルモン剤による避妊が存在し、女性には他にさまざまなことができる機会があり、地球は当時40億人という驚異的な人口に悲鳴を上げていたのだ。ペックはユーモアを交えずに、「母性は70年代初頭のどこかの時点で死んだ」と断言した。そして「親になることは、今日、大人になることの正反対のように思われる」とも主張した。こういった発言が、保守派や伝統主義者の新たな友人の獲得につながらないのは当然である。そして、フェミニスト界でも好意的に受け止められなかった。[23]

母親のためのフェミニズム

ペックと似たようなタイプの70年代初頭のフェミニストたちの多くは、母親であることを盾にしていた。母親であることによって自分たちの運動が理解され、尊敬されるようになると考えていたのだ。ベティ・フリーダンが『新しい女性の創造』に書いたように、歴史上多くの女性活動家が母親であったという事実は、フェミニストは「腹を立てたじゃじゃ馬」だという固定観念を否定するものだった。[24] 当時の多くの人にとって、子どものいない女性は、「問題の兆し」としか思われていなかった。子どものいない女性は、職場と家庭の女性支援に社会が失敗している証拠だったのだ。だから、母親になることを難しくしている家父長制の枠組みを何とかすることのほうに、はるかにエネルギーが注がれた。男性の医師や男性による病院での分娩を女性中心の自然分娩に置き換えること、公共の場で母乳を与える権利を要求すること、産休やユニバーサルデイケアといった働きながら子育てができる政策を提唱することが、すべての女性が母親になるべきか、あるいは全員が母親になりたいか、という問題よりもはるかに優先されていたのだ。ジャーナリストのエレン・ウィリスはミズ誌の『赤ちゃんの罠』の書評で、ペックを「傲慢」と呼び、彼女の「チャイルドフリー」という枠組みがフェミニストの目的に反していると主張した。ウィリスは、「チャイルドフリー」という言葉そのものが、母になることが、それを避けることができない愚かな女性だけのものであることをほのめかしていると論じた。[25]

有色人種コミュニティ内の産児制限のために計画され、政府が運営し、社会的にも承認されたプログラムが、1世紀にわたって実施されてきた。強制不妊手術から、戦略的に配置された公立避妊クリニック、先住民の子どもを家族から引き離して欧米文化に「同化」させる全寮制学校――こういったコミュニティ出身のフェミニストは、白人女性よりもさらに、母親になることを捨て去ろうという気持ちが薄かった。母親になる権利、子育てをする権利こそが、彼女たちの政治的主張の中核だったのだ。69年、ニューヨークのハドソン・バレーに住む黒人女性グループが論文を発表し、母になることは白人が考えるような抑圧的な仕組みではなく、パワーの源であると主張した。「女性の体は、種族の未来を受け取り、育み、生み出す、本質的に強力なものだ」。[26]母になることの価値を真っ向から否定し、子どものいない人生の華やかな恩恵にあずかるペックは、こうしたフェミニズムの流れに逆らうものだった。ボルチモア・サン紙の記者がペックにフェミニストとの関係について質問したとき、ペックは一瞬動きを止めて「うっすらとほほ笑んだ」。そしてこう言った。「フェミニスト活動のメンバーのなかには、私を残念に思う人もいます[27]」。

ペックの場合、一般大衆への主義主張の売り込みも、それほどうまくいかなかった。ペックが挙げた子どものいない生活の利点は――具体的には、セックスの良さ、可処分所得の多さ、休暇が頻繁に取れること、そして夫婦でカリブ海の離島に3番目の家を建てたこと――まるで、共感を最小限に抑えるために選んだのかとさえ思える内容だった。[28]とりわけ相性が悪かったのは、71年にジョニー・カーソンの番組の収録でNBCスタジオに集まった聴衆たちだ。数年後にカーソンはあるインタビューで回想した。「彼女が出ていくまで彼女をリンチにかけそうな勢いでした。彼女はただ、正直な意見を言っただけなんです。結婚して赤ちゃんを育てること以外にも人生にはできることがある、と。さながら、〔彼女が〕母になることに反対し、星条旗やケイト・スミスや名犬ラッシー的なイメージに反対しているかのような反応でした[29]」。

「ノンペアレンツ・デイ」

ペックの組織である「非親のための全国組織（NON）」は、8月1日を「ノンペアレンツ・デイ」と定め、趣向を凝らした式典を開催した。74年、ニューヨークのセントラルパークで行なわれたイベントでは、頭からつま先まで銀色のスパンデックスをまとった3人の女性が、1本のフルートの音色に合わせて踊る「不妊の儀式」のダンスが行なわれた。イベントの目玉は、SF作家のアイザック・アシモフが若い男女の頭に月桂樹のリースを載せる「ノンペアレンツ・オブ・ザ・イヤー」賞の授与式だ。その年のノンマザーとノンファーザーは、大使となって、子どものいる大衆に立派なノンペアレンツを紹介し、まだ子どものいない人に、子どものいない人生の素晴らしさを宣伝するのだ。

その年のノンマザーは、5年前に運命の卒業演説で一躍有名になった「未来の母親候補をやめた」ステファニー・ミルズだった。この5年の間に、ミルズは『産児制限の喜び』という薄い本を書き、彼女を有名人にした「環境に配慮して親にならない」というスタンスからは距離を置いていた。「ノンペアレンツ・デイ」の前夜のパーティで、ペック(「裸足で白いガウンを着た天界の人のよう」とゲストのひとりが記している)はミルズに、親にならないことで得られる社会的利益について発言するよう求めた。しかし、ミルズは断った。卒業式のスピーチの後、子どもを持たないことは、単に自分らしい生き方ができることなのだと気付いた、と説明した。ペックは少し焦って、こう尋ねた。「でも、以前言っていたような素晴らしいことは言えませんか? たとえば、『私たちは存在を消すかのように繁殖している』とか?」いいえ、とミルズは答えた。

その年のノンファーザーに選ばれたのはダン・ウェイクフィールドという小説家で、ペックはこの男性にもがっかりさせられた。ウェイクフィールドはそもそも、受賞そのものをためらっていて、ペックに「親にならないことが祝福されるべきことなのか、親でないことが差別の対象になるのか、まったく確信が持てない」と告げていた。ウェイクフィールドの揺れる気持ちは、受賞スピーチからも見てとれた。翌日、セントラルパークでマイクを握った彼は、こう話した。「私は、たとえば、宇宙飛行士や父親になるのにふさわしいとは思っていません。ただ、その両方で成功する能力に欠けているからといって、人として足りないのだとは思いません」。ウェイクフィールドは、ペックやドラット＝デイヴィスやミルズ、そして子どものいない女性たちがすでに知っていたことを素早く学習していた。つまり多くの人が、子どもがいないことを人として足りないと考えているということだ。「新聞を開いて、きみがノンファーザー賞に選ばれたと知ったとき、どんな気持ちがしたか教えようか？」このイベントのAP通信の記事を見た友人がウェイクフィールドに伝えた。「親しい友人のひとりがナチ党員になったと知ったような気分だったよ」。ウェイクフィールドは、親にならないことは、「デリケートなテーマであることが判明した」と最終的に認めた。[30]

ZPGとNON

「ZPG（人口増加ゼロ）」の事務局長であるシャーリー・ラドルがエレン・ペックとの提携を模索したのは、こうしたステレオタイプがあったからだ。70年代初頭、ラドルは多忙な日々を送っていた。全国の州議会で中絶法の自由化を主張し、ほころび始めていた環境保護主義者とフェミニストの同盟の糸をつなぎとめようとしていた。また彼女は、人口増加がもたらす環境への悲惨な影響について話し続けることはできても、子どもを持たない友人がナチス呼ばわりされるようでは、どうにもならないとも知っていた。

ラドル自身も母親だったが、母親になって後悔していることを公然と語っていた。子どもたちを愛しているのは確かだが、母親業が好きではなかったのだ。子どもを持つと喜びや充実感、神聖な目的意識が得られると言われているが、それよりも、母になることは「憤り、敵意、激怒」の源であり、家庭を築く前に結婚生活を破壊するものだと感じていた。彼女は、ペックの組織である「NON（非親のための全国組織）」に共同リーダーとして参加することに同意した。ラドルは、ペックやNONと力を合わせることで、子どもを持たないこと自体が選択肢として正当化されることを望んでいた。ナチスになるのでもなく、将来への懸念や環境保護活動への義務から選んだだけでもない。ラドルとペックは、親にならないことを、単に自分がやりたいからできるものにしたいと考えていた。[31]

ペックとラドルを中心とするNONは、ひとつの敵に対抗するため手を結んだ。それは子どもでも親でもなく、アメリカ社会のいたるところに見られる出産促進政策のイデオロギーだ。出産促進政策は、結婚を赤ちゃんを産むための取り決めに縮小してしまい、女性に2種類のアイデンティティしか与えない。未来の母親か、実際の母親かだ。NONは、ただ存在するだけで、親にならないことが有効なアイデンティティであり、それを他人と共有してもよいのだという過激な主張をした。外部の人は、NONを悪魔崇拝から「コウノトリの悪口」まで、あらゆる言い方で非難し、憎み続けた。[32] しかし、参加した多くの人にとって、それは人生を変えるものだった。NONのメンバーは、他の人には子どもの学校がある日の前夜に飲み会で集まり、大人限定のリゾートで一緒に休暇を過ごし、互いの選択やライフスタイルを認め合い、再確認した。

75年、NONの年次大会でマイクを握った67歳の女性は「これは私がずっと待ち望んでいた運動です」と言った。「私は、親に孫の顔を見せなかった罪悪感に苦しみました。そして、子どもを持つことで社会にとって正しいことをしていると考える独善的な人たちの嘲笑に苦しんできました。このような団体にできるのは、子どもが欲しくない人たちが感じる罪の意識と自意識の苦しみを取り除くことです」[33]。NONを見つけたことが、マーシャ・ドラット゠デイヴィスと夫ウォーレンにとっても大きな変化となった。ドラット゠デイヴィスは回想録にこう記した。「私たちは、もはや『子どものいない夫婦』だとは思っていません。私たちは『チャイルドフリーの家族』なのです」[34]。

チャイルドレスからチャイルドフリーに

ドラット゠デイヴィス、ペック、そしてNONの多くのメンバーに、この小さな言葉の変化が大きな影響を及ぼした。「チャイルドレス」という言葉は、自分たちの家庭が家族ではない、女性として何かが欠けている、という欠落を意味する。「チャイルドフリー」は70年代初頭に登場した言葉だ。誰が言い出したのか定かではないが、『赤ちゃんの罠』にはこの言葉があちこちに登場し、NONのパンフレットやマーケティング資料にもこの言葉が散見される。70年代の半ばには、この言葉は学術出版物に登場し、多くの場合、「自発的に子どもがいない（voluntarily childless）」や「選択によって子どもがいない（childless by choice）」といった、重たい修飾語の代わりに使われていた[35]。「子どもがいない（less）」を「子どもから自由になる（free）」と置き換えることで、子育てをしない人生を正常化し、祝福さえするのだと、NONの指導者やメンバーは考えた。「子どもがいない（less）」という言葉が、その人の哀れな欠落を意味するとしたら、「子どもから自由になる（free）」という言葉は、自分が選択するような響きがあり、もしかしたら、シュガー「フリー」ガムが虫歯を防ぐように、オリジナルよりも改善されているようにさえ感じられる。「子どものいない夫婦」を「チャイルドフリーの家族」に変えるという機転は、「チャイルドフリー」を、自分を表す言葉として迎えた人たちにも大きな変化をもたらした。

それでもNONの会員数はまばらで、極めてニッチな存在だった。82年に正式に解散した時点では、全世界で2000人強の会員がいたに過ぎない。ほぼ全員が白人で、中産階級以上の既婚者かつ異性愛者だった。[36] NONのメンバーの多くにとって、「チャイルドフリー」は極めて特別な意味を持つ言葉だった。それは、無限にある選択肢の中から選んだ人生であり、喜びと安堵を同時に感じられる居場所であった。ホームドラマのような家庭が欲しいのか、それともリビエラでシャンパンを飲みたいのか。不妊やパートナー探しの難しさ、仕事上の優先順位や経済的な理由で子どもが産めないといった、苦悩が居座る場所はそこにはなかった。

不思議なことに、他の非伝統的な思想にも入るすき間を与えなかった。NONは、60年代から70年代にかけてアメリカ社会を席巻した女性解放運動、公民権運動、労働保護運動、社会正義運動、環境保護運動とは異なり、大きな社会的変化を求めていたわけではなかった。家庭生活を壊したり、家庭内での男女の役割を変えたり、アメリカの特権と不公正のシステムを根本的に変えることを望んでいなかったのだ。ペックのようなチャイルドフリーの活動家は、子育てを強制されることに限定して批判を行ない、核家族に通常は要求される子どもを持たなくても、中産階級以上の個人が尊敬に値する人間でいられる権利を主張した。[37]

アン・リーとシェーカー教徒

多くの点で、アメリカの長い歴史の中でNONが注目されるのは、子どもを持たないことへの賞賛ではなく、NONの小規模な保守主義のほうである。18世紀には、アン・リーという女性も反出産促進運動を立ち上げたが、目的は保守的とは言えないものだった。彼女はすべてを焼き尽くしたかったのだ。リーは1736年、イギリスのマンチェスターで労働者階級の家庭に生まれた。22歳のとき、彼女はクエーカー教徒の中でもニッチな宗派であるシェイキング・クエーカー（シェーカー）教徒に加わった。彼らは、祈るたびに体を震わせて恍惚とした表情を浮かべ、震えは聖霊が自分たちの体から罪を取り除いた結果だと信じていた。

しかし、リーはさらに一歩進んで、完全な聖性、完全な純潔を達成する真の方法は、夫婦間のセックスや子孫を残すためのセックスを含むすべての性的関係を放棄することだと教え、小規模ながらも信者のグループを増やしていった。リーは信奉者たちにこう教えた。「肉体の結婚を捨てなければ、小羊と結婚することはできないし、キリストの復活を共にすることもできない。なぜなら、キリストの復活にあずかるにふさわしいとみなされる人々は、結婚することも、婚姻関係にあることもできないからだ」[38]。後にリーはマザー・アン・リーとして信者たちに知られ、歴史に名を遺すことになるが、彼女は生物学的な意味でのマザーになることに興味がなかった。そして、他の人々もこの制度全体を考え直すべきだと信じていた。

リーは幼い頃から性的なもの、特に自分自身の性に嫌悪感を抱いていた。そして、「イエスの花嫁」となったクリスティーナのように、父親に必死で働きかけて、独身で子どもを産まないままでいられるように頼み込んだ。クリスティーナの生きた時代からリーが生きた時代までの6世紀の間に、イギリスはプロテスタント宗教改革を経ていたので、リーには、カトリックの修道女になる選択肢はなかった。しかし、12世紀の頃と同じように、リーも神に仕える女性として、そして精神的な指導者として、生涯独身であることの美徳を、修道女だけでなくすべての人に説きたいと考えていた。その考えは、クリスティーナの父親と同様、リーの父親にも伝わり、リーは26歳でエイブラハム・スタンレーという男性と結婚することになった。

この結婚は、当然のことながら不幸なものであり、アンとエイブラハムは互いに憎み合った。リーに義務づけられた性的関係と、その結果によって、事態はさらに悪化した。リーは、危険な妊娠・出産を4回経験したが、子どもは全員が幼少期に死亡した。生殖の試みがもたらした肉体的、精神的な傷は、彼女のセックスに対する考え方が正しいことをさらに確信させるだけだった。それは単に気持ち悪いとか、汚れているとか、神を不快にさせるだけではない。女性の身体を破壊し、命を脅かし、選択肢をせばめるものだったのだ。[39]

イギリス当局は、さまざまな宗教上の罪でリーを繰り返し逮捕し、投獄した。たとえば、安息日を破り「悪魔のように踊り、奇妙な言語で叫」んだ、聖公会が厳格に禁じているのに女性が説教を行なった、昔ながらの神を冒瀆した、などの理由である。[40] リー本人の話によると、逮捕しようとする当局に72種類の異なる言語で4時間話し続け、困惑させたことがあるという。リーは、燃えさかる木の幻を見て、異端のキリスト教徒が自由に活動しやすいアメリカへ教会を移すようにというメッセージを受け取った。リーと夫のエイブラハム、特に忠実な信者7人は、1774年にニューヨークに降り立った。エイブラハムは到着するとグループを放棄したが、リーはくじけなかった。残された信者たちとともにアルバニー近郊の土地を借りて仕事を始め、できたばかりの宗派や共同体の試みが幅を利かせる18世紀末のアメリカの宗教界で、たちまち頭角を現した。[41]

リーのシェーカー教徒のコミュニティが一線を画していたのは、男女平等という原則だ。リーは、アダムとイブの物語の教訓は、多くの人が理解しているように、女性は弱く不従順で、欲望の前には無力で、男性の安定した支えが必要、というものではない、と教えた。そうではなく、神はアダムとイブが人間であることの罪を平等に赦した。そして平等に赦されたことによって、神の目から見た2人の地位が同等になったのだと。リーが結婚を否定するようになったのは、この信念によるものだ。結婚という制度は、妻を夫が「所有」することになり、男女平等を求める神の願いに真っ向から反する、とリーは考えていた。シェーカーの教義では、救いに至るためには、男性は「優越感と所有欲」、女性は「劣等感と従順さ」を克服しなければならないとされていた。シェーカー教徒のコミュニティでは、女性も男性も権威と権力を持つ立場にあった。[42]

シェーカー教徒は厳格な独身主義を掲げ、それを維持するための細やかな規則に従って生活していた。シェーカー教徒の女性と男性は、一対一で話したり、2人だけで歩いたりすることが禁じられ、子どもは大人の監視なしに入浴ができなかった。階段ですれ違ったとき、女性は脇に寄るように命じられたが、これは敬意を表すためではなく、男性と体が触れるのを防ぐためだった。「一緒にいて、少しでも本能の興奮を感じたら、すぐに相手から離れて、その不潔な精神に抵抗すること」と規則で戒められていた。[43] このように、セックスに関して厳しいルールがあったので、新しいシェーカー教徒が誕生することはできなかった。コミュニティを拡大するには、勧誘するほかなかった。

「私たちの仲間になりませんか！　セックスも、子どもも、親密な関係も持てません！」とは、あまり良い売り文句には聞こえないが、リーとシェーカー教徒は当初、新入りを獲得するのに苦労をしなかった。とりわけ女性を惹きつける力が強く、特に大人になったばかりの女性に人気があった。当時は結婚してセックスをし、子どもを持つことが、社会が期待する最優先事項だった。20歳未満のシェーカー教徒の人数は、男女比が均等だったが、20歳から45歳の出産・子育て適齢期には、女性が男性をほぼ3対1で上回っていた。シェーカー教徒のコミュニティは、リーと同じく、別の生き方を求める出産適齢期の女性たちの隠れ家だったようだ。子どもを産むことを全面的に禁止し、子育てにともなう多くの家事から解放されることは、入信した多くの女性にとって、シェーカー教徒の生活の魅力だったのかもしれない。[44] ある推定によれば、１８６０年代初頭のピーク時には、北東部と中西部の約20のコミュニティで４０００〜６０００人のシェーカー教徒が暮らしていた。しかし１９００年には８５５人にまで減少し、そのほとんどが高齢者だった。時代の流れに改宗が追いつかず、最終的にはシェーカー教徒が新しいメンバーを産み出すのを嫌うことが裏目に出た。[45]

「ウィメンズ・ランド」コミュニティ

シェーカー教徒が全盛期を迎えてから100年後の70年代初頭、新しいジャンルの分離主義コミュニティが、セックスの排除からさらに前進して、男性を完全に排除することを目指した。60年代のフェミニズムの大動乱は、アメリカの主流派に属する多くの女性たちに、ジェンダーの不平等と抑圧を知らしめることとなった。また、説得を受けて、文化や法律が不平等と抑圧を支えている社会にはもう住みたくないという女性も現れた。レズビアンの分離主義者たちは、アメリカやカナダに家屋や広大な田舎の土地を購入し、「ウィメンズ・ランド（女性の土地）」コミュニティを設立した。そこでは、すべての女性が歓迎され、男性（時には男児さえも）は拒絶された。〈ガター・ダイクス〉がバークレーに、〈ラディカレズビアン〉がニューヨークに、〈フューリーズ・コレクティブ〉がワシントンDCに、〈ゴーゴンズ〉はシアトルに住居を構えた。また、オレゴン・ウィメンズ・ランド・トラストを設立するために、オレゴン州南西部の広大な土地が購入された。

あるグループは、マンハッタンに女性限定の生協「ニューヨーク・レズビアン・フード・コンスピラシー」を設立した。バンを運転する絶対菜食主義者《ヴィーガン》のグループは、自分たちを「バン・ダイクス」と名付け（彼女たちはすべてのアメリカのレズビアンたちがいずれこの別名を採用することを望んだ）、70年代にはコミュニティからコミュニティへと飛び回り、ウィメンズ・ランドの北米での境界線を刻んだ。2009年、ラマール・バン・ダイクは記者にこう語った。「仲間はあらゆる場所にいた。ウィメンズ・ランドは、ノースカロライナ、フロリダ、テキサス、アーカンソー、ニューメキシコ、アリゾナ、カリフォルニア、オレゴンに多数あった。ウィメンズ・ランドを拠点にすれば、全国を回ることができた……世界中を」。レズビアン史の研究者の推定によると、ピーク時には、全米のウィメンズ・ランドの土地に「数千人」が住んでいた[46]。

　レズビアンの分離主義は、アメリカの女性運動にとって急進的な新時代を象徴するものだった。１９６６年に全米女性機構（ＮＯＷ）を設立したベティ・フリーダンは、グループの目標は「女性が結婚と育児と仕事を容易に両立することを妨げる条件」を見直すことだと明言した。これを作家のレベッカ・トレイスターは「革命的なビジョンだった（そして今も！）」と指摘する。「しかし、すべての女性の人生に結婚〔とりわけ男性との結婚〕と子どもがこの順番で含まれる（べき）とは限らない、という認識が微塵もなかった[47]」。

　それは戦略でもあった。女性は妻であり母でありたい、加えてキャリアも欲しいというだけだ、というメッセージに政治的安全があったのだ。結婚と母になることを望まない女性は、脅威だった。69年、フリーダンは活動中のレズビアンを「ラベンダーの脅威」と呼んだと伝えられている。これは、共産主義とそれがアメリカ社会にもたらす脅威を表す冷戦時代の用語「赤の脅威」にちなんだものだ。フリーダンは、女性運動におけるレズビアンの存在は、自分たちの政治的主張を否定する口実を反対派に与えてしまうと考えていた。それでは、反対派から「政治的、法的な平等を求めているわけでも、働く母親への支援を求めているわけでもない。ただ男を憎んでいるだけだ」と言われる可能性があったのだ[48]。

しかし、フューリーズやラディカレズビアンのようなグループは、男性との性的・恋愛的な関係を否定することは、女性活動の脅威にならないと考えていた。それどころか、フェミニスト運動の政治的一貫性を保つために必要だと見ていた。70年、NOWの第2回女性団結会議のステージに、ラディカレズビアンのメンバーたちが、胸に「ラベンダーの脅威」とプリントした紫のTシャツを着て乱入した。メンバーたちは、「私たちはみんなレズビアンです！」「レズビアン主義は女性解放の戦略です」といったスローガンを書いた看板を掲げていた。フューリーズ・コレクティブは72年に、レズビアンであることは「性的嗜好の問題ではない」と、声明を出した。「むしろ政治的選択の問題だ。女性として自己となり（woman-identified）、それによって男性優位を終わらせるためには、すべての女性が選択をすべきなのだ」[49]。今日、私たちは一般に、セクシュアリティをその人のアイデンティティの一部として理解しているが、70年代の一部のフェミニストにとって、女性とだけ性的な恋愛関係を持つことは、政治的なメッセージの体現でもあったのだ。ジル・ジョンストンは73年に出版した著書『レズビアン・ネイション』にこう記した。「レズビアンは、自身を自由にする、個人的そして政治的に団結する女性である……この定義によれば、レズビアンは抵抗の前衛なのだ」[50]。

前衛であるためには、単に男性を断つだけでは不十分だった。ウィメンズ・ランドなどのレズビアン分離主義者コミュニティに参加した女性は、メンバーになる前に出産した場合を除いて、子どもを産んで母になることを犠牲にしていた。現在では男性との性交渉なしに実子を持つことが、ドナーの精子による授精によって可能だが、73年に連邦法が精子ドナーに親権がないことを明確化するまで、アメリカでは法律上不可能であり、90年代前半まではごく稀だった。[51] 当時のメンバーの一部にとって、母親になる道から外れることは、意味のあることであり、神聖な制度を捨て、女性に何が期待されているかを疑い、社会的規範を無視することでもあった。ラマール・バン・ダイクが言うように、「私たちは好きなことをしていた」のだ。[52]

「非親のための全国組織（NON）」は、初期の頃は、子どものいない人をサポートし認める活動に加えて、多大な注目を集めることでも成功した。最盛期の会員数が3000人という組織だが、メディアでの露出の多さは目を見張るもので、コスモポリタン、グラマー、タイム、ニューズウィーク、ニューヨーク・タイムズ、ニューヨーカー、『60ミニッツ』、『トゥデイ・ショー』など、重要なメディアで何百もの特集が組まれた。しかし残念ながら、その大半は否定的なものだった。ボストン・グローブ紙の強烈な風刺記事は「ついに、子どものいない大人を社会のヒーローにするための組織が設立された」と訴え、さらにこう皮肉った。母の日と父の日は「チャンプス・デー（チャンプは「まぬけ」「カモ」の意）と呼ばれるひとつの祝日に統合される」[53]。タイム誌では、NONの理念に同調的な筆者でさえも、彼女たちの「幼稚」で「子どもを持たないというしばしば子どもじみた信条」を嘆いた。この筆者は「この件に関する文化的偏見が非常に強い」と認め、「夫も妻も親にならない選択がままならない。自分勝手で、浅はかで、神経症だという烙印を押されるとわかっているからだ」と論じた。その上で筆者は、NONが思いつく最高のスローガンが「none is fun（いない、は楽しい）」であること、ペックが「自由で華やかな生活の邪魔だという理由で母親になることを軽視している」のは、残念としか言いようがない、と続けた。[54]

広報戦略に難があったNONは、1974年、ペックに代わってキャロル・ベイカーを組織のリーダーに採用した。10代の息子を2人持つベイカーをトップにすることは、NONの社会的評価を和らげて拡大し、メッセージを広めてくれる資金提供者の好感度を上げることを目的としていた。76年、ベイカーはロックフェラー兄弟財団に接触した。環境と人口過剰に取り組む団体に助成金を出した実績のある慈善団体だ。部屋に集まったロックフェラー兄弟財団の代表者たちを前に、ベイカーは、「NONは出産促進主義との戦いを望んでいる」と語った。親になることは義務ではなく、選択肢のひとつであるとアメリカ人に教えることは、ノンペアレンツの生き方を向上させ、さらには多くの人にとって今も懸念事項である人口増加を遅らせるのに役立つ、とベイカーは述べた。

ロックフェラー兄弟財団は、出産促進政策の悪影響に関するNONの懸念を共有したが、この団体の方策には躊躇した。会議の後にベイカーに渡したメモにはこう書かれていた。「子どもや家族に関して言えば、アメリカ人はまだ昔ながらの伝統を軽んじるようなユーモアのセンスを持っていない」。財団は、NONがブランディングの見直しや「もっとプロフェッショナルなイメージ」を作る努力など、大きな変化を遂げることに同意した場合のみ、NONの出産促進政策反対への取り組みを支援すると書いた。ベイカーはその条件にすべて同意した。NONは、「『旗振り』から離れる準備ができている」と、セントラルパークで行なったスパンデックスに身を包んだ「不妊ダンス」のことを指して断言し、「真摯で学術的で偏りのないアプローチを維持する」と約束した。[55]

NONからNAOPへ

ロックフェラー兄弟財団からの資金により、NONは、テレビとラジオのコマーシャルを流すことができた。「あなたには選択肢がある」というスローガンを掲げ、日常生活に無意識に潜む出産促進政策を暴露する広告だ。広告のひとつには、不動産業者が若い夫婦に家を紹介するシーンが登場する。この部屋はかわいい子ども部屋に、別の部屋は機能的なプレイルームに、と説明するうちに、夫婦はここをホームオフィスにしたいという想像を始める。すると不動産業者は、もし子どもを持つ予定がなければ「ダウンタウンのマンションを紹介します」とぴしゃりと言う。別の広告では、ひどい喧嘩をしたとわかる夫婦が、張りつめた空気のなか、黙って座っている。夫がためらいながら「僕たちに赤ちゃんができたら、状況がましになるかもしれないね」と切り出す。映像はフリーズし、不吉な声のナレーションが「たぶんダメだよ」と言う。[56] もうひとつの広告は、ハネムーンから帰宅した新婚夫婦が、ベビーカーがリビングルームに置いてあることに気づくというもの。「親にならなければというプレッシャーが大きすぎて、そもそも選択肢があったことを忘れてしまいがちだ」というナレーションが入る。78年、理事会は名称を「非親のための全国組織（NON）」から「選択的家族形成のための全国同盟（NAOP）」に変更することを決議し、子どもの有無にかかわらず、すべての人に支援者となるように呼びかけた。ベイカーは記者団に何度もくり返し語った。「私たちは子どもに反対しているのではない。そう思わないでください。私たちはただ、カップルが赤ちゃんを持つか持たないかの選択を許されることを望んでいるだけです[57]」。

NON（あるいはNAOP）が、70年代中頃のブランディングの見直しにあたり、「選択権」に全力を注いだことは、特に驚くべきことではない。当時は、中絶をする権利が、「個人の選択の自由」を支持する議論を味方にして勝ち取られたばかりだった。今では想像もつかないことだが、このフレーミングは、少なくとも当初は、フェミニストと同様に、一部の保守派にも有効だった。最高裁がロー対ウェイドの判決を下した1週間後、バプテスト・プレス（「南部バプテスト連盟のニュースサービス」と称する、アメリカ最大のプロテスタント教派の広報機関）は、読者に判決を説明する記事を掲載した。「中絶やその他の問題に関して、南部バプテストの公式見解はない」と新聞は明言した。ただし、肯定的にこう付け加えている。「中絶を行なうか、妊娠を継続させるかの決断は、法律によって強制されるものではなく、良心と意図的な選択の問題である[58]」。その週のバプテスト・プレスの別の記事は、最高裁で中絶権への賛成を主張した弁護士のひとり、リンダ・コーヒーへのインタビューである。南部バプテストの一員として育ったコーヒーは、「選択の自由」という保守的なレンズを通してロー裁判を見るように読者に勧めた。コーヒーの説明はこうだ。判決は、キリスト教徒である自分の個人的な選択というよりも、憲法上の自由を認めるものである[59]。聴衆の拡大を目指す組織にとって、南部バプテスト連盟と家族計画連盟の支持の言葉は、何よりの追い風になった。

　しかし、予想どおりかもしれないが、この協力関係は長くは続かなかった。NAOPは82年、「ノンペアレンツ・デイ」に制定した8月1日に正式に解散した。最後の会報誌では、財政難を解散の理由にしていたが、財政難はもっと大きな問題の表れだった。子どもを持たないというメッセージは、最良の時代の政治方針として好まれなかったのだ。当時はレーガン大統領の80年代で、個人の自由以上に重視されたのが、「伝統的」なアメリカの価値観だった。優雅に悪気なく母になることを拒絶するペック、巧みな広報を行なうベイカー、子どもを持たないという特別な生き方を支持するNONは、核家族が愛国的な理想となっていたこの国では、支持を得ることができなかったのだ。

　NONの活動は、広く批判されたとはいえ、「チャイルドフリー」や「ノンペアレンツ」といった言葉が新聞に掲載され、朝のコーヒーを飲む人々の目に触れるようになっただけでも、状況に変化をもたらしたと言える。親になることを大人になるための必要なステップだと見なしてきた文化において、親になるのを避けるという選択が公に認められることは、この選択をした人にとっては大きな意味を持つことだった。しかし、それ以外の人々にとっては、NONの功績はもっと複雑なものだ。現在でもなお、NONの定義する「チャイルドフリー主義」は、親にならない人々のごく一部を捉えているに過ぎない。アメリカ疾病予防管理センターが行なった調査によると、NONの考える「意図的に子どもを持たない」人は約6%しかいない。それはつまり、積極的に子どもを持たない選択をし、その選択に基づいて人生を歩んでいる人のことだ。[60] それ以外の人々は、不妊などの自分ではコントロールできない要因によって、あるいは、大学院の学位取得、キャリアの確立、適切なパートナー探し、住宅や老後のための貯金、老親の介護、学生ローンの返済、生活のための仕事の掛け持ちなどを優先してきた結果として、子どものいない状態になったのだ。チャイルドフリー運動が重点を置いているのは「選択」だ。「子どもを持たない選択」が焦点なので、その選択自体が自由にできると感じにくくしているあらゆる要因を無視できてしまうのだ。

「チャイルドフリー」であることは、カレン・マローン・ライトが自ら選択したことでは決してなかった。ライトは幸せな結婚をし、職業的に成功し、故郷のオハイオ州クリーブランドに住み、企業広報の分野で20年の経験があり、デジタル・マーケティングで輝かしいキャリアを積んできた。2010年、50歳を超えており、子どもはなく、ひとりっ子だった。そして、望んでいたにぎやかな大家族を持てなかったのが悲しいのだと、いつしか気づくようになった。しかし、同じ経験を語る書き込みをインターネット上で見つけることができず、同じ年齢であっても、子どもが巣立った後をつづるブログは、養子縁組を目指す人や選択的に子どもを持たない人のブログと同じぐらいしっくりこなかったし、不妊のブログも同様だった。そこは、「深く悲しみ」、喪失を積極的に苦しみ、ライトがとうの昔に手放した希望を抱き続ける女性たちの言葉であふれていた。

ちょうどよいコミュニティが見つからないので、ライトは自分で作ることに決め、翌年、オンラインの情報源であり、コミュニティである「NotMom」を立ち上げた。「NotMom」は、その後さらに発展して、定期的なオンライン会議やポッドキャスト、全国のイベントグループのハブとなった。「NotMom」のキャッチフレーズは「選択または偶然（by Choice or by Chance）」。団体はこのモットーを大切に考えている。団体のウェブサイトにはこう書かれている。「私たちは子どもを一度も望んだことがない女性を受け入れます。また、かつて子どもを望んだことがある女性、出産経験はないが継子や若い親戚のケアをする可能性がある女性を受け入れます。私たちは別の細道を歩きながら、皆同じ路上にいるのです[61]」。クリーブランドで開催された「NotMomサミット」の基調講演者、ケース・ウェスタン・リザーブ大学の産婦人科医マージョリー・グリーンフィールドは、参加者の幅が広いことに驚いた。若い層もシニア層も、子どものいない選択に喜びを感じている人も、体外受精を断念した悲しみに暮れている人も、一緒になって、話したり、泣いたり、笑ったりしていた[62]。「NON」が会員限定クラブだとしたら、「NotMom」は子どもを持たない人を包括的にカバーするコミュニティだ。「チャイルドフリー」の人も「チャイルドレス」の人も、そして、生殖能力に基づいてアイデンティティを確立するという考えに否定的で、そもそも、それを理由に母親になることに魅力を感じなかった人も、集うことができる居場所なのだ。

　女優のジェニファー・アニストンは、16年にハフィントンポスト（現ハフポスト）への寄稿記事で、女性が子どもを持つか否かだけで大きく定義されてしまうことへの不満を表明した。「はっきりさせておきますが、私は妊娠していません。私はうんざりしているんです」。アニストンは05年にブラッド・ピットと離婚し、その後子どもを授からなかったことから、「悲しいジェン」というイメージが拡散され、インターネット史上最長記録ともいえる長期間にわたってそのイメージが残り続けている——実際には、最高の人生を送ってきたことを示す圧倒的な証拠があるにもかかわらず、だ。アニストンは、自分の産む・産まないに、最も関心が集まっていることにうんざりしていると書いている。「私たちは、完全になるために結婚したり母親になったりする必要はありません。自分の『めでたしめでたし』の物語は、自分で決めることができるのです」[63]。

言うまでもなく、12世紀の修道女とシェーカー教徒と、コミュニティを作ったレズビアンと、ジェニファー・アニストンにはそれほど多くの共通点はない。ひとつ共通しているのは、結婚や子どもや核家族といった伝統的な期待とは相容れない人生を望んでいたということだ。子どもを持たないことによって、その人生を生きる選択が可能になったのだ。

シモーヌ・ド・ボーヴォワールは、長い肺炎との闘病の末に、1986年に亡くなった。生涯のパートナーだったジャン゠ポール・サルトルの6周忌のわずか8時間前のことだった。世界を駆け巡った死亡記事は、彼女を「多作」「聡明」「挑発的」「女性の権利運動の『基本的思想の樹立者』」と表現した[64]。ボーヴォワールはパリのモンパルナス墓地のサルトルの隣に埋葬され、生前できなかった（望まなかった）こと、つまりサルトルと永遠に並んで横たわることに、死をもって同意した[65]。死によって、彼女の知性や反駁や政治的思想の尖ったイメージが丸みを帯び、ボーヴォワールは単なる妻ではなく母になった。世界中で発表された記事や追悼文は、ボーヴォワールを「女性運動の母」、さらには「すべての解放された女性の母」とまで記している。パリの女性芸術と政治運動の視聴覚アーカイブである「シモーヌ・ド・ボーヴォワール視聴覚センター」の創設者たちは、声明で「私たちは皆、孤児になりました」と宣言している。[66] 死の7カ月前、インタビュアーがボーヴォワールに、世界中のフェミニストやフェミニズム運動から母のような存在と見なされていることをどう思うか、と尋ねたことがあった。「その例えは誤りです」と彼女は笑いながら言った。「人は、自分の母親の言うことに耳を傾けないものですから[67]」。

結論：では……すみませんが、「産むべき理由」を教えてもらえますか？

電気技師は照明を修理しながらキッチンで「Easy Love」を歌う

南極の海氷が記録的な低さに達し、
今、ニュースの画面で、男性が幼児を腕に抱えてキーウの街を急いでいる。
どの部屋にも戦争という言葉が入ってくる。
地球が温かくなっている。
テキサスで、子どもが悲しみを抱えながら明るく成長する。
すべてが破裂する恐れがある。

朝になると、私のお腹がまた赤ちゃんを求める。

切望の声が漏れる。誰もまだ、私の体に世界のことを語っていない。
彼女に聞こえるのは、別の部屋の誰かの物音、
歌い続けている声だけ。
――ジョイ・サリヴァン『インストラクションズ・フォー・トラベリング・ウェスト』より

1976年、アン・ランダースという筆名の相談コラムニストのエピー・レダーは、ある手紙を受け取った。その手紙は、当時、アメリカの切実な質問を受けることに長《た》けていた彼女でさえも、思わず考えてしまうものだった。「シンプルな手紙だった」と、ランダースはその夏、グッド・ハウスキーピング誌に掲載されたコラムに書いている。「まもなく結婚する若いカップルが、教えてほしいと手紙を書いたのです。2人は、子どもを持つかどうかを決断できないのです」。

友人の多くは、わが子を恨んでいるようだ、と手紙の主は感じていた。友人たちは、自由や経済力をうらやんでいた。ある夫婦は、2人目が生まれた後、次の子が確実にできないようにと、卵管結紮《けっさつ》とパイプカットの手術を受けた。「アン・ランダースさん、そういったことから、悩んでいるのです。厄介なことがあるとしても、親になる価値はありますか? ジムと私は深く愛し合っています。私たちの関係は美しいです。それを台無しにするものは何も望みません。私たちの周りには、子どもを持つ前のほうがずっと幸せだったというカップルがたくさんいます」。ランダースは、大勢の読者にこう問いかけた。「あなたは、もう一度やり直せるとしたら、子ども

を持ちますか?」するとと全米から1万通の手紙が届き、ランダースが「ぞっとした」ことに、70%の返事が「ノー」だった。[1]

10人中7人の親が「購入を後悔」し、子どもを「店に返品」したいと考えたことがある、という結果だが、以来、この結果を再現できた人は誰もいない。また、私の知る限り、ランダースの問いかけが、なぜ、これほど高い割合の親の後悔を引き出したのかについて、誰も満足のいく答えを出せないでいる。同じ年にニューズデイ紙は調査をやり直し、同じ質問を読者に投げかけた。「91%が子どもを持つと回答」と、結果発表に見出しがついた。そして「(どんなもんだ、アン・ランダース)」と付け加えてあった。[2] 2013年のギャラップ社の世論調査では、アメリカの親の約7%が、「もう一度やり直せるなら子どもを持たない」と答えている。[3] だから、子どもを持って後悔している親は70%は絶対にいないとはいえ(どんなもんだ、アン・ランダース)、ゼロというわけでもないのだ。

子どものいない人のほうが幸せ?

ノルウェーの社会学者トーマス・ハンセンは、子どものいない人についての主な3つのステレオタイプ(彼はこれを「フォーク・セオリー(民俗理論)」と呼んでいる)には、論理的欠陥があると指摘している。①子どもは人を幸せにする、つまり子どものいない人は親になった人より幸せではない。②子どものいない人は孤独で虚しい人生を送る、つまり親になった人より幸せではない。③子どものいない人は、子育てよりも、楽しみや自由や友人との時間、恋愛、おいしい食べ物、いい家、旅行などを優先させた。3つ目のステレオタイプは、「かなり幸せなグループであることを示唆しているようだ」と、彼は辛辣にコメントしている。少なくとも30年以上前から、数々の調査によって、子どものいない人のほうが親になった人よりも幸せであることが、アメリカや多くの先進国で示されてきた。[4] 最近の研究では、親の幸福度が低いのは、子どもが幼く、時間と労力とお金の要求が最も高いときだけ（であれば理にかなっているのだが）ではないことがわかっている。また、アメリカの子どもが巣立った世代は、子どもがいないシニア世代よりも幸福度が低いと報告されている。アメリカの成人を調査した結果、どのタイプの親であっても――親権を持つか持たないか、実子か養子か継子か、子どもが幼いか成人したかにかかわらず――親でない人よりも幸福度が低いことがわかった。アメリカでは、親は子どものいない人に比べて12％幸福度が低いと報告されている。これは先進国の中で、親とそうではない人の間の幸福度の差が最も大きいという数字である。[5]

はっきりさせておきたいが、これは子ども自身のせいではない。疲れるかもしれないが、子どもは、喜びと好奇心にあふれ、愛らしくエネルギッシュで、私たちの未来の象徴であり、今を活気づけてくれる存在だ。親は子育てをすることで、目的や満足感、アイデンティティ、有意義な社会的関係が得られると信じている。[6] 親は、そうでない人に比べて幸福度が低いかもしれないが、別の複数の研究から、子どもを持つ人のほうが、目的や意義の感覚が強く、人生に満足していることが示唆されている。[7]

問題は子どもたちではない。親が子育てをしなければならない社会が問題なのだ。最近、ある研究者グループはこう説明している。「子どもを持つことの感情的な報酬は、現代の子育てに関連するストレスによって影を潜めている」。感情的な報酬が、親を支援する政策がない国での子育てのストレスによって、曇ってしまっているのだ。例えば、働く親のための保育料補助や、親が子どもと過ごす時間を確保するための寛大な有給休暇である。この2つの政策（手頃な保育料と有給の病気休暇と長期休暇）だけで、産休や健康保険といった他の支援政策がなくても、親と親でない人の間の幸福度の格差を完全に埋める力がある。フランス、フィンランド、ノルウェー、スウェーデンには、これらの政策やそれ以外の政策があり、親のほうが親ではない人よりも8％も幸福度が高いのだ。研究者らは、幸福度における「親であることの不利な点は、国家の政策背景によって最大100％説明できる」と結論づけた。[8]

労働・治安・環境の悪化

アメリカの出生率が低下していることに政治的な懸念が広がっているにもかかわらず、子育てを不幸な仕事にしている政策の修正は、ほとんどされてこなかった。1993年に制定され、12週間の無給の出産休暇を保証する法律である「家族・医療休暇法」を、アメリカ人女性の約半数が使えていないのだ。[9] 労働統計局によると、アメリカの労働者のうち、期間を問わず有給の育児休暇を取得できる資格を持っているのは、わずか23％である。[10] 2021年後半、民主党が下院、上院、ホワイトハウスの多数を占めていたとき、議員らは、全員ではないものの、多くの働く女性にわずか4週間の有給出産休暇を与える法案を可決できなかった。比較のためにカリフォルニア大学ロサンゼルス校の世界政策分析センターのデータを紹介すると、政府が定めた有給産休の世界平均は29週間だ。[11] 子犬を飼ったことがある人ならご存じのように、1年で成犬になる哺乳類の犬は、一般的に生後8週間まで母親から引き離されることはない。

また、産休だけではない。親と子のためのヘルスケアは、雇用と連動しており、その質と費用はすべて雇用主の寛大さにかかっている。高齢者介護は、その費用を支払うことができる場合にのみ存在する。つまり、私たちの多くは、子どもを産むことを考える前に、経済的にもその他の面でも、老いた両親のケアをすることになるのである。[12] 22年、連邦最高裁がロー対ウェイド判決を覆す判決を下したことで、半数以上の州が、女性や子どもに何か恐ろしいことが起こった場合に妊娠を終了させる女性の能力を大幅に制限することになった。妊産婦死亡率ですでにほとんどの先進国に大きく後れを取っているこの国で、妊娠と出産のリスクがさらに高まっている。[13]

私たちは仕事をポケットに入れた電話を介して家に連れて帰り、夜も週末も時間と関心を費やすことが要求される。賃金は何十年も低迷していて、育児や住宅にかかる費用の増加、学生ローンの支払いはますます厳しくなっている。学校で銃乱射事件が頻発し、全米の学区で定期的にアクティブシューターに対応する訓練が行なわれているが、ジョージア工科大学の研究者によると、この訓練自体がトラウマになっている。これを実施した子どもたちに、不安、抑うつ、その他の精神状態の悪化による症状が、よく見られるという。[14]

さらに、気象状況も心配だ。ほとんど大きく報道されないが、21年夏には、アメリカやカナダの西部で発生した大規模な山火事がシカゴからニューヨーク、ニューハンプシャー州のホワイトマウンテンまで空を黒くしたし、22年夏には、アラスカのツンドラ火災の煙がフェアバンクスからノームまで広がり、大雨がケンタッキー州やミズーリ州の町を一掃した。現代生活のプレッシャーや不安や危険に対する考慮が不十分なことを考えると、親にならないという決断は、完全に合理的であると言えなくもない。むしろ、子どもを持つ決断のほうが、もっと説明が必要なのではないだろうか。

「自分の選択を正当化することを期待されている。人から『なぜそうしないの?』ときかれるので」と話すのは、カナダ生まれのタトゥーアーティスト、グエン・ダグラスだ。ベルリンにスタジオを持ち、パートナーと茶色い斑点のあるダックスフンド、ルートヴィヒと暮らしていて、副業で児童書の挿絵を描いている。ダグラスは、イギリスの写真家ゾーイ・ノーブルが編纂した、子どものいない女性のポートレートとライフストーリーのシリーズ『私たちはチャイルドフリーです』で紹介された40人の女性のひとりだ。「なぜ、もうひとつの質問をしないのでしょう?」とダグラスは話を続けた。「『なぜ、子どもを産むことを選んだのですか?』と。それこそ大きな疑問です。あなたには、それに見合うだけのリソースと感情的な能力がありますか? それとも、そうするべきだと思ったから、ただ闇雲に産むのですか? 友人を見ていると、『次にやるべきこと』のリストに入っているから、という理由で、多くの女性が子どもを産んでいます。世界は人口過剰です。気候の危機もあります。『私は子どもがいりません』と言う人がいれば、『あ、そう』と受け流すべきではないでしょうか[15]」。

核家族の背後にあるもの

しかし、私たちが受け流すのに苦労するのは、核家族というものが、唯一の可能なモデルとして、私たちに提供されているからだ。結婚した母親と父親、外部の支援がほとんどなく両親に育てられる血のつながった子ども、である。よく使われる「崩壊した家族」「混合家族」（私が育ったような家族）や「拡大家族（extended family）」といった言葉は、家族の定義が「崩壊していないもの」「混合ではないもの」「限定されたもの」である場合にのみ意味を持つ。そういった家族を私たちが目にするのは、テレビ、映画、それからインスタグラムのようなSNSのプラットフォームである。そこは、「母性ビジネス」という絵に描いたような完璧な家族を最大の商品とする営利事業の最高のプレゼンテーションの場になっている。

キャスリン・ジェザー＝モートンは、「インスタグラムは、核家族の純粋な広報だ」と述べている。「そこでは、育児がコミュニティの中で共有されてきたことや、家族間で協力し合って子育てをしてきたことが、まったく無視されている」。ジェザー＝モートンは、モントリオールのコンコルディア大学で社会学の博士課程に在籍しており、博士論文で、「ママ領域（mamasphere）」と名付けた現象について解説している。ママ領域とは、SNSで家庭や結婚生活、子どもたちを紹介することで（時には大きな利益を生む）ビジネスを展開する女性たちの、拡大し続ける世界のことだ。ジェザー＝モートンは、このビジネスの文脈上、「核家族だけを取り上げる方が、イメージのコントロールがしやすい」と説明する。「例えば、週に2回子どもの世話をしてくれる近所のジャニーンに、娘の髪を写真映えのする縦ロールに巻いてほしいとは頼まないでしょう?」その結果が「ママ領域の大半における、完全に歴史から切り離された家族生活の表現」だ。それが視聴者が憧れるものであることを、私の方から付け加えておこう。[16]

しかし、家族単位の孤立は、オフラインのごちゃごちゃしたインスタ映えしない現実の生活にも存在する。アメリカが過去2世紀にわたり、核家族へと後退してきた流れが、今の時代に強化されたのは、ひとつには、現代生活の需要が変化し、すべての人の行動範囲が狭くなっているのが理由だ。最近のある調査では、ミレニアル世代の5人に1人以上が、パートナーや近親者以外の友人がひとりもいないと答えており、この割合は、ブーマー世代やX世代よりもはるかに高い。また、アメリカ人の3人に1人が、新しい友人を作るのが難しいと答えている。よくある理由は?「私は忙しすぎて、友人関係を築くことができない」というものだ。[17]

とりわけ親世代にとって、友情は、家族の存続のために犠牲になってきた。家族全員に日々の食事を与え、子どもに服を着せ、物質的・感情的な欲求の少なくとも一部を満たす必要があるからだ。ジュリー・ベックはアトランティック誌に「あなたは家族から離れられず、配偶者を優先する」と書いている。私たちのキャパシティに余裕がなくなったときに「打撃を受ける」のは友人関係、つまり、法律や血縁関係ではなく、時間をかけ、関心を持ち、いたわり、そばにいる、といった「贈り物」を、継続して交換し合うことで維持されている関係なのだ。[18] 心のドアを開ける関係性を築くには時間と感情面のエネルギーが必要だが、その両方を持ち合わせていない人があまりにも多い。

コミュニティを再創造するには

ハーバード大学神学部フェローのキャスパー・テル・クイルは、「コミュニティは素晴らしいものだ」と言いつつ、「しかし」と付け加える。コミュニティは「ひどいものでもある」と。クイルは、若者のスピリチュアリティの高まりに着目して研究を進めているが、さまざまな理由で組織的な宗教コミュニティを放棄しながら宗教的信念を維持する人が増えているという。さまざまな理由とは、歓迎されない、差別的な信徒がいる、引っ越しが多くてどこにも根を張れない、過酷な労働から回復するために日曜日の朝は寝ていたい、などである。[19]

２０２０年のギャラップ社の世論調査によると、教会、シナゴーグ、モスクの会員であるアメリカ人はわずか47％で、80年にわたる世論調査で初めて、宗教団体に所属していることがアメリカでは少数派になることが判明した。[20] このパターンは、教会以外でも広く見られる。１９５０年代には、アメリカの労働者の3分の1近くが労働組合に所属しており、この組織が組合員の社会的な拠点として機能していた。２０２１年には、組合に所属する労働者はわずか10％強であり、これは、組合からだけでなく、職場や同僚からもまったく切り離された個人事業主や「ギグワーカー」と呼ばれる労働者の割合とほぼ同じである。

また、慈善事業への寄付は過去20年間で大幅に増加したが、実際にコミュニティでボランティア活動をする人の割合は激減している。このことは、人々が地域社会に義務感を抱いているにもかかわらず、地域社会との関わりを持ちたがらない、あるいは、隣人との関係が希薄になり、どう手を貸せばいいのかさえわからなくなっていることを示している。他人と一緒に食事をすることは、人生において最もシンプルで、最も持続的な喜びのひとつだ。しかし、アメリカ人は食事の半分以上をひとりで食べているという推計もある。[21] これは悪循環だ。コミュニティを築くための時間や感情的なエネルギーがないのは、別の時代や場所であれば、私たちを一息つかせてくれていたコミュニティや外部支援システムがないからなのだ。

コミュニティは、築くのも維持するのも難しい。コミュニティでは、法的にも遺伝的にもケアをする理由がない人たちや、もしかしたら知りもしない、好きでもない人たちのことも気にかけなければならない。親の負担を軽減し、子どもの世話と喜びを分かち合うコミュニティを（再）創造するためには、自分が産んでいない子どもたちを気にかける必要がある。自分の子どもがいない人は、子どものいる友人や地域の子どもたちのために、積極的にケアをし、継続的に参加して、実際に時間と労力を使う必要がある。また、子どもを持つ大人が隣人を気遣うことも必要だ。髪をカールすることであってもなくても、子どもを持つことで生じる責任や喜びを、実際に役割を預けて体験してもらうのだ。そのためには、子どものいる人が子どものいない友人に「あなたには理解できないでしょうけど」と言うのをやめ、代わりに「私はベストを尽くしてあなたに説明します」と言う必要がある。そして、私たち全員が、自分の子どもがいるかどうかにかかわらず、あらゆる種類の家族を支援するインフラや政策、制度に投資し、支援することが必要だ。これは、困難な時代に人々が常に行なってきたこと――親族を作り、お互いを思いやることだ。私たちはただ、そうしたいと望めばいいだけだ。

私たちは同じ塹壕にいる

20年1月末、私はシールプレス社と契約を結び、アメリカ史において子どものいない女性に関する、私が言うところの「活気と多様性」、つまり彼女たちが下した選択、彼女たちが生きた人生、達成したことについての本を出版することになった。しかし6週間も経たないうちに、私はトイレットペーパーをインターネットで探したり、バーチャルで授業をする方法を学んだり、自宅からビデオで誕生日パーティに参加したりすることで頭がいっぱいになってしまった。春の間ずっと、不安と孤独で胃が縮む思いだったし、学生たちがさまざまな種類の危機を乗り越えるのを手助けすべく頑張っていた。しかし、私のパンデミックがいかに大変だったとしても、子育て中の知人が体験したパンデミックとは比べものにならなかった。調子がいい時に与えられていたわずかな支援も得られず、彼女たちはかろうじて毎日を乗り切っていた。

この2年間に私は多くのことを教えられた。これほどの抗議の声があるにもかかわらず、いかに母親や家族、子どもたちへのケアが少ないかを思い知ったのだ。そこには、奇妙な政治的行き詰まりがある。表向きは乳幼児の弁護を理由に、連邦最高裁判所がローの判決を破棄する機会を与えた訴訟はミシシッピ州で始まったが、この州は、生まれた乳幼児のケアが上手ではないことが証明されている。ミシシッピ州の乳幼児死亡率は全米でワースト1位なのだ。非営利団体「セーブ・ザ・チルドレン」によると、同州の未成年者の4人に1人近くが飢餓を経験している。[22] 州知事のテイト・リーブスは、「ローが覆ったら、州は母子のケアに専念する」とツイートしている。[23]なぜ、人を助けるのに、中絶法が変わるのを待たねばならないのかと、あるコメンテーターは尋ねた。

この本を書くのに費やした年月が私の心を柔らかくし、とりわけ私の人生に関わってくれた母親たち、両親たちに対しての態度が和らいだ。そもそも私が、子どものいない女性の価値や功績について書きたかったのは、自分たちのことをもっと評価してほしい、と思ったからでもある。私は、子どものいない人、とりわけ女性たちに降りかかるさまざまなことに、いらいらし、腹を立てることさえあった。特に職場では、親が保育園の送迎や夕食に出かけた後、ひとりでイベントの後片付けをしたり、誰かの産休のために自分の仕事が大変になったり、保育の手配がうまくいかなかった誰かの作業を肩代わりしたり。子どもがいないからといって、私が忙しくないわけでも、疲れていないわけでも、大切な用事がないわけでもないのにと、苦々しく何度も思った。

しかし、リサーチと執筆を重ねながら、周りの親たちが苦労しているのを見ているうちに、このような考え方は、単に狭量で不親切であるだけではないと気づいた。もちろん、その両方である上に、危険でもあるのだ。なぜなら、この考え方は、あまりにも簡単に、もっと別の、大きく重要な事柄へと紛れ込んでしまうからだ。**なぜ私の税金は、公立学校や危険な若者のためのプログラム、困難な家庭のための住宅プロジェクト、幼児教育の取り組みに使われなければならないの？　子どもを産むと選んだのは私ではない——あなたでしょう。**

過去の女性たち、この本のページに登場する女性たちは、私に教えてくれた。私の時間vsあなたの時間、あなたの子どもvs私に子どもがいないこと、私の選択vsあなたの選択、といった考え方が、唯一の選択肢ではないことを。今の時代に、子育て中の親たちが苦労している姿を見ながら、そんなことはあり得ないと確信した。私たちが互いから後ずさりすることで、全員が孤立し、母親と子どものいない女性との間に溝ができている。この溝は、私たちの人生がまったく別のものである場合にのみ意味をなすものだ。しかし、そうではない。環境、政治、文化など、私たちすべてに訪れる危機を乗り切るには、次世代を、親がひとりで背負うべき個人的なものではなく、私たち全員が取り組むべきプロジェクトと考えなければならない。シーラ・ヘティが言うところの、母親とノンマザーの「内戦」の片棒を担ぐような本を書くところだったと考えると、私は身がすくむ思いだ。もし塹壕があるのなら——そのような状態に見えるのは確かだ——私たちは一緒にその中に入っている。互いに助け合ったほうがいいに決まっているのだ。

この本は、ある疑問から始まった。「なぜ、アメリカ人女性は子どもを産まないのか？」その答えは簡単ではない。これまで見てきたように、そこに至る歴史があり、多くの出来事がこれまでに刻まれてきた。そして、現在の子どものいない状況は——選択なのか、運命なのか、その中間なのか——たとえその原因を正確に特定できたとしても、また、そもそもそれを解決することが必要であり、有益であると同意したとしても、解決できるものではない。

今日、女性が子どもを産まない理由は新しいものではなく、言い訳でもない。それは、自分たちを取り巻く世界の状況を冷静に見つめた結果なのだ。私たちは、かつてのアメリカ人に比べて、多く働き、多く引っ越し、コミュニティが少なく、つながりが薄い。現代の子育ての要求は高まるばかりで、今日の母親は、50年前に比べて子育てにほぼ2倍の時間を費やしている。しかも、家の外で働く母親が激増しているのだ。[24]

今日の女性が、30年前、70年前、100年前と比べて妊娠することが難しくなっているのは、出産年齢が上がっている（現代生活のプレッシャーを一因として）だけでなく、環境要因によって、すべての人の、とりわけ男性の不妊が増えたせいでもある。[25] そして世界的にも歴史的にも、女性に教育や職業上の機会が開かれると、出生率が低下してきた。もし私たちが現在と同じような未来を望むのであれば、地球上の人間の数が減ること――石油を燃やしてゴミを作り、地球の裏側で育てられた肉を食べる人が減ること――が必要となる。しかし私たちは、人生でどの道を進むかを、より自由に選ぶことができるようになった。そして、選べる道が多ければ多いほど、より多くのものを残すことができる。

皮肉屋になっているときの私は、正しい質問は「なぜ、アメリカ人女性は子どもを産まないのか？」ではなく、「なぜ」、いや、いったいどうやって「産めばいいのか？」であると思う。楽観的になっているときの私の質問は、もっと生産的だ。「これから私たちはどうすればいいのだろう？ 資源に乏しい地球、時間やお金に追われる生活の中で、子どもたちが与えてくれる喜びや希望や活力を否定することなく、産み出す新しい命を少なくするには、どうしたらいいのだろう？」子どもを産むか産まないかの差がそれほど大きくなく、どの子どもについても3人以上の大人が子育てに関わり、母親であることが仕事と生活に押しつぶされることを意味せず、母親でないことが次世代の子育てに無関係であることを意味しない。そんな未来が想像できるだろうか？ 理論家のダナ・ハラウェイは「もしも、新しい子どもを作ることが、拡大した共同体にとって、真の喜びの行為であり、重要な、日々の責任になったらどうだろう?」と問いかける。「自分の体から生まれる赤ちゃん」を超越して考えなければならない、とハラウェイは書いている。[26]

私はよくシカゴのレイクフロント・トレイルをジョギングしている。市のノースサイドにあるエッジウォーター・ビーチから南の71番街ビーチまで、ミシガン湖のほとりを18マイルにわたって続く、舗装された自転車道兼歩道だ。あるルートは、フレデリック・ロー・オルムステッドが設計した緑地地帯で、1893年のコロンビア万国博覧会の会場となったジャクソン・パークを通り、ジャーマン・シェパードほどの大きさのコヨーテが雪の中ではしゃぎまわる野性味のある埋め立て草原を横切り、トンネルを通ってプロモントリー・ポイントの湖畔に向かうというものだ。

ザ・ポイントはミシガン湖に切り込む人工の半島で、1920年代から30年代にかけて建設された石灰岩の階段状の護岸によって固定された埋め立て地であり、現在は焚き火台がある人気のピクニックエリアとなっているほか、個人的にはサードコーストで最高の水泳スポットだと思う。ザ・ポイントの最東端に立つと、北にはシカゴのダウンタウンのスカイラインの塔が、南にはインディアナ州ゲーリーの煙突と巨大な工場群がかすかに見える。

私はよく、そこに並んでいるベンチに立ち寄って、靴を履き直したり、きしむ右腰を伸ばしたり、広大な湖が空に接するはるかな地平線を、たいていは、自己の存在に疲労を感じながら、見つめたりする。あるベンチには、2019年10月に15歳で亡くなった「私たちの愛するダニー・ボーイ」に捧げられた小さな金属製のプレートが掲げられている。そこに立ち寄るたびに、私は息を呑み、この美しく神聖な場所にある静かな悲しみに、お腹を殴られるような気分になる。そして、もっと頻繁に訪れるのが、ダニーのベンチのすぐ南にあるナンシー・オリヴィのベンチだ。「ナンシー・オリヴィは1万人の子どもを育てました」とプレートに記されている。「彼女は教師でした」と。オリヴィはシカゴの南西端で生まれ育ち、37年以上にわたってシカゴ公立学校の教師として働いていた。17年に70歳で亡くなったオリヴィのシカゴ・トリビューン紙の死亡記事には、息子や娘の名前はなく、「彼女が〔自分自身を〕注ぎ込んだ何千人もの子どもたちによって」彼女は生かされていた、と記されている。[27]

15年、ダナ・ハラウェイは、社会科学研究学会の年次総会でパネル討論会を企画し、自分が産んでいない子どもたちに、みんながもっと熱心に関わるための方策について、話し合う場を設けた。社会科学研究学会（Society for Social Studies of Science）、略して「4S」は、科学技術の歴史と今を研究する歴史家、社会学者、経済学者、人類学者で構成される専門組織だ。学会といえば、たいていは、類を見ない週末旅行のようなもので、何百人、時には何千人もの研究者が、不格好なストラップをつけて、なんとなく指定された街（この場合はデンバーだった）のホテルを占拠し、その分野の著名人と肩を並べ、本の編集者や出版社にコネを作り、今は全米の大学に散らばっている大学院時代の友人とロビーのバーで遅くまで飲み過ぎるというのが、ありがちなパターンである。私にはこのようなイベントの主な目的とは思えないのだが、時には、彼らがパネル討論会に参加することもある。驚くべきことに、ハラウェイが企画したパネル討論会には、約200人がビールグラスを置き、コーヒーデートを切り上げて参加した。このような会議では、室内が寒々として音が反響し、ほとんど人がいないことが多いのだが、この日の会場は立ち見が出るほどだった。

会議のリーフレットには、パネル討論会の説明として、「赤ちゃんが希少でありながら貴重であるべき今の時代に、反植民地、反帝国主義、反人種主義、STS（科学技術研究）情報に基づいた地球定住のフェミニストの政策を発展させることができるだろうか」と書かれている。この学会用語をわかりやすく翻訳すると、以下のようになる。「家族を再考することはできないか？もし、私たちがこの世に産み出した子どもたちを心から大切にし、世話をして、コミュニティや社会レベルで彼らの未来や生活に投資するとしたら、子どもの数を減らし、子どもの生活をより良くし、地球への負担を減らすことができるだろうか。このようなことは、『人口抑制』という言葉の代名詞ともいえる人種差別や強制なしにできるだろうか？　親が子どもから得る喜びや意義を減らすことなく、それが実現できるだろうか？　あるいは負担を分散し、その喜びを分かち合う人が広がれば、それを増やすことができるだろうか？」

ホテルの会場は人々の熱気に満ちていた。にもかかわらず、このような問いにはあらゆる人を寒々とさせる力があった。伝統的な家族を理想とし、権利として守るアメリカの保守派は、人口を「よその問題」としてとらえがちだ。「アメリカの出生率は下がっている！」と彼らは言う。指をさすとしたら、インドや中央・南部アフリカなど、まだ出生率が比較的高いグローバルサウスの地域を指さすべきだ。政治的左翼の一部は、人口を減らすという提案が出るだけで、「歴史は繰り返す」という警鐘を鳴らす。精神障害者、貧困者、囚人、ユダヤ人、黒人アメリカ人、先住民族に対する不妊手術などの事例。アメリカからの援助または国際援助が、発展途上国が不妊手術を実施する場合にのみ与えられる場合があること。優生政策は、一部の出産を奨励し他の出産を制限する。政府は、国内外の女性から身体と生殖の自律性を奪っている——。

「私は、長年のフェミニスト仲間から、講義の後に、もはやフェミニストとは呼べないと怒鳴られたことがあります」とハラウェイは話す。「公の場で、地球規模の人間の数の重さを論じることは、たとえ、構造化された不平等を分析し、〔さらに〕現在行なわれている人種差別的な人口抑制政策に反対するという説明をもってしても……暴挙なのです」。しかし、そのゴールが、単に赤ちゃんの数を減らすことではなく、コミュニティや家族として数えられる友人や、親族と呼べる人たちを増やすことだったらどうだろう？「赤ちゃんではなく親族を作ろう（Make Kin Not Babies）」というバンパーステッカーが必要だ、とハラウェイは提案している。[28]

私たちにできること

私たちが母親とノンマザーの間に確実にあると理解している溝は、はるか昔に作られたものであり、ある目的をもって作られたものだ。それは、女性が社会的に受け入れられる選択肢を母親業と家庭内の領域に限定し、それ以外のことをする勇気のある人を逸脱者としてマークするためである。母親になった人の選択肢とアイデンティティは、子どもがいない女性と同じように、この枠組みによって制約を受けている。社会が私たちを分断しようとするなかで、私たちにできる最も過激なことは、互いに向き合い、互いを家庭や生活や家族の中に招き入れることかもしれない。

もしも私たちが社会をより良く変えたいのであれば、サム・アドラー＝ベルが最近ニューヨーク誌に書いたように、「私たちは、解放の共有と引き換えに、相互依存を申し出なければならない。異なる場所で、異なる人々に、異なる方法で、何度も何度も申し出て、それが意味を持ちはじめることを望む」[29]。先ほどの「赤ちゃんではなく親族を作ろう」のバンパーステッカーでは、「赤ちゃんではなく」の部分に注目が集まっている。最近の歴史やもっと掘り下げた過去において、「赤ちゃんを持たない」という取り組みが歩んできた暗い道を考えると、それは正当なことだと思う。しかし、アメリカ人女性の出産数は減少しているのだから、「親族を作る」こと、つまり、自分が産んでいない子どもたちや、自分が産んだ子の親ではない人たちや、私たちの未来を担う若者たちに、自分の家族や心や関わりをもっと開いていくことが、私たちがエネルギーを注ぐべきところだと、私には思える。「ナンシー・オリヴィは1万人の子どもを育てました」と彼女のプレートには刻まれている。「彼女はこれからも惜しまれることでしょう」と。

Nancy Olivi raised 10,000 kids.
She was a teacher.
Now she talks to angels. She will be missed.

撮影・著者

謝辞

この本を書き終わるまでの過程で、対面とバーチャルなセラピーを提供してくれた大型スーパー「ターゲット」には、深い感謝の念を抱いている。ターゲットの自動ドアをくぐるだけで、私は全身が落ち着く。もしもここにいる間に大惨事が起こっても、必要なものはすべて手に入る、と思えるのだ。そう考えることが、最近多くなってきた。パグのエリーとジェイク、そして短い間だったがデイジーもまた、必要不可欠な心の支えだった。この本の大半は、私のソファ（椅子は3人分のスペースがないので不可）で、眠っているパグを太ももに寝そべらせながら書いた。

親愛なる友人バシェバ・デムースは、本の書き方について、何度も根気よく教えてくれたし、ほとんど毎日、ランチを食べるように念を押してくれた。そしていつも、ちょうど間違いが起こりそうになる瞬間に、「それで、今日の買い物は何?」という最高に刺激的な質問を送信してくれた。この本を作るにあたって、多くのクレジットカードが被害を受けた。この15年間、彼女とアレックス・ラビノフは、「チョーズン・ファミリー」を持つ意味について私に示してくれた。私は常に感謝の念を抱いている。

ドン・フェールは、私が最も自信がなかった初日から、このプロジェクトの支持者だった。彼は、あらゆる場面で励ましてくれ、ユーモアと優しさと知恵を与えてくれた。そして、決定的なのは、私にうわべだけでも堂々と振る舞うことを可能にしてくれたことだ。エマ・ベリー、クレア・ポッター、マデリン・リー、ララ・ハイマート、リズ・ダナ、そしてベーシックブックス／シールプレス社の全員に、私にチャンスを与えてくれたこと、そして世界的なパンデミックと経済の混乱、個人的な悲劇と喜びと引っ越し、数年の在宅勤務を経て、この本を守り導いてくれた温かさと情熱と責任に感謝している。他人の本を編集することは、非常に寛大な行為であり——たとえ私とこの本が彼女の膝の上に落ちてきた形であったとしても——エマ以上に優秀な編集者を求めることはできなかっただろう。彼女のおかげで、この本は私ひとりの力では作れないほど素晴らしいものになった。ステファニー・パラッツォ、レベッカ・アルトマン、キャスリーン・ベリューは、この原稿が私の頭から世界に出ていくときに手を握ってくれた、最も賢明で親切な「本の助産師」だった。

また、素晴らしい詩人ケイト・ベヤーとジョイ・サリヴァンには、本書の2点のエピグラフとして作品を使わせてもらったことに、大きな感謝の念を抱いている。彼女たちの詩は、母親であること、母親でないこと、母親になりたいと憧れること、時に母親でないことを望むこと、といった、女性としてこの世に存在することの複雑さや矛盾を、私よりもはるかに直感的に捉えている。「喜びはトリックではない」というサリヴァンからの待望の言葉は、私の次のタトゥーになるかもしれない。2人の言葉が、私の言葉と一緒にここにあることを光栄に思う。ジョアンナ・マッケンジーにも感謝する。彼女は、セレンディピティ、おそらくは運命、そして間違いなく善良な人々に対する私の信念を新たにしてくれた。

シカゴ大学の歴史学科で教鞭をとるようになったことには、今も驚かされている。ここで私は、親切で恐ろしいほど知的な同僚に囲まれている。私の仕事、ひいてはこの本は、彼らのサポートなしには存在し得ない。シカゴ大学の歴史学科の学生たちには、さらに感謝している。彼らの知性、好奇心、熱意、与えられた世界よりもより良い世界を作ろうとする姿勢。そして、老けて見られたくないならどんなジーンズを穿くべきかなど、本当に重要な問題についての最新情報を教えてくれた。若い子たちはみんな元気にやっているし、一緒に長い時間を過ごせてラッキーだと思う。

母には、朝早くから電話をかけた。大抵はジョギング中で、交通の騒音や風の音がかなりうるさい上、文句を言ったり、パニックになったりして、母の話をあまり聞かずに電話を切ってしまうのだが、それでも電話を取り続けてくれた。彼女は私の母であり、私の友人でもある。この点で、私は驚くほど恵まれている。

挙げればきりがないほどの友人や家族に感謝している。励ましのメールやスターバックスのギフトカードを送ってくれたり、私が電話を折り返さないのに何度もかけてきてくれたり、夕食を食べさせてくれたり、バスケットに入ったカーリーフライを分けてくれたり、平日の夜に一緒にワインを飲んでくれたりと、本を書き終わるまで、ずっと私を支え、愛してくれた。ステファニー・デイヴィスは、毎朝「おはよう！」とメールしてくれて、私が決してひとりではないことを毎日思いやり深く伝えてくれた。アリス・ゴフとアリアナ・ストレルは、2021年11月のある火曜日にジントニックを作ってくれたが、そのことが実はすべてを救ったのかもしれない。あらゆる偉大な女性の背後には、昼夜を問わずメールに答えてくれる、もっと偉大な女性がたくさんいるというのは、よく知られた真実だ。私に関わってくれたそんなすべての人に感謝する。

最後に、この本も含めてほとんどのことについて、多くを引き受けてくれていることへの感謝を夫のボブに。私が3年以上にわたって逆のことを言うたびに、「あなたの本は悪くない」と忠実に言い続けてくれた。彼の協力とサポートのおかげで、すべてが可能になった。誕生日おめでとう！　ラッキーなのは私のほうです。

訳者あとがき――「すべてを手に入れる」と「私らしく生きる」のはざまで

「母親になった人」と「母親にならなかった人」の間には、大きな隔たりがある――と、私たちの多くは感じている。子どもを産むか産まないかが、「あちら側」か「こちら側」かを完全に決定し、両者の間の溝は、決して埋まることがないのだと。

でも、その「溝」を掘り続けているのは誰？
――と考えたことは、あるだろうか。

私は、この本を手にして、初めてそんな疑問が頭に浮かんだ。

そもそも、「溝」は昔から存在したのか。あるいは、何かのきっかけで亀裂が入り、細い溝が何かの力でどんどん広がり、互いに行き来することが不可能になってしまったのだろうか。

本書を読むと、「溝」は、比較的近年に意図的に作られたものらしい、というイメージが持てるようになる。以前は、産む・産まないにかかわらず、すべての人が子育てに関わることができるようなコミュニティが、多くの地域に、ごく自然な形で存在していたのだ。

『それでも母親になるべきですか（原題：Without Children: The Long History of Not Being a Mother）』は、歴史の中に存在してきた「子どもを産まなかった女性」にフォーカスし、彼女たちの生きざまとその影響について、当時の社会的背景を解説しながら丁寧に追い、いかに彼女たちが社会のなかで重要な役割を果たしてきたかを検証する内容だ。

著者で歴史家のペギー・オドネル・ヘフィントンは、子どもを持たずに働く女性であり、「そもそも私が、子どものいない女性の価値や功績について書きたかったのは、自分たちのことをもっと評価してほしい、と思ったからでもある」と終章に記している。職場で、子どものいない人（とりわけ女性）に、子育て中の親のさまざまなタスクの肩代わりが求められることを、苦々しく思ったこともあったという。しかし、執筆を進めるうちに、いかに母親や家族、子どもたちへのケアが少ないかを思い知り、子育て中の人々に対する態度が和らいだ。母親とノンマザーは「vs構造」によって分断されるべきではなく、次世代を育てるプロジェクトの一員として協力し合うべきなのだ――かつての世界がそうだったように。

ヘフィントンは、アメリカ史を紐解きながら、過去の女性が母親にならなかった理由を6つの章に分けて紹介している。

1）いつも選択してきたから（避妊と中絶）
2）助けてくれる人がいないから（コミュニティの希薄化）
3）すべてを手に入れるのは無理だから（キャリアとの両立の困難さ）
4）地球環境が心配だから（人口増加と地球温暖化）
5）物理的に無理だから（不妊治療）

6）子を持つ以外の人生を歩みたいから（チャイルドフリー）

丹念なリサーチに基づいた、それぞれの時代と場所を生きる女性たちの息遣いが聞こえてくるかのような豊かな人物描写による各人のストーリーが伝えてくれるのは、現代の女性が子どもを持たない理由の多くが、過去の女性たちと共通するものであるということ、そして驚いたことに、「現代生活のプレッシャーや不安や危険に対する考慮が不十分なことを考えると、親にならないという決断は、完全に合理的であると言えなくもない」ということだ。システムが機能するように設計されていないのだから、たとえ母親になって社会が要求する役割を果たしたとしても、いつまでも勝つことができない。このことは、日本に生きる私たちにとっても、他人事ではない。歴史の中で、ときに静かに抵抗し、ときに声を上げて意見を表明し団結することで自由の権利を獲得してきた一連の流れを知ることは、私たちにとって大きなヒントになるに違いない。

日本ほどではないにせよ、アメリカでは子どもを産まない女性が増えている。生涯に産むと予想される子どもの数（合計特殊出生率）は1・7人であり、2・1という人口置換水準を下回っている。アメリカの成人を調査した結果、親である人は、子どものいない人に比べて12％も幸福度が低いというデータが得られた。北欧のような、親である人のほうが幸福度が高い国との違いは、子育て支援政策の遅れが原因であることを著者は指摘している。

子どもを産まない理由を説明するときに、個人の選択に焦点を当てることが多い。キャリアを優先したから、身軽な生活を楽しみたいから、だから選択によって母親になることを拒否したのだと。しかし実際には「自発的に子どもを持たない人」のパーセンテージは非常に少ない。産んで育てるための条件に強い制約があるために選ばざるを得ないケースや、子どもを望んだのに授からなかったケースが少なくないのだ。また、自由とは、産むことを拒否する能力を意味することもある。1970年代のレズビアンの分離主義コミュニティでは、産まないことが政治的メッセージとなった。

女優のジェニファー・アニストンは「私たちは、完全になるために結婚したり母親になったりする必要はありません。自分の『めでたしめでたし』の物語は、自分で決めることができるのです」と、女性が子どもを持つか否かだけで大きく定義されてしまうことへの不満を表明した。また、興味深いことに、1980年代に『すべてを手に入れる（Having It All）』というタイトルの女性指南本を出し、「すべてを手に入れる」という言葉を世間に浸透させたヘレン・ガーリー・ブラウンにとっての「すべて」の定義は、愛と成功とセックスとお金であり、子どもは念頭になかった。現代では多くの文脈で、「すべてを手に入れる」とは、キャリアを維持しながら結婚して子どもを産むことを指す。しかし「すべて」の定義は自分で決めてよいのではないか。「私らしく生きる」ことが「すべてを手に入れる」ことと同義であってもよいのではないか。翻訳を終えた今、そんなことを思った。

冒頭に書いた「溝」がどんなに深く掘られていようとも、私たちが「コミュニティ」という、弱まってしまった根っこを育てなおし、社会支援という栄養を与え続けることができれば、再び根を張りながら支え合うことができる。生物学的生殖に依存しない子どもとコミュニティのケア、

「マザリング（母親をする）」に注目したい。地域全体で次世代を育てる感覚が持てれば、溝は浅くなっていくはずだ。

大きな話題を呼んだ『母親になって後悔してる』（オルナ・ドーナト著、2022年）に続いて、『それでも母親になるべきですか』を翻訳させてもらった。別のテーマ、別のカテゴリの女性を扱った本のようでありながら、合わせ鏡のようにも感じられ、キーワードとして「連帯」という言葉が浮かぶところも共通していた。今回も新潮社の内山淳介氏にご担当いただき、丁寧な編集作業を経て素晴らしい本に仕上げてくださったことに深く感謝いたします。そして、この本を手に取ってくださった皆様に、心より感謝を申し上げます。

鹿田昌美

2023年9月吉日

原注

はじめに

1. Sheila Heti, *Motherhood* (New York: Henry Holt, 2018), 157–158.
2. Adele E. Clarke, “Introduction,” in *Making Kin Not Population*, eds. Adele E. Clarke and Donna Haraway (Chicago: Prickly Paradigm Press, 2018), 30–31.

イントロダクション：私たちは子どもを産みません。なぜなら……

1. Sheila Heti, *Motherhood* (New York: Henry Holt, 2018), 90.
2. 私がとりわけ連想するのが、2018年のHBOのミニシリーズ『シャープ・オブジェクツ』の「チェリー」の回だが、他にも数多くの例が存在する。
3. House of Cards, season 4, episode 12, “Chapter 51,” directed by Jakob Verbruggen, Netflix, March 4, 2016.
4. Meredith Hale, “5 Things People Without Kids Just Don't Understand,” *Scary Mommy*, September 29, 2015, www.scarymommy.com/5-things-people-without-kids-just-dont-understand/; Natalie Stechyson, “I Didn't Lose Friends After Having Kids. I Just Moved On,” *HuffPost*, September 16, 2019, www.huffpost.com/archive/ca/entry/losing-friends-after-kids_ca_5d76abbee4b0752102312651; “Can Mothers and Childless Women Ever Truly Be Friends? Two Writers Explain Why They Believe These Relationships Rarely Work Out,” *Daily Mail*, October 11, 2017, www.dailymail.co.uk/femail/article-4971826/Can-mothers-childless-women-truly-friends.html.
5. J. Christopher Herold, *The Age of Napoleon* (New York: Mariner Books, 2002), 434.
6. Linda K. Kerber, *Women of the Republic: Intellect and Ideology in Revolutionary America* (Chapel Hill: University of North Carolina Press, 1980), 11.
7. Myra Bradwell v. State of Illinois, 83 U.S. 130 (1873), 141.
8. このビデオは後に消去されている。以下より引用。 Dayna Evans, “Ivanka Trump Says a Woman's Most Important Job Is Being a Mother,” *The Cut*, October 3, 2016, www.thecut.com/2016/10/ivanka-trump-says-a-womans-most-important-job-is-motherhood.html.
9. White House, “Remarks by the First Lady at Tuskegee University Commencement Address,” news release, May 9, 2015, https://obamawhitehouse.archives.gov/the-press-office/2015/05/09/remarks-first-lady-tuskegee-university-commencement-address.
10. Amy Chozick, “Hillary Clinton and the Return of the (Unbaked) Cookies,” *New York Times*, November 5, 2016, www.nytimes.com/2016/11/06/us/politics/hillary-clinton-cookies.html.
11. Anastasia Berg, “Now Is as Good a Time as Any to Start a Family,” *New York Times*, April 30, 2020, www.nytimes.com/2020/04/30/opinion/coronavirus-pregnancy.html; Tom Whyman, “Why, Despite Everything, You Should Have Kids (If You Want Them),” *New York Times*, April 13, 2021, www.nytimes.com/2021/04/13/opinion/baby-bust-covid-philosophy-natalism.html.
12. Ross Douthat, “More Babies, Please,” *New York Times*, December 1, 2012, www.nytimes.

com/2012/12/02/opinion/sunday/douthat-the-birthrate-and-americas-future.html.
13. Senator Mike Lee, "Remarks on the Green New Deal," March 26, 2019, www.lee.senate.gov/2019/3/remarks-on-the-green-new-deal.
14. 以下より引用。 Caroline Vakil, "JD Vance Takes Aim at Culture Wars, Childless Politicians," *The Hill*, July 23, 2021, https://thehill.com/homenews/senate/564646-jd-vance-takes-aim-at-culture-wars-and.
15. Keith Wagstaff, "Is Francis the Most Liberal Pope Ever?," *The Week*, January 9, 2015, https://theweek.com/articles/461664/francis-most-liberal-pope-ever; Stephanie Kirchgaessner, "Pope Francis: Not Having Children Is Selfish," *The Guardian*, February 11, 2015, www.theguardian.com/world/2015/feb/11/pope-francis-the-choice-to-not-have-children-is-selfish.
16. 以下より引用。 "Pope Francis Says Choosing Pets Over Kids Is Selfish," BBC News, January 5, 2022, www.bbc.com/news/world-europe-59884801.
17. Amy Blackstone, *Childfree By Choice: The Movement Redefining Family and Creating a New Age of Independence* (New York: Dutton, 2019), 25–26.
18. Adrienne Rich, *Of Woman Born: Motherhood as Experience and Institution* (1976; repr., New York: W. W. Norton, 1995), 11.
19. 以下より引用。 Frank F. Furstenberg, Sheela Kennedy, Vonnie C. McLoyd, Ruben G. Rumbaut, and Richard A. Settersten Jr., "Growing Up Is Harder To Do," *Contexts* 3, no. 3 (August 2004): 35.
20. 以下を参照。 Stanlie M. James, "Mothering: A Possible Black Feminist Link to Social Transformation?," in *Theorizing Black Feminisms: The Visionary Pragmatism of Black Women*, eds. Stanlie M. James and Abena P. A. Busia (New York: Routledge, 1993), 34–54.
21. bell hooks, "Revolutionary Parenting," in *Feminist Theory: From Margin to Center* (New York: Routledge, 2016), 133–147.
22. Lawrence Stone, *The Family, Sex and Marriage in England, 1500–1800* (New York: Harper & Row, 1977), 7–9.
23. Elaine Tyler May, *Barren in the Promised Land: Childless Americans and the Pursuit of Happiness* (New York: Basic Books, 1995), 12.
24. Brady E. Hamilton, Joyce A. Martin, and Michelle J. K. Osterman, "Births: Provisional Data for 2021," National Center for Health Statistics, Vital Statistics Rapid Release report no. 20, May 2022, www.cdc.gov/nchs/data/vsrr/vsrr020.pdf.
25. Jo Jones and Paul Placek, *Adoption: By the Numbers* (Alexandria, VA: National Council for Adoption, 2017), ii; Katherine Wiles, "International Adoptions Dropped by Nearly Half During 2020. But COVID-19 Only Helped to Accelerate a Years-Long Decline," *MarketWatch*, November 10, 2021, www.marketwatch.com/story/international-adoptions-dropped-by-nearly-half-during-2020-but-covid-19-only-helped-to-accelerate-a-years-long-decline-11636496504.
26. ピュー・リサーチセンターのデータによると、2018年時点で、ミレニアル世代の女性の55%が少なくとも1回の出産を経験している。Amanda Barroso, Kim Parker, and Jesse Bennett, "As Millennials Near 40, They're Approaching Family Life Differently Than Previous Generations," Pew Research Center, May 27, 2020, www.pewresearch.org/social-trends/2020/05/27/as-millennials-near-40-theyre-approaching-family-life-differently-than-previous-generations.
27. Anna Brown, "Growing Share of Childless Adults in U.S. Don't Expect to Ever Have

Children," Pew Research Center, November 19, 2021, www.pewresearch.org/fact-tank/2021/11/19/growing-share-of-childless-adults-in-u-s-dont-expect-to-ever-have-children.
28. 世界銀行の以下のデータに基づく。"Fertility Rate, Total (Births per Woman)—East Asia and Pacific," https://data.worldbank.org/indicator/SP.DYN.TFRT.IN?locations=Z4.
29. "Fertility Statistics," Eurostat Statistics Explained, March 2021, https://ec.europa.eu/eurostat/statistics-explained/index.php?title=Fertility_statistics#live_births_per_woman_in_the_EU_in_2019; East-West Center, "The Influence of Family Policies on Fertility in France" (policy brief no. 7, United Nations Expert Group Meeting on Policy Responses to Low Fertility, November 2–3, 2015).
30. Hamilton, Martin, and Osterman, "Births: Provisional Data for 2021."
31. Sabrina Tavernise, Claire Cain Miller, Quoctrung Bui, and Robert Gebeloff, "Why American Women Everywhere Are Delaying Motherhood," *New York Times*, June 16, 2021, www.nytimes.com/2021/06/16/us/declining-birthrate-motherhood.html.
32. ピュー・リサーチセンターはミレニアル世代を1981年から1996年に生まれた人と定義している。Michael Dimock, "Defining Generations: Where Millennials End and Generation Z Begins," Pew Research Center, January 17, 2019, www.pewresearch.org/fact-tank/2019/01/17/where-millennials-end-and-generation-z-begins.
33. Anna Louie Sussman, "The Sexual-Health Supply Chain Is Broken," *The Atlantic*, June 8, 2020, www.theatlantic.com/international/archive/2020/06/coronavirus-pandemic-sex-health-condoms-reproductive-health/612298.
34. Laura D. Lindberg, Alicia VandeVusse, Jennifer Mueller, and Marielle Kirstein, "Early Impacts of the COVID-19 Pandemic: Findings from the 2020 Guttmacher Survey of Reproductive Health Experiences," Guttmacher Institute, June 2020, www.guttmacher.org/report/early-impacts-covid-19-pandemic-findings-2020-guttmacher-survey-reproductive-health#.
35. 以下より引用。 Dr. Meera Shah, chief medical officer of Planned Parenthood Hudson Peconic, in AP, "Abortion Demand Rising Amid Pandemic," CBS News, April 14, 2020, www.cbsnews.com/news/abortion-demand-rising-amid-pandemic.
36. Lindberg et al., "Early Impacts of the COVID-19 Pandemic."
37. 以下より引用。 Natalie Gontcharova, "Yes, the COVID 'Baby Bust' Is Real—Unless You're Rich," *Refinery29*, March 3, 2021, www.refinery29.com/en-us/2021/03/10320247/covid-pregnancy-baby-bust.
38. Jennifer Nelson, *Women of Color and the Reproductive Rights Movement* (New York: New York University Press, 2003), 3.
39. Theodore Roosevelt, "On American Motherhood," delivered to the National Congress of Mothers, March 13, 1905, in Melody Rose, *Abortion: A Documentary and Reference Guide* (Westport, CT: Greenwood Press, 2008), 24.
40. Donna Haraway, "Making Kin in the Chthulucene: Reproducing Multispecies Justice," in *Making Kin Not Population*, 68.
41. Linda Gordon, *Woman's Body, Woman's Right: Birth Control in America* (New York: Grossman, 1976), 332.
42. Dorothy E. Roberts, *Killing the Black Body: Race, Reproduction, and the Meaning of Liberty* (New York: Vintage Books, 1999), 90; Clarke and Haraway, *Making Kin Not Population*, 55.
43. Jane Lawrence, "The Indian Health Service and the Sterilization of Native American Women,"

American Indian Quarterly 24, no. 3 (Summer 2000): 400.
44. Maya Manian, "Immigration Detention and Coerced Sterilization: History Tragically Repeats Itself," ACLU News & Commentary, September 29, 2020, www.aclu.org/news/immigrants-rights/immigration-detention-and-coerced-sterilization-history-tragically-repeats-itself.
45. Mary Harris and Laurie Bertram Roberts, "What Happens to the Pro-Choice Movement Now?," October 26, 2020, in *What Next*, podcast, https://slate.com/transcripts/cUdVY0F0WGcvWEo5alFkUVR0KzhRbUdDL2E1eEdRQk85RDB2ZXhUS1VDZz0=.
46. Gladys Martinez, Kimberly Daniels, and Anjani Chandra, "Fertility of Men and Women Aged 15–44 Years in the United States: National Survey of Family Growth, 2006–2010," *National Health Statistics Reports*, no. 51 (April 12, 2012): 4.
47. Tomas Frejka, "Childlessness in the United States," in *Childlessness in Europe: Contexts, Causes, and Consequences*, eds. Michaela Kreyenfeld and Dirk Konietzka (Cham, Switzerland: Springer, 2017), 169.
48. Kristin J. Wilson, *Not Trying: Infertility, Childlessness, and Ambivalence* (Nashville, TN: Vanderbilt University Press, 2014), 25.
49. Lauren Bauer, Sara Estep, and Winnie Yee, "Time Waited for No Mom in 2020," Brookings, July 22, 2021, www.brookings.edu/blog/up-front/2021/07/22/time-waited-for-no-mom-in-2020. Data taken from 2020 American Time Use Survey, published by the US Bureau of Labor Statistics, July 22, 2021.
50. Hooleeya M-N (@hooleeya), "But also, there's a reason I chose not to have kids and while being stuck at home for weeks during a pandemic wasn't explicitly one, it isn't far off.," Twitter, March 16, 2020, https://twitter.com/hooleeya/status/1239714705947660291.
51. Natalie Zemon Davis, "'Women's History' in Transition: The European Case," *Feminist Studies* 3, no. 3/4 (Spring–Summer 1976): 90.
52. これは、以下からの言い換えである。 Emma Brockes, "Sheila Heti: 'There's a Sadness in Not Wanting the Things That Give Others Their Life's Meaning,'" *The Guardian*, May 25, 2018, www.theguardian.com/books/2018/may/25/sheila-heti-motherhood-interview.
53. "The Ghost Ship That Didn't Carry Us," Dear Sugar, The Rumpus, April 21, 2011, https://therumpus.net/2011/04/dear-sugar-the-rumpus-advice-column-71-the-ghost-ship-that-didnt-carry-us.
54. 以下を参照。 Jenny Brown, *Birth Strike: The Hidden Fight over Women's Work* (Oakland, CA: PM Press, 2019).
55. Tavernise et al., "Why American Women Everywhere Are Delaying Motherhood."
56. Michel-Rolph Trouillot, *Silencing the Past: Power and the Production of History* (Boston: Beacon Press, 1995), 24.

1章　いつも選択してきたから

1. George Washington Dixon, *Trial of Madame Restell, Alias Ann Lohman, for Abortion and Causing the Death of Mrs. Purdy* (New York, 1841), 3; Clifford Browder, *The Wickedest Woman in New York: Madame Restell, the Abortionist* (Hamden, CT: Archon Books, 1988), 42.
2. Marvin Olasky, "Advertising Abortion During the 1830s and 1840s: Madame Restell Builds a

Business," *Journalism History* 13, no. 2 (Summer 1986): 49–50.

3. A. Cheree Carlson, *The Crimes of Womanhood: Defining Femininity in a Court of Law* (Urbana: University of Illinois Press, 2009), 112–113, 120.
4. Leslie J. Reagan, *When Abortion Was a Crime: Women, Medicine, and Law in the United States, 1867–1973* (Berkeley: University of California Press, 1997), 8–9.
5. Madame Restell, *Wonderful Trial of Caroline Lohman, Alias Restell, with Speeches of Counsel, Charge of Court, and Verdict of Jury* (New York: Burgess Stringer & Co., 1847), 17.
6. Rickie Solinger, *Pregnancy and Power: A Short History of Reproductive Politics in America* (New York: New York University Press, 2005), 55.
7. Reagan, *When Abortion Was a Crime*, 8–14.
8. James Mohr, *Abortion in America: The Origins and Evolution of National Policy* (New York: Oxford University Press, 1978), 50.
9. Janet Farrell Brodie, *Contraception and Abortion in Nineteenth-Century America* (Ithaca, NY: Cornell University Press, 1994), 227.
10. 以下で議論されている。William D. Haggard, "Abortion: Accidental, Essential, Criminal," address before the Nashville Academy of Medicine, August 4, 1898; 次も参照のこと。Carroll Smith-Rosenberg, *Disorderly Conduct: Visions of Gender in Victorian America* (New York: Oxford University Press, 1986), 221.
11. Daniel K. Williams, *Defenders of the Unborn: The Pro-Life Movement Before Roe v. Wade* (New York: Oxford University Press, 2016), 13.
12. Dale Cockrell, *Demons of Disorder: Early Blackface Minstrels and Their World* (New York: Cambridge University Press, 1997), 96–98; Dixon, *Trial of Madame Restell*, 5.
13. Multiple classified advertisements, *New York Herald*, December 10, 1841.
14. Dixon, *Trial of Madame Restell*, 3.
15. Carlson, *Crimes of Womanhood*, 118–120.
16. Sarah Gristwood, *Elizabeth and Leicester: The Truth About the Virgin Queen and the Man She Loved* (New York: Viking Penguin, 2007), 125.
17. Kate Clifford Larson, *Bound for the Promised Land: Harriet Tubman, Portrait of an American Hero* (New York: Random House, 2004), 260.
18. Josef Ehmer, "The Significance of Looking Back: Fertility Before the 'Fertility Decline,'" *Historical Social Research/Historische Sozialforschung* 36, no. 2 (2011): 24.
19. John M. Riddle, *Eve's Herbs: A History of Contraception and Abortion in the West* (Cambridge, MA: Harvard University Press, 1997), 54; Aine Collier, *The Humble Little Condom: A History* (Buffalo, NY: Prometheus Books, 2010), 29; Timothy Taylor, *The Prehistory of Sex: Four Million Years of Human Sexual Culture* (New York: Bantam Books, 1996), 86–87; David Michael Feldman, *Birth Control in Jewish Law: Marital Relations, Contraception, and Abortion as Set Forth in the Classic Texts of Jewish Law* (Northvale, NJ: J. Aronson, 1998), 169–170.
20. Soranus of Ephesus, *Soranus' Gynecology*, trans. Owsei Temkin (Baltimore: Johns Hopkins University Press: 1991), 60–66.
21. Ludwig Edelstein, *The Hippocratic Oath: Text, Translation, and Interpretation* (Baltimore: Johns Hopkins Press, 1943), 6; Hippocrates of Cos, "Nature of the Child," in *Hippocrates*, trans. Paul Potter, vol. 10 (Cambridge, MA: Harvard University Press, 2014), 36–37.
22. Taylor, *The Prehistory of Sex*, 88–91.

23. Ehmer, "The Significance of Looking Back," 27.
24. Gen. 38:9 (NRSV); こういったものは（他にもさらに！）以下に見つけることができる。 Gigi Santow, "Coitus Interruptus and the Control of Natural Fertility," *Population Studies* 49, no. 1 (March 1995): 35–37.
25. Simon Szreter and Eilidh Garrett, "Reproduction, Compositional Demography, and Economic Growth: Family Planning in England Long Before the Fertility Decline," *Population and Development Review* 26, no. 1 (March 2000): 57.
26. Ann Taylor Allen, *Feminism and Motherhood in Western Europe, 1890–1970: The Maternal Dilemma* (New York: Palgrave Macmillan, 2005), 11.
27. Judith Walzer Leavitt, *Brought to Bed: Childbearing in America, 1750–1950* (New York: Oxford University Press, 1986), 19.
28. Margaret Marsh and Wanda Ronner, *The Empty Cradle: Infertility in America from Colonial Times to the Present* (Baltimore: Johns Hopkins University Press, 1996), 92.
29. Peggy Cooper Davis, "Neglected Stories and the Lawfulness of Roe v. Wade," *Harvard Civil Rights–Civil Liberties Law Review* 28, no. 299 (1993): 375.
30. 以下を参照。 Carol Anderson, *White Rage: The Unspoken Truth of Our Racial Divide* (New York: Bloomsbury, 2017).
31. Solinger, *Pregnancy and Power*, 63–65.
32. Alice Kessler-Harris, *Out to Work: A History of Wage-Earning Women in the United States* (New York: Oxford University Press, 2003), 98.
33. Lillie Devereux Blake, testimony of September 18, 1883, in US Education and Labor Committee, *Report of the Committee of the Senate Upon the Relations Between Labor and Capital* (Washington, DC: Government Printing Office, 1885), 597, https://hdl.handle.net/2027/pst.000006655358.
34. Mary Alden Hopkins, "Birth Control and Public Morals: An Interview with Anthony Comstock," *Harper's Weekly*, May 22, 1915 (archived by Pluralism and Unity Project, Michigan State University), www.expo98.msu.edu/people/comstock.htm.
35. Amy Werbel, *Lust on Trial: Censorship and the Rise of American Obscenity in the Age of Anthony Comstock* (New York: Columbia University Press, 2018), 15.
36. Werbel, *Lust on Trial*, 267.
37. Amendment to the Comstock Act, ch. 186, 5 1, 19 stat. 90 (1876), 42. 3 Q.B. 360 (1868).
38. "Debated In Senate," February 20, 1873, Cong. Globe, 42nd Cong., 2nd Sess., 1525 (1873).
39. "Amended and Passed House," March 1, 1873, Cong. Globe, 42nd Congress, 2nd Sess., 2005 (1873).
40. Hopkins, "Birth Control and Public Morals."
41. Werbel, *Lust on Trial*, 90.
42. Brodie, *Contraception and Abortion*, 281.
43. Hopkins, "Birth Control and Public Morals."
44. Browder, *The Wickedest Woman in New York*, 185; Werbel, *Lust on Trial*, 306.
45. 以下による言説。 Joseph Earle Moore (Joint Army and Navy Committee, Conference of Morale Officers, Washington, DC, February 25–28, 1941); "Classified List of Social Hygiene Pamphlets—February 1944," Publications A–D, Records of the Office of Community War Services, Record Group 215, National Archives Building, College Park, MD, cited in

Madeleine L. Gaiser, "The Other 'VD': The Educational Campaign to Reduce Venereal Disease Rate During World War II" (thesis, Gettysburg College, 2016), https://cupola.gettysburg.edu/student_scholarship/475.

46. Werbel, *Lust on Trial*, 127–128.
47. Jonathan Eig, *The Birth of the Pill: How Four Crusaders Reinvented Sex and Launched a Revolution* (New York: W.W. Norton, 2014), 257, 265, 313.
48. Eisenstadt v. Baird, 405 U.S. 438 (1972), 453.
49. Centers for Disease Control and Prevention, "Achievements in Public Health, 1900–1999: Healthier Mothers and Babies," *Morbidity and Mortality Weekly Report* 48, no. 38 (October 1, 1999): 849–858.
50. Caroline S. Carlin, Angela R. Fertig, and Bryan E. Dowd, "Affordable Care Act's Mandate Eliminating Contraceptive Cost Sharing Influenced Choices of Women with Employer Coverage," *Health Affairs* 35, no. 9 (September 2016); Sue Ricketts, Greta Klingler, and Renee Schwalberg, "Game Change in Colorado: Widespread Use of Long-Acting Reversible Contraceptives and Rapid Decline in Births Among Young, Low-Income Women," *Perspectives on Sexual and Reproductive Health* 46, no. 3 (September 2014): 125–132.
51. "About Teen Pregnancy," Reproductive Health: Teen Pregnancy, Centers for Disease Control and Prevention, last modified November 15, 2021, www.cdc.gov/teenpregnancy/about/index.htm.
52. ドブス判決後の数週間は、治療の遅れに関する記事が広く出回った。以下の例を参照のこと。Frances Stead Sellers and Fenit Nirappil, "Confusion Post-Roe Spurs Delays, Denials for Some Lifesaving Pregnancy Care," *Washington Post*, July 16, 2022, www.washingtonpost.com/health/2022/07/16/abortion-miscarriage-ectopic-pregnancy-care.
53. S. Philip Morgan, "Late Nineteenth- and Early Twentieth-Century Childlessness," *American Journal of Sociology* 97, no. 3 (November 1991): 779.
54. Rachel Benson Gold, "Lessons from Before Roe: Will Past Be Prologue?," *Guttmacher Policy Review* 6, no. 1 (March 2003): 8.

2章　助けてくれる人がいないから

1. Barbara Ransby, *Ella Baker and the Black Freedom Movement: A Radical Democratic Vision* (Chapel Hill: University of North Carolina Press, 2003), 37–40.
2. Ella Baker, interview with Sue Thrasher, April 19, 1977, interview G-0008, Southern Oral History Program Collection #4007, Southern Historical Collection, Wilson Library, University of North Carolina at Chapel Hill, https://docsouth.unc.edu/sohp/G-0008/excerpts/excerpt_8569.html.
3. Ransby, *Ella Baker*, 29.
4. Charles Payne, "Ella Baker and Models of Social Change," *Signs* 14, no. 4 (Summer 1989): 886.
5. Ellen Cantarow, Susan Gushee O'Malley, and Sharon Hartman Strom, *Moving the Mountain: Women Working for Social Change* (Old Westbury, NY: Feminist Press, 1980), 58.
6. Payne, "Ella Baker and Models of Social Change," 886.

7. Patricia Hill Collins, *Black Feminist Thought: Knowledge, Consciousness, and the Politics of Empowerment* (New York: Routledge, 2000), 194; Cantarow et al., *Moving the Mountain*, 59.
8. Collins, *Black Feminist Thought*, 53.
9. W. Dale Nelson, "Quayle Says He'd Support Daughter on Any Abortion Decision," Associated Press, July 23, 1992, https://apnews.com/article/c3a19b8dd82a54646b424ef6a651d2c3.（現在はアクセス不可）
10. Ann Hartman, "Murphy Brown, Dan Quayle, and the American Family," *Social Work* 37, no. 5 (September 1992): 387–388.
11. James Danforth Quayle III, "Murphy Brown Speech," May 19, 1992 (archived by Voices of Democracy: The U.S. Oratory Project, University of Maryland), https://voicesofdemocracy.umd.edu/quayle-murphy-brown-speech-text; Andrew Rosenthal, "Quayle Attacks a 'Cultural Elite,' Saying It Mocks Nation's Values," *New York Times*, June 10, 1992, A1, www.nytimes.com/1992/06/10/us/1992-campaign-quayle-attacks-cultural-elite-saying-it-mocks-nation-s-values.html.
12. Helena M. Wall, *Fierce Communion: Family and Community in Early America* (Cambridge, MA: Harvard University Press, 1990), 8.
13. Collins, *Black Feminist Thought*, 55; 次も参照のこと。James H. Sweet, *Domingos Álvares, African Healing, and the Intellectual History of the Atlantic World* (Chapel Hill: University of North Carolina Press, 2013), 33.
14. Kim Anderson, "Affirmations of an Indigenous Feminist," in *Indigenous Women and Feminism: Politics, Activism, Culture*, eds. Cheryl Suzack, Shari M. Huhndorf, Jeanne Perreault, and Jean Barman (Vancouver: University of British Columbia Press, 2010), 83.
15. Sacha C. Engelhardt, Patrick Bergeron, Alain Gagnon, Lisa Dillon, and Fanie Pelletier, "Using Geographic Distance as a Potential Proxy for Help in the Assessment of the Grandmother Hypothesis," *Current Biology* 29 (2019): 652–653; Jonathan Lambert, "Living Near Your Grandmother Has Evolutionary Benefits," NPR, February 7, 2019, www.npr.org/sections/goatsandsoda/2019/02/07/692088371/living-near-your-grandmother-has-evolutionary-benefits.
16. Biography of Le Play in *Fifty Key Sociologists: The Formative Theorists*, ed. John Scott (New York: Routledge, 2007), 70.
17. Oxford English Dictionary cites the first use of the term from Malinowski's 1924 text *Psyche*, *Oxford English Dictionary* online, s.v. "nuclear family," accessed June 29, 2021.
18. William M. Fowler, *The Baron of Beacon Hill: A Biography of John Hancock* (Boston: Houghton Mifflin, 1980), 10–11, 13–14.
19. Marsh and Ronner, *The Empty Cradle*, 18.
20. 1764年の10万ポンドは、現在の1900万ドルをはるかに超える額に相当する。 Eric W. Nye, "Pounds Sterling to Dollars: Historical Conversion of Currency," accessed November 18, 2020, www.uwyo.edu/numimage/currency.htm.
21. Fowler, *The Baron of Beacon Hill*, 49.
22. Tamara K. Hareven, "The History of the Family and the Complexity of Social Change," *American Historical Review* 96, no. 1 (February 1991): 104.
23. Wall, *Fierce Communion*, 14.
24. Lawrence Stone, *The Family, Sex and Marriage in England, 1500–1800* (New York: Harper & Row, 1977), 6.

25. Carroll Smith-Rosenberg, "The Female World of Love and Ritual: Relations Between Women in Nineteenth-Century America," *Signs* 1, no. 1 (October 1975): 1–29.
26. Marsh and Ronner, *The Empty Cradle*, 17.
27. Mary Ann Mason, *From Father's Property to Children's Rights: The History of Child Custody in the United States* (New York: Columbia University Press, 1994), 39.
28. Wall, *Fierce Communion*, 97–98.
29. Robert Wells, *Revolutions in Americans' Lives: A Demographic Perspective on the History of Americans, Their Families, and Their Society* (Westport, CT: Greenwood Press, 1982), 50–51.
30. Stone, *The Family*, 4; Wall, *Fierce Communion*, 127; Marsh and Ronner, *The Empty Cradle*, 10–11, 17–19.
31. Ransby, *Ella Baker*, 64–65.
32. Payne, "Ella Baker and Models of Social Change," 887.
33. Aprele Elliott, "Ella Baker: Free Agent in the Civil Rights Movement," *Journal of Black Studies* 26, no. 5 (May 1996): 595.
34. 以下より引用。Juan Williams, *Eyes on the Prize: America's Civil Rights Years, 1954–1965* (New York: Penguin, 2013), 180.
35. Raymond Arsenault, *Freedom Riders: 1961 and the Struggle for Racial Justice* (New York: Oxford University Press, 2006), 153–157.
36. Payne, "Ella Baker and Models of Social Change," 888.
37. Baker, interview with Sue Thrasher, April 19, 1977; Payne, "Ella Baker and Models of Social Change," 888; 次も参照のこと。Ransby, *Ella Baker*, 120.
38. Ransby, *Ella Baker*, 34, 145.
39. Ransby, *Ella Baker*, 145.
40. Baker, interview with Sue Thrasher, April 19, 1977.
41. Ransby, *Ella Baker*, 254–255.
42. 以下のような例を参照。Gretchen Livingston, "For Most Highly Educated Women, Motherhood Doesn't Start Until the 30s," Pew Research Center, January 15, 2015, www.pewresearch.org/fact-tank/2015/01/15/for-most-highly-educated-women-motherhood-doesnt-start-until-the-30s.
43. Niara Sudarkasa, "Reflections on Motherhood in Nuclear and Extended Families in Africa and the United States," in *Extended Families in Africa and the African Diaspora*, eds. Osei-Mensah Aborampah and Niara Sudarkasa (Trenton, NJ: Africa World Press, 2011), 46, 51.
44. Carol B. Stack, *All Our Kin: Strategies for Survival in a Black Community* (New York: Basic Books, 1974), xiii.
45. Stack, *All Our Kin*, 60–62, 66.
46. Stack, *All Our Kin*, 74–75, 85.
47. Patricia Hill Collins, "The Meaning of Motherhood in Black Culture and Black Mother/Daughter Relationships," *Sage* 4, no. 2 (Fall 1987): 4; Collins, *Black Feminist Thought*, 195.
48. Andrea G. Hunter, "Counting on Grandmothers: Black Mothers' and Fathers' Reliance on Grandmothers for Parenting Support," *Journal of Family Issues* 18, no. 3 (May 1997): 265; Collins, *Black Feminist Thought*, 192–198.
49. George C. Williams, "Pleiotropy, Natural Selection, and the Evolution of Senescence," *Evolution* 11, no. 4 (December 1957): 407–408.

50. John Hajnal, "European Marriage Patterns in Perspective," in *Population in History: Essays in Historical Demography*, eds. D. V. Glass and D. E. C Eversley (New Brunswick, NJ: Transaction Publishers, 1965), 101.
51. Jan Luiten van Zanden, Tine De Moor, and Sarah Carmichael, *Capital Women: The European Marriage Pattern, Female Empowerment, and Economic Development in Western Europe, 1300–1800* (New York: Oxford University Press, 2019), 5, 21–25, 38–40.
52. Josef Ehmer, "The Significance of Looking Back: Fertility Before the 'Fertility Decline,'" *Historical Social Research/Historische Sozialforschung* 36, no. 2 (2011): 24.
53. Marsh and Ronner, *The Empty Cradle*, 19.
54. 「Home」と題された寄稿より。*Ladies Magazine*, May 1830, quoted in Kirk Jeffrey, "The Family as Utopian Retreat from the City," *Soundings* 55, no. 1 (Spring 1972): 28.
55. Stone, *The Family*, 7.
56. Heman Humphrey, *Domestic Education* (Amherst, MA, 1840), 16, quoted in Jodi Vandenberg-Daves, *Modern Motherhood: An American History* (New Brunswick, NJ: Rutgers University Press, 2014), 23.
57. Lewis Henry Morgan, *Systems of Consanguinity and Affinity of the Human Family* (Washington, DC: Smithsonian, 1871), xxii.
58. Kim TallBear, "Making Love and Relations Beyond Settler Sex and Family," in *Making Kin Not Population*, eds. Adele E. Clarke and Donna Haraway (Chicago: Prickly Paradigm Press, 2018), 148.
59. Anderson, "Affirmations of an Indigenous Feminist," 83.
60. TallBear, "Making Love," 146–148.
61. Leith Mullings and Alaka Wali, *Stress and Resilience: The Social Context of Reproduction in Central Harlem* (New York: Kluwer Academic/Plenum Publishers, 2001), 1–3.
62. Mullings and Wali, *Stress and Resilience*, 3–6; Collins, *Black Feminist Thought*, 196; Ruha Benjamin, "Black Afterlives Matter," in *Making Kin Not Population*, 61.
63. Leith Mullings, *On Our Own Terms: Race, Class, and Gender in the Lives of African American Women* (New York: Routledge, 1997), 93.
64. Mullings and Wali, *Stress and Resilience*, 29.
65. Collins, *Black Feminist Thought*, 196, 198.
66. Cantarow et al., *Moving the Mountain*, 61.
67. Edward Randolph Carter, *The Black Side: A Partial History of the Business, Religious and Educational Side of the Negro in Atlanta, Ga.* (Atlanta, 1894), 35–36.
68. Collins, *Black Feminist Thought*, 195.
69. "CSPH: A Rich History," Carrie Steele-Pitts Home, www.csph.org/history.
70. W. E. B. Du Bois, ed., *Some Efforts of American Negroes for Their Own Social Betterment* (Atlanta, GA: Atlanta University Press, 1898), 60–61.
71. Rick Badie, "Ollivette Eugenia Smith Allison, 86: 'Great Mother' at the Carrie Steele-Pitts Home," *Atlanta Journal-Constitution*, June 8, 2010, www.ajc.com/news/local/ollivette-eugenia-smith-allison-great-mother-the-carrie-steele-pitts-home/hUXT003kHFF1syqx9QqccI.
72. "CSPH: A Rich History."
73. Andrew Karch, *Early Start: Preschool Politics in the United States* (Ann Arbor: University of Michigan Press, 2013), 66–69, 81.

74. Karch, *Early Start*, 82–83; "Veto of the Economic Opportunity Amendments of 1971," S. Doc. 92-48, 92nd Cong., 1st Sess. (1971), 3 (archived by the American Presidency Project, University of California, Santa Barbara).
75. 以下より引用。Stanlie M. James, "Mothering: A Possible Black Feminist Link to Social Transformation?," in *Theorizing Black Feminisms: The Visionary Pragmatism of Black Women*, eds. Stanlie M. James and Abena P. A. Busia (New York: Routledge, 1993), 44.

3章　すべてを手に入れるのは無理だから

1. Helen Gurley Brown, *Sex and the Single Girl* (New York: Bernard Geis, 1962), 257.
2. Jennifer Scanlon, *Bad Girls Go Everywhere: The Life of Helen Gurley Brown* (New York: Oxford University Press, 2009), 15–22.
3. Scanlon, *Bad Girls Go Everywhere*, 119, 178.
4. "'Cosmo' Editor Helen Gurley Brown Dies at 90," NPR, August 13, 2012, www.npr.org/transcripts/158712834.
5. 以下より抜粋。Dwight Garner's review, "Helen Gurley Brown: The Original Carrie Bradshaw," *New York Times*, April 21, 2009, www.nytimes.com/2009/04/22/books/22garn.html.
6. Scanlon, *Bad Girls Go Everywhere*, 106.
7. Jennifer Szalai, "The Complicated Origins of 'Having It All,'" *New York Times Magazine*, January 2, 2015.
8. Wendy Wasserstein, act 2, scene 3, in *Isn't It Romantic* (New York: Nelson Doubleday, 1984), 66.
9. 以下より引用。 William Safire, "The Way We Live Now: 3-18-01: On Language; Having It All," *New York Times Magazine,* March 18, 2001, www.nytimes.com/2001/03/18/magazine/the-way-we-live-now-3-18-01-on-language-having-it-all.html.
10. Scanlon, *Bad Girls Go Everywhere*, 184–185.
11. Helen Gurley Brown, *Having It All: Love, Success, Sex, Money, Even If You're Starting with Nothing* (New York: Simon & Schuster, 1982), 90–91.
12. Szalai, "The Complicated Origins of 'Having It All.'"
13. Anne-Marie Slaughter, "Why Women Still Can't Have It All," *The Atlantic*, July/August 2012.
14. Laurel Wamsley, "Michelle Obama's Take on 'Lean In'? 'That &#%! Doesn't Work,'" NPR, December 3, 2018, www.npr.org/2018/12/03/672898216/michelle-obamas-take-on-lean-in-that-doesn-t-work.
15. Carrie L. Lukas, *The Politically Incorrect Guide to Women, Sex, and Feminism* (Washington, DC: Regnery, 2006), 141.
16. 以下より引用。 Danielle Paquette, "Mike Pence Has Mocked Working Moms: 'Sure, You Can Have It All,'" *Washington Post*, July 19, 2016, www.washingtonpost.com/news/wonk/wp/2016/07/19/mike-pence-has-mocked-working-moms-sure-you-can-have-it-all.
17. 以下のような例を参照。 Sheryl Sandberg, *Lean In: Women, Work, and the Will to Lead* (New York: Knopf Doubleday, 2013).
18. "Kim Kardashian's Business Advice: 'Get Your F**king Ass Up and Work,'" *Variety*, video,

5:54, March 9, 2022, www.youtube.com/watch?v=XX2izzshRmI&t=353s.

19. Rebecca Onion, "The 'Women Can Have It All' Narrative Around Amy Coney Barrett Is a Trap," *Slate*, October 1, 2020, https://slate.com/news-and-politics/2020/10/amy-coney-barrett-and-the-women-can-have-it-all-trap.html.
20. Lisa Belkin, "Judging Women," *New York Times Magazine*, May 18, 2010, www.nytimes.com/2010/05/23/magazine/23FOB-wwln-t.html.
21. Margaret Marsh and Wanda Ronner, *The Empty Cradle: Infertility in America from Colonial Times to the Present* (Baltimore: Johns Hopkins University Press, 1996), 32.
22. 以下を参照。 Jan de Vries, *The Industrious Revolution: Consumer Behavior and the Household Economy, 1650 to the Present* (New York: Cambridge University Press, 2008), esp. chapter 5; Leonore Davidoff and Catherine Hall, *Family Fortunes: Men and Women of the English Middle Class 1780–1850* (New York: Routledge, 1987), 182.
23. De Vries, *The Industrious Revolution*, 237.
24. Stephanie Coontz, *The Way We Never Were: American Families and the Nostalgia Trap* (New York: Basic Books, 2016), 31.
25. Bureau of Labor Statistics, "Employment Characteristics of Families—2020," Bureau of Labor Statistics, news release, April 21, 2021, www.bls.gov/news.release/pdf/famee.pdf.
26. "The Harried Life of the Working Mother," Pew Research Center, October 1, 2009, www.pewresearch.org/social-trends/2009/10/01/the-harried-life-of-the-working-mother.
27. 以下を参照。 Dan A. Black, Natalia Kolesnikova, Seth G. Sanders, and Lowell J. Taylor, "Are Children 'Normal'?," *Review of Economics and Statistics* 95, no. 1 (March 2013): 21–33.
28. Deirdre Bair, *Simone de Beauvoir: A Biography* (New York: Touchstone, 1990), 60.
29. Bair, *Simone de Beauvoir*, 155–158.
30. Louis Menand, "Stand by Your Man," *New Yorker*, September 18, 2005, www.newyorker.com/magazine/2005/09/26/stand-by-your-man.
31. Judith Butler, "Sex and Gender in Simone de Beauvoir's Second Sex," *Yale French Studies* no. 72 (1986): 35–49.
32. Simone de Beauvoir, *The Second Sex*, trans. Constance Borde and Sheila Malovany-Chevallier (New York: Vintage, 2011), 283.
33. Beauvoir, *The Second Sex*, 556, 565, 524–536.
34. Beauvoir, *The Second Sex*, 181.
35. Alice S. Rossi, *The Feminist Papers: From Adams to De Beauvoir* (Boston: Northeastern University Press, 1988), 673–674.
36. Simone de Beauvoir, *The Prime of Life*, trans. Peter Green (Cleveland, OH: Meridian, 1966), 66–67, quoted in Ann Taylor Allen, *Feminism and Motherhood in Western Europe, 1890–1970: The Maternal Dilemma* (New York: Palgrave Macmillan, 2005), 232.
37. "A Dialogue with Simone de Beauvoir," in Betty Friedan, *"It Changed My Life": Writings on the Women's Movement* (Cambridge, MA: Harvard University Press, 1998), 399.
38. Carolyn Morell, *Unwomanly Conduct: The Challenges of Intentional Childlessness* (New York: Routledge, 1994), 63.
39. Robin J. Ely, Pamela Stone, and Colleen Ammerman, "Rethink What You 'Know' About High-Achieving Women," *Harvard Business Review*, December 2014, https://hbr.org/2014/12/rethink-what-you-know-about-high-achieving-women.

40. 以下のような例を参照。 Alice Clark, *Working Life of Women in the Seventeenth Century* (New York: A. M. Kelly, 1968); Ivy Pinchbeck, *Women Workers and the Industrial Revolution, 1750–1850* (London: George Routledge & Sons, 1930); Lawrence Stone, *The Family, Sex and Marriage in England, 1500–1800* (New York: Harper & Row, 1977); Martha Howell, *Women, Production, and Patriarchy in Late Medieval Cities* (Chicago: University of Chicago Press, 1986).
41. この「黄金期」は（いくぶんかの皮肉を交えて）以下により描かれている。 Friedrich Engels, *The Condition of the Working Class in England* (New York, 1887), 16–17.
42. E. P. Thompson, *The Making of the English Working Class* (New York: Pantheon Books, 1964), 416.
43. De Vries, *The Industrious Revolution*, 11.
44. 以下のような例を参照。Louise Tilly and Joan Scott, *Women, Work, and Family* (New York: Routledge, 1989).
45. Davidoff and Hall, *Family Fortunes*, 312–313.
46. Sarah Stickney Ellis, *The Women of England: Their Social Duties, and Domestic Habits* (1839), 463, quoted in Davidoff and Hall, *Family Fortunes*, 315.
47. Jeanne Boydston, *Home and Work: Housework, Wages, and the Ideology of Labor in the Early Republic* (New York: Oxford University Press, 1990), 144–145.
48. Elizabeth Cady Stanton to Susan B. Anthony, Seneca Falls, December 1, 1853, www.rochester.edu/sba/suffrage-history/susan-b-anthony-and-elizabeth-cady-stanton-their-words.
49. "Elizabeth Cady Stanton Dies at Her Home," *New York Times*, October 27, 1902.
50. Dolores Hayden, *The Grand Domestic Revolution: A History of Feminist Designs for American Homes, Neighborhoods, and Cities* (Cambridge, MA: MIT Press, 1982), 3.
51. Megan McDonald Way, *Family Economics and Public Policy, 1800s–Present* (New York: Palgrave Macmillan, 2018), 152.
52. "The Brandeis Brief," submitted to the Supreme Court of the United States, October 1907, in regard to Muller v. Oregon, 208 U.S. 412 (archived by Louis D. Brandeis School of Law Library), https://louisville.edu/law/library/special-collections/the-louis-d.-brandeis-collection/the-brandeis-brief-in-its-entirety.
53. Muller v. Oregon, 208 U.S. 412 (1908).
54. 1932年経済法第213条については、次の中で詳しく述べられている。Lois Scharf, *To Work and to Wed: Female Employment, Feminism, and the Great Depression* (Westport, CT: Greenwood Press, 1980), 45–53; 次も参照のこと。John Thomas McGuire, "'The Most Unjust Piece of Legislation': Section 213 of the Economy Act of 1932 and Feminism During the New Deal," *Journal of Policy History* 20, no. 4 (October 2008): 516–541.
55. *Journal of Proceedings of the Sixty-Second Session of the Wisconsin Legislature*, vol. 3 (Madison, WI: Democrat Printing Company, 1935), 2403, https://books.google.com/books?id=mZJsAAAAMAAJ&lpg=PA2403&dq=married%20women%20work&pg=PA2403#v=onepage&q=married%20women%20work&f=false.
56. Elaine Tyler May, *Barren in the Promised Land: Childless Americans and the Pursuit of Happiness* (New York: Basic Books, 1995), 81; Dorothy Sue Cobble, *The Other Women's Movement: Workplace Justice and Social Rights in Modern America* (Princeton, NJ: Princeton University Press, 2004), 215.
57. Patricia A. McBroom, *The Third Sex: The New Professional Woman* (New York: W. Morrow,

1986), 23, 236–238.

58. US Bureau of Labor Statistics, "Women in the Labor Force, 1970–2009," *Economics Daily* (blog), January 5, 2011, www.bls.gov/opub/ted/2011/ted_20110105.htm?view_full.
59. US Bureau of Labor Statistics, "Employment Characteristics of Families Summary," news release, April 20, 2022, www.bls.gov/news.release/famee.nr0.htm.
60. Gretchen Livingston, "Is U.S. Fertility at an All-Time Low? Two of Three Measures Point to Yes," Pew Research Center, May 22, 2019, www.pewresearch.org/fact-tank/2019/05/22/u-s-fertility-rate-explained; Claire Cain Miller and Liz Alderman, "Why U.S. Women Are Leaving Jobs Behind," *New York Times*, December 12, 2014, www.nytimes.com/2014/12/14/upshot/us-employment-women-not-working.html.
61. May, *Barren in the Promised Land*, 12; Tomas Sobotka, Vegard Skirbekk, and Dimiter Philipov, "Economic Recession and Fertility in the Developed World," *Population and Development Review* 37, no. 2 (June 2011): 270.
62. Robert Boyd, "Racial Differences in Childlessness: A Centennial Review," *Sociological Perspectives* 32, no. 2 (Summer, 1989): 185 (Figure 2).
63. Boyd, "Racial Differences in Childlessness," 188–189.
64. Alexis Yamokoski and Lisa A. Keister, "The Wealth of Single Women: Marital Status and Parenthood in the Asset Accumulation of Young Baby Boomers in the United States," *Feminist Economics* 12, no. 1–2 (January/April 2006): 167–194.
65. Morell, *Unwomanly Conduct*, 19.
66. S. Philip Morgan, "Late Nineteenth- and Early Twentieth-Century Childlessness," *American Journal of Sociology* 97, no. 3 (November 1991): 803; Ronald R. Rindfuss, S. Philip Morgan, and Gray Swicegood, *First Births in America: Changes in the Timing of Parenthood* (Berkeley: University of California Press, 1988), 87.
67. Bill Chappell, "U.S. Births Fell to a 32-Year Low in 2018; CDC Says Birthrate Is in Record Slump," NPR, May 15, 2019, www.npr.org/2019/05/15/723518379/u-s-births-fell-to-a-32-year-low-in-2018-cdc-says-birthrate-is-at-record-level.
68. Child Care Aware of America, *The US and the High Price of Child Care: An Examination of a Broken System*, 2019, 39, www.childcareaware.org/our-issues/research/the-us-and-the-high-price-of-child-care-2019.
69. Claudia Goldin, Sari Pekkala Kerr, Claudia Olivetti, and Erling Barth, "The Expanding Gender Earnings Gap: Evidence from the LEHD-2000 Census," *American Economic Review* 107, no. 5 (2017): 110.
70. Sabrina Tavernise, Claire Cain Miller, Quoctrung Bui, and Robert Gebeloff, "Why American Women Everywhere Are Delaying Motherhood," *New York Times*, June 16, 2021, www.nytimes.com/2021/06/16/us/declining-birthrate-motherhood.html.
71. Anne Chemin, "France's Baby Boom Secret: Get Women into Work and Ditch Rigid Family Norms," *The Guardian*, March 21, 2015, www.theguardian.com/world/2015/mar/21/france-population-europe-fertility-rate; Jenny Brown, *Birth Strike: The Hidden Fight Over Women's Work* (Oakland, CA: PM Press, 2019), 17, 26.
72. Steffen Kröhnert (rendered phonetically as Stephan Gruenert), interviewed by Rachel Martin, "Germany Frets About Women in Shrinking Work Force," *Morning Edition*, National Public Radio, May 24, 2006, www.npr.org/templates/story/story.php?storyId=5427278.

4章　地球環境が心配だから

1. Stephanie Mills, "Mills College Valedictory Address," in *American Earth: Environmental Writing Since Thoreau*, ed. Bill McKibben (New York: Library of America, 2008), 470. Cited in Thomas Robertson, *The Malthusian Moment: Global Population Growth and the Birth of American Environmentalism* (New Brunswick, NJ: Rutgers University Press, 2012), 1, 162.
2. Edward Valauskas, "FM Interviews: Stephanie Mills," *First Monday* 7, no. 6 (June 2002): https://doi.org/10.5210/fm.v7i6.965.
3. City of Phoenix, "Phoenix Growth," www.phoenix.gov/budgetsite/Documents/2013Sum%20Community%20Profile%20and%20Trends.pdf.
4. "Phoenix Rainfall Index," National Weather Service, accessed July 2, 2021, www.weather.gov/psr/PRI.
5. "Population by County, 1860–2000," Bay Area Census, accessed July 2, 2021, www.bayareacensus.ca.gov/historical/copop18602000.htm.
6. 1991年のオークランド・ヒルズ・トンネル火災の歴史については、次を参照のこと。Gregory Simon, *Flame and Fortune in the American West: Urban Development, Environmental Change, and the Great Oakland Hills Fire* (Berkeley: University of California Press, 2017).
7. Paul Ehrlich, *The Population Bomb* (New York: Ballantine Books, 1968), 1.
8. Derek Hoff, *The State and the Stork: The Population Debate and Policy Making in US History* (Chicago: University of Chicago Press, 2012), 178–179.
9. Robertson, *The Malthusian Moment*, 162.
10. Robertson, *The Malthusian Moment*, 153, 165.
11. Nick Watts et al., "The 2019 Report of the Lancet Countdown on Health and Climate Change: Ensuring that the Health of a Child Born Today Is Not Defined by a Changing Climate," *The Lancet* 394, no. 10211 (November 16, 2019): 1836–1878.
12. William Petersen, *Malthus: The Founder of Modern Democracy* (Cambridge, MA: Harvard University Press, 1979), 21.
13. Robert Mayhew, *Malthus: The Life and Legacies of an Untimely Prophet* (Cambridge, MA: Belknap, 2014), 58.
14. Mayhew, *Malthus: The Life and Legacies*, 60–62.
15. Elinor Accampo, *Blessed Motherhood, Bitter Fruit: Nelly Roussel and the Politics of Female Pain in Third Republic France* (Baltimore: Johns Hopkins University Press, 2006), 4.
16. Thomas Malthus, *An Essay on the Principle of Population*, vol. 1 (1809), 2–4, 16.
17. Mayhew, *Malthus: The Life and Legacies*, 85.
18. Percy Bysshe Shelley, "A Philosophical View of Reform," in *The Complete Works of Percy Bysshe Shelley*, vol. 7 (London: Gordian, 1829), 51.
19. Friedrich Engels, "Outlines of a Critique of Political Economy," in *Economic and Philosophic Manuscripts of 1844*, by Karl Marx, trans. Martin Milligan (New York: International Publishers, 1964), 219, 199.
20. J. Dupâquier, A. Fauve-Chamoux, and E. Grebenik, eds., *Malthus: Past and Present* (Orlando, FL: Academic Press, 1983), 258.
21. F. D'Arcy, "The Malthusian League and the Resistance to Birth Control Propaganda in Late Victorian Britain," *Population Studies* 31, no. 3 (November 1977): 433.

22. Charles Knowlton, *The Fruits of Philosophy: An Essay on the Population Question*, continental edition (Rotterdam: Van Der Hoven and Buys, 1877; digitized 2013 by the National Library of the Netherlands), 14.
23. Joan Martinez-Alier, *The Environmentalism of the Poor: A Study of Ecological Conflicts and Valuation* (Cheltenham, UK: Edward Elgar Publishing, 2002), 47–48.
24. Martinez-Alier, *The Environmentalism of the Poor*, 51–53.
25. Annie Besant, *Annie Besant: An Autobiography* (1893), 81.
26. F. H. Amphlett-Micklewright, "The Rise and Decline of English Neo-Malthusianism," *Population Studies* 15 (July 1961): 39–40.
27. Amphlett-Micklewright, "The Rise and Decline of English NeoMalthusianism," 39–40.
28. "Annie Besant Cremated," *New York Times*, September 22, 1933, www.nytimes.com/1933/09/22/archives/annie-besant-cremated-theosophist-leaders-body-put-on-pyre-on-river.html.
29. Mabel Emily Besant-Scott (née Besant), unknown photographer, circa 1878, albumen carte-de-visite, 3 1/2 x 2 3/8 in. (90 mm x 61 mm), National Portrait Gallery, London, www.npg.org.uk/collections/search/portrait/mw189854.
30. Donald J. Bogue, "Population Growth in the United States," in *The Population Dilemma*, ed. Philip M. Hauser (Englewood Cliffs, NJ: PrenticeHall, 1963), 92.
31. Hoff, *The State and the Stork*, 178.
32. Paul Sabin, *The Bet: Paul Ehrlich, Julian Simon, and Our Gamble over Earth's Future* (New Haven, CT: Yale University Press, 2013), 21.
33. Robertson, *The Malthusian Moment*, 135.
34. Robertson, *The Malthusian Moment*, 135–136.
35. Sabin, *The Bet*, 12.
36. Paul R. Ehrlich and Anne H. Ehrlich, "The Population Bomb Revisited," *Electronic Journal of Sustainable Development* 1, no. 3 (2009): 63.
37. Ehrlich, *The Population Bomb*, 3.
38. Hoff, *The State and the Stork*, 179–180; Suzanne Staggenborg, *The Pro-Choice Movement: Organization and Activism in the Abortion Conflict* (New York: Oxford University Press, 1991), 164.
39. Dennis Hodgson and Susan Cotts Watkins, "Feminists and Neo-Malthusians: Past and Present Alliances," *Population and Development Review* 23, no. 3 (September 1997): 475–478.
40. Robert G. Weisbord, *Genocide?: Birth Control and the Black American* (Westport, CT: Greenwood, 1975), 129.
41. Hoff, *The State and the Stork*, 180.
42. Staggenborg, *The Pro-Choice Movement*, 163.
43. Robertson, *The Malthusian Moment*, 173.
44. Hoff, *The State and the Stork*, 180.
45. Robert Rienow, *Moment in the Sun: A Report on the Deteriorating Quality of the American Environment* (New York: Dial Press, 1967), 3.
46. Sabin, *The Bet*, 18–20.
47. Robertson, *The Malthusian Moment*, 160.
48. Robertson, *The Malthusian Moment*, 10, 159.

49. Sabin, *The Bet*, 39.
50. "O and All the Little Babies in the Alameda Gardens, Yes," in *Ecotactics: The Sierra Club Handbook for Environment Activists*, ed. John G. Mitchell (New York: Pocket Books, 1970), 81.
51. Ehrlich, *The Population Bomb*, 140–141.
52. Paul Ehrlich, "Are There Too Many of Us?," *McCall's*, July 1970, 104, quoted in Robertson, *The Malthusian Moment*, 158.
53. Sabin, *The Bet*, 39.
54. "Fertility Rate, Total (Births per Woman)—United States," World Bank, https://data.worldbank.org/indicator/SP.DYN.TFRT.IN?locations=US.
55. Prajakta Gupte, "India: 'The Emergency' and the Politics of Mass Sterilization," *Education About Asia* 22, no. 3 (Winter 2017): 40, 43.
56. Robertson, *The Malthusian Moment*, 188, 193–194.
57. Hodgson and Watkins, "Feminists and Neo-Malthusians," 484; Robertson, *The Malthusian Moment*, 11, 190–191.
58. Walter E. Howard, "The Population Crisis Is Here Now," *BioScience*, September 1969, reprinted in Wes Jackson, *Man and the Environment*, 2nd ed. (Dubuque, IA: William C. Brown, 1973), 189, 191; Robertson, *The Malthusian Moment*, 191.
59. 以下のような例を参照。Linda Gordon, *Woman's Body, Woman's Right: Birth Control in America* (New York: Grossman, 1976), 393, 398, 401.
60. 以下を参照。"Garrett Hardin," Southern Poverty Law Center, www.splcenter.org/fighting-hate/extremist-files/individual/garrett-hardin.
61. Dan Wakefield, "Highlights of a NON-Event," *New York*, September 9, 1974, 34.
62. Naomi Oreskes and Erik M. Conway, *Merchants of Doubt: How a Handful of Scientists Obscured the Truth on Issues from Tobacco Smoke to Global Warming* (New York: Bloomsbury, 2010), 170.
63. Philip Shabecoff, "Global Warming Has Begun, Expert Tells Senate," *New York Times*, June 24, 1988, 1.
64. Bathsheba Demuth, "Against the Tide: The Trump Administration and Climate Change," in *The Presidency of Donald J. Trump: A First Historical Assessment*, ed. Julian E. Zelizer (Princeton, NJ: Princeton University Press, 2022), 183.
65. 以下を参照。Pulitzer Prize–finalist reporting by David Hasemyer and John H. Cushman Jr., "Exxon Sowed Doubt About Climate Science for Decades by Stressing Uncertainty," *Inside Climate News*, October 22, 2015.
66. 以下より引用。Talia Buford, "Thousands Rally to Protest Keystone," *Politico*, February 17, 2013, www.politico.com/story/2013/02/thousands-rally-in-washington-to-protest-keystone-pipeline-087745#ixzz2LDwj7Myp.
67. Caroline Hickman, Elizabeth Marks, Panu Pihkala, Susan Clayton, R. Eric Lewandowski, Elouise E. Mayall, Britt Wray, Catriona Mellor, and Lise van Susteren, "Young People's Voices on Climate Anxiety, Government Betrayal and Moral Injury: A Global Phenomenon," *The Lancet* (preprint, September 7, 2021): 6, Figure 3, https://ssrn.com/abstract=3918955.
68. Meehan Crist, "Is It Ok to Have a Child?," *London Review of Books* 42, no. 5 (March 5, 2020): www.lrb.co.uk/the-paper/v42/n05/meehan-crist/is-it-ok-to-have-a-child.
69. Sarah Blaffer Hrdy, *Mother Nature: A History of Mothers, Infants, and Natural Selection* (New York: Pantheon Books, 1999), 314.

70. Charles Mann, *1491: New Revelations of the Americas Before Columbus* (New York: Vintage, 2006), 125.
71. Mary Annaïse Heglar, "Climate Change Isn't the First Existential Threat," *Zora*, February 18, 2019, https://zora.medium.com/sorry-yall-but-climate-change-ain-t-the-first-existential-threat-b3c999267aa0.
72. 以下のような例を参照。Morris Silver, "Births, Marriages, and Business Cycles in the United States," *Journal of Political Economy* 73, no. 3 (1965): 237–255.
73. Ann Taylor Allen, *Feminism and Motherhood in Western Europe, 1890–1970: The Maternal Dilemma* (New York: Palgrave Macmillan, 2005), 9; Hrdy, *Mother Nature*, 316.
74. 以下より引用。 Alan Yuhas, "Don't Expect a Quarantine Baby Boom," *New York Times*, April 8, 2020, www.nytimes.com/2020/04/08/us/coronavirus-baby-boom.html.
75. *Fox & Friends*, February 26, 2019, archived by Media Matters for America, www.mediamatters.org/embed/222969.
76. Tom Whyman, "Why, Despite Everything, You Should Have Kids (If You Want Them)," *New York Times*, April 13, 2021, www.nytimes.com/2021/04/13/opinion/baby-bust-covid-philosophy-natalism.html; 次も参照のこと。 Anastasia Berg, "Now Is as Good a Time as Any to Start a Family," *New York Times*, April 30, 2020, www.nytimes.com/2020/04/30/opinion/coronavirus-pregnancy.html.

5章　物理的に無理だから

1. Emma Rosenblum, "Later, Baby," *Bloomberg Businessweek*, April 21, 2014, 44–49.
2. Ariana Eunjung Cha, "The Struggle to Conceive with Frozen Eggs," *Washington Post*, January 27, 2018, www.washingtonpost.com/news/national/wp/2018/01/27/feature/she-championed-the-idea-that-freezing-your-eggs-would-free-your-career-but-things-didnt-quite-work-out.
3. "IVF Is Big Business," *Pediatrics* 93, no. 3 (March 1994): 403.
4. Lucy van de Wiel, "The Speculative Turn in IVF: Egg Freezing and the Financialization of Fertility," *New Genetics and Society* 39, no. 3 (2020): 306–326.
5. Cha, "The Struggle to Conceive with Frozen Eggs."
6. Ada C. Dieke, Yujia Zhang, Dmitry M. Kissin, Wanda D. Barfield, and Sheree L. Boulet, "Disparities in Assisted Reproductive Technology Utilization by Race and Ethnicity, United States, 2014: A Commentary," *Journal of Women's Health* 26, no. 6 (June 2017): 605–608; James F. Smith, Michael L. Eisenberg, David Glidden, Susan G. Millstein, Marcelle Cedars, Thomas J. Walsh, Jonathan Showstack, Lauri A. Pasch, Nancy Adler, and Patricia P. Katz, "Socioeconomic Disparities in the Use and Success of Fertility Treatments: Analysis of Data from a Prospective Cohort in the United States," *Fertility and Sterility* 96, no. 1 (July 2011): 97, Table 1; Kristin J. Wilson, *Not Trying: Infertility, Childlessness, and Ambivalence* (Nashville, TN: Vanderbilt University Press, 2014), 6–7.
7. Margarete J. Sandelowski, "Failures of Volition: Female Agency and Infertility in Historical Perspective," *Signs* 15, no. 3 (1990): 475–499, quoted in Margaret Marsh and Wanda Ronner, *The Empty Cradle: Infertility in America from Colonial Times to the Present* (Baltimore: Johns Hopkins University Press, 1996), 246.

8. Gen. 30:1 (NRSV).
9. Gen. 16:1 (NRSV).
10. 1 Sam. 1:1–8, 1:14–16 (NRSV).
11. 1 Sam. 1:20–28 (NRSV).
12. Marsh and Ronner, *The Empty Cradle*, 12.
13. Elaine Tyler May, *Barren in the Promised Land: Childless Americans and the Pursuit of Happiness* (New York: Basic Books, 1995), 42–43. Quote from the Diary of Sally Hitchcock Bliss, entry from February 15, 1829, American Antiquarian Society, Worcester, MA.
14. "What Is Infertility?," Infertility FAQs, Centers for Disease Control and Prevention, accessed September 15, 2020, www.cdc.gov/reproductivehealth/infertility/index.htm.
15. 以下より引用。Christine Overall, *Ethics and Human Reproduction: A Feminist Analysis* (Winchester, MA: Allen and Unwin, 1987), 141.
16. Marsh and Ronner, *The Empty Cradle*, 12–15, 42; Michael J. Call, *Infertility and the Novels of Sophie Cottin* (Newark: University of Delaware Press, 2002), 56.
17. H. Selcon, "The First Century of Mechanical Electrotherapy," *Physiotherapy* 87, no. 4 (April 2001): 209.
18. Marsh and Ronner, *The Empty Cradle*, 21.
19. Lydia Syson, *Doctor of Love: James Graham and His Celestial Bed* (Surrey, UK: Alma Books, 2008), 418–419, 181, 9–11, 203.
20. Harvey Graham, *Eternal Eve: The History of Gynecology and Obstetrics* (Garden City, NJ: Doubleday, 1951), 371–374.
21. Syson, *Doctor of Love*, 9.
22. Rickie Solinger, *Pregnancy and Power: A Short History of Reproductive Politics in America* (New York: NYU Press, 2005), 59.
23. Frederick Hollick, *The Marriage Guide: Or, Natural History of Generation* (New York: T. W. Strong, 1850), 301.
24. May, *Barren in the Promised Land*, 43. Quote is from Alexander Hamilton, *A Treatise on the Management of Female Complaints* (New York: Samuel Campbell, 1792), 108–109.
25. 詳細と引用は以下より。A. D. Hard, "Artificial Impregnation," *Medical World* 27 (April 1909): 163–164, https://catalog.hathitrust.org/Record/000060888.
26. Elizabeth Yuko, "The First Artificial Insemination Was an Ethical Nightmare," *The Atlantic*, January 8, 2016, www.theatlantic.com/health/archive/2016/01/first-artificial-insemination/423198.
27. C. L. Egbert, "Regarding Artificial Impregnation," *Medical World* 27 (June 1909): 253, https://catalog.hathitrust.org/Record/000060888.
28. Ernest Barton, "Impregnation and Religion," *Medical World* 27 (July 1909): 305, https://catalog.hathitrust.org/Record/000060888.
29. Hard, "Artificial Impregnation."
30. Marsh and Ronner, *The Empty Cradle*, 29.
31. 以下のような例を参照。Thomas W. Carter, "The Morbid Effects of Tight Lacing," *Southern Medical and Surgical Journal* 2, no. 7 (July 1846): 405.
32. James Cassedy, *Medicine and American Growth, 1800–1860* (Madison: University of Wisconsin Press, 1986), 173.

33. George J. Engelmann, "The Increasing Sterility of American Women," *Journal of the American Medical Association* 27 (October 5, 1901): 893.
34. George Engelmann, "The American Girl of Today," *Transactions* 25 (1900): 4–21, quoted in Marsh and Ronner, *The Empty Cradle*, 86.
35. May, *Barren in the Promised Land*, 73. Quote from "Our Duty to Posterity," *The Independent*, January 4, 1909, 269–271.
36. Edward A. Ross and Ray E. Baber, "Slow Suicide Among Our Native Stock," *Century Magazine*, February 1924, 507–508.
37. Theodore Roosevelt, "On American Motherhood," address before the National Congress of Mothers, March 13, 1905, in Melody Rose, *Abortion: A Documentary and Reference Guide* (Westport, CT: Greenwood Press, 2008), 27.
38. Ross and Baber, "Slow Suicide Among Our Native Stock," 504.
39. Series A 6-8, "Annual Population Estimates for the United States: 1790 to 1970," in *Historical Statistics of the United States: Colonial Times to 1970* (Washington, DC: US Department of Commerce, 1975), www.census.gov/history/pdf/histstats-colonial-1970.pdf.
40. Ross and Baber, "Slow Suicide Among Our Native Stock," 504.
41. Karen Norrgard, "Human Testing, the Eugenics Movement, and IRBs," *Nature Education* 1, no. 1 (2008): 170.
42. T. G. Thomas, *A Practical Treatise on the Diseases of Women* (Philadelphia: Lea Brothers, 1891), 35, quoted in Margarete Sandelowski, "Failures of Volition: Female Agency and Infertility in Historical Perspective," *Signs* 15, no. 3 (1990): 486.
43. Paul A. Lombardo, ed., *A Century of Eugenics in America: From the Indiana Experiment to the Human Genome Era* (Bloomington: Indiana University Press, 2011), 1–7; 次も参照のこと。Jason S. Lantzer, "The Indiana Way of Eugenics: Sterilization Laws, 1907–74," in the same volume.
44. George B. H. Swayze, "Reluctant Pregnancy," *Medical Times*, November 1909, 321, quoted in May, *Barren in the Promised Land*, 72.
45. C. G. Child, *Sterility and Conception* (New York: Appleton, 1931), 12–13.
46. Swayze, "Reluctant Pregnancy," quoted in May, *Barren in the Promised Land*, 72.
47. Charlotte Kroløkke, "ART in the Sun: Assembling Fertility Tourism in the Caribbean," in *Critical Kinship Studies*, eds. Charlotte Kroløkke, Lene Myong, Stine Willum Adrian, and Tine Tjørnhøj-Thomsen (Lanham, MD: Rowman & Littlefield, 2016), 149–152.
48. Simon P. Newman, *A New World of Labor: The Development of Plantation Slavery in the British Atlantic* (Philadelphia: University of Pennsylvania Press, 2013), 54–68, 75.
49. Kroløkke, "ART in the Sun," 153, 162.
50. "State Laws Related to Insurance Coverage for Infertility Treatment," National Conference of State Legislatures, March 12, 2021, www.ncsl.org/research/health/insurance-coverage-for-infertility-laws.aspx.（現在はアクセス不可）
51. J. Farley Ordovensky Staniec and Natalie J. Webb, "Utilization of Infertility Services: How Much Does Money Matter?," *Health Services Research* 42, no. 3 (June 2007): 976.
52. Smith et al., "Socioeconomic Disparities in the Use and Success of Fertility Treatments," 97, Table 1.
53. Dieke et al., "Disparities in Assisted Reproductive Technology Utilization," 605–608.

54. B. Lunenfeld and A. van Steirteghem, "Infertility in the Third Millennium: Implications for the Individual, Family and Society: Condensed Meeting Report from the Bertarelli Foundation's Second Global Conference," *Human Reproduction Update* 10, no. 4 (2004): 321.
55. Marcia C. Inhorn and Pasquale Patrizio, "Infertility Around the Globe: New Thinking on Gender, Reproductive Technologies and Global Movements in the 21st Century," *Human Reproduction Update* 21, no. 4 (March 2015): 414.
56. Measure DHS+, *Infecundity, Infertility, and Childlessness in Developing Countries*, DHS Comparative Reports no. 9 (Calverton, MD: ORC Macro, 2004), 1, www.who.int/publications/m/item/infecundity-infertility-and-childlessness-in-developing-countries---dhs-comparative-reports-no.-9.
57. Kristin L. Rooney and Alice D. Domar, "The Relationship Between Stress and Infertility," *Dialogues in Clinical Neuroscience* 20, no. 1 (March 2018): 41.
58. Gayle Letherby, "Other Than Mother and Mothers as Others," *Women's Studies International Forum* 22, no. 3 (May 1999): 360.
59. *Oxford English Dictionary* online, s.v. "adoption."
60. Helena M. Wall, *Fierce Communion: Family and Community in Early America* (Cambridge, MA: Harvard University Press, 1990), 99.
61. "Planning for Adoption: Knowing the Costs and Resources," Child Welfare Information Gateway, November 2016, www.childwelfare.gov/pubs/s-cost.
62. Elizabeth Bartholet, *Family Bonds: Adoption and the Politics of Parenting* (Boston: Houghton Mifflin, 1993), 30–31.
63. Chuck Johnson and Megan Lestino, *Adoption by the Numbers: A Comprehensive Report of U.S. Adoption Statistics* (Alexandria, VA: National Council for Adoption, 2017), ii.
64. Nicholas K. Park and Patricia Wonch Hill, "Is Adoption an Option? The Role of Importance of Motherhood and Fertility Help-Seeking in Considering Adoption," *Journal of Family Issues* 35, no. 5 (2014): 602.
65. Allen Fisher, "Still 'Not Quite as Good as Having Your Own'? Toward a Sociology of Adoption," *Annual Review of Sociology* 29 (2003): 351–354.
66. Victor Cohn, "U.S. Scientists Urge More Study Before Test-Tube Babies," *Washington Post*, July 27, 1978.
67. "SUPERBABE: Meet Louise, the World's First Test-Tube Arrival," *London Evening News*, July 27, 1978.
68. "1st Test Tube Baby Is Born—It's a Girl; Condition 'Excellent,'" *New York Daily News*, July 26, 1978.
69. Ciara Nugent, "What It Was Like to Grow Up as the World's First 'Test-Tube Baby,'" *Time*, July 25, 2018, https://time.com/5344145/louise-brown-test-tube-baby.
70. Robin Marantz Henig, *Pandora's Baby: How the First Test Tube Babies Sparked the Reproductive Revolution* (Boston: Houghton Mifflin, 2004), 130, 134, 136, 205.
71. "Abortion Viewed in Moral Terms: Fewer See Stem Cell Research and IVF as Moral Issues," Pew Research Center, August 15, 2013, www.pewforum.org/2013/08/15/abortion-viewed-in-moral-terms/#morality-of-using-in-vitro-fertilization.
72. 以下より引用。 Jennifer Wright, "Why Anti-Choice People Are Okay with IVF," *Harper's Bazaar*, June 14, 2019, www.harpersbazaar.com/culture/politics/a27888471/why-anti-choice-

people-against-abortion-are-okay-with-ivf.
73. Emma Scornavacchi, “The Glaring Exception in the Coming Battle Over Reproductive Rights,” *New Republic*, August 8, 2018, https://newrepublic.com/article/150545/glaring-exception-coming-battle-reproductive-rights.
74. Katherine Kortsmit, Michele G. Mandel, Jennifer A. Reeves, Elizabeth Clark, H. Pamela Pagano, Antoinette Nguyen, Emily E. Petersen, and Maura K. Whiteman, “Abortion Surveillance—United States, 2019,” *MMWR Surveillance Summaries* 70, no. SS-9 (2021):1–29, http://dx.doi.org/10.15585/mmwr.ss7009a1.
75. Scornavacchi, “The Glaring Exception in the Coming Battle Over Reproductive Rights.”
76. Alicia Armstrong and Torie C. Plowden, “Ethnicity and Assisted Reproductive Technologies,” *Clinical Practice* 9, no. 6 (November 1, 2012): 651–658.
77. May, *Barren in the Promised Land*, 72.
78. James William Kennedy and Archibald Donald Campbell, *Vaginal Hysterectomy* (Philadelphia: F.A. Davis, 1944), 133.
79. Gen. 30:23 (NRSV).
80. Centers for Disease Control and Prevention, *2019 Assisted Reproductive Technology: Fertility Clinic and National Summary Report* (Washington, DC: U.S. Department of Health and Human Services, 2021), 26, www.cdc.gov/art/reports/2019/pdf/2019-Report-ART-Fertility-Clinic-National-Summary-h.pdf.
81. この点については、以下より拝借し、膨らませた。Carolyn Morell, *Unwomanly Conduct: The Challenges of Intentional Childlessness* (New York: Routledge, 1994), 56.

6章　子を持つ以外の人生を歩みたいから

1. Zoë Noble and Marcia Drut-Davis, “No Regrets, with 78 Year-Old Childfree Trailblazer Marcia Drut-Davis,” March 9, 2021, in *We Are Childfree*, podcast, https://wearechildfree.com/podcast/05-marcia-drut-davis.（現在はアクセス不可）
2. Marcia Drut-Davis, *Confessions of a Childfree Woman: A Life Spent Swimming Against the Mainstream* (self-pub., 2013), 51.
3. Noble and Drut-Davis, “No Regrets.”
4. Drut-Davis, *Confessions of a Childfree Woman*, 57.
5. 以下を参照。Shawn G. Kennedy, “Pregnancy and the Single Girl,” *New York Times*, December 12, 1976, www.nytimes.com/1976/12/12/archives/long-island-weekly-pregnancy-and-the-single-girl-the-growing.html.
6. Drut-Davis, *Confessions of a Childfree Woman*, 63; Noble and Drut-Davis, “No Regrets.”
7. Noble and Drut-Davis, “No Regrets.”
8. Drut-Davis, *Confessions of a Childfree Woman*, 65.
9. Elaine Tyler May, *Barren in the Promised Land: Childless Americans and the Pursuit of Happiness* (New York: Basic Books, 1995), 18.
10. Ann Taylor Allen, *Feminism and Motherhood in Western Europe, 1890–1970: The Maternal Dilemma* (New York: Palgrave Macmillan, 2005), 220, 232. 次の写真を参照のこと。“Boss of Own Belly,” Atria, https://institute-genderequality.org/frames-on-gender/countries/

netherlands/boss-of-own-belly.

11. クリスティーナの物語は、彼女の聖人伝の最新翻訳版から抜粋した。C. H. Talbot, ed., *The Life of Christina of Markyate: A Twelfth Century Recluse* (New York: Oxford University Press, 2019).
12. 以下のような例を参照。私が大学時代に最も好きだった本のひとつ。Norman Russell, trans., *The Lives of the Desert Fathers* (Kalamazoo, MI: Cistercian Publications, 1981).
13. ヒルデガルト・ビンゲンについては、以下のような例を参照。Sabina Flanagan, *Hildegard of Bingen: A Visionary Life* (New York: Routledge, 1998).
14. *Lesser Feasts and Fasts* (New York: Church Publishing Incorporated, 2019), 438.
15. 以下のような例を参照。Dan Wakefield, "Highlights of a NON-Event," *New York*, September 9, 1974, 33–35.
16. Jenna Healey, "Rejecting Reproduction: The National Organization for Non-Parents and Childfree Activism in 1970s America," *Journal of Women's History* 28, no. 1 (Spring 2016): 140–142.
17. Pimlico Junior High School, Facebook group, www.facebook.com/groups/48093191715/permalink/10150284397521716.
18. May, *Barren in the Promised Land*, 189.
19. Ellen Peck, *The Baby Trap* (New York: Pinnacle Books, 1972), 67.
20. Peck, *The Baby Trap*, 10–11.
21. Peck, *The Baby Trap*, 16.
22. Peck, *The Baby Trap*, 22–23.
23. Ellen Peck, "Obituary: Motherhood," *New York Times*, May 13, 1972, www.nytimes.com/1972/05/13/archives/obituary-motherhood.html.
24. Betty Friedan, *The Feminine Mystique* (New York: W. W. Norton, 2016, orig. 1963), 100.
25. Healey, "Rejecting Reproduction," 143.
26. M. Rivka Polatnick, "Diversity in Women's Liberation Ideology: How a Black and a White Group of the 1960s Viewed Motherhood," *Signs* 21, no. 3 (Spring 1996): 688.
27. Sandy Banisky, "Heavy Causes Fill Ellen Peck's Day," *Baltimore Sun,* August 12, 1975.
28. Banisky, "Heavy Causes Fill Ellen Peck's Day."
29. 以下より引用。 Healey, "Rejecting Reproduction," 139.
30. 以下よりノンペアレンツ・デイの要約。 Wakefield, "Highlights of a NON-Event," 33–35.
31. Healey, "Rejecting Reproduction," 134–135.
32. 以下の談話より。Wakefield, "Highlights of a NON-Event," 35.
33. Healey, "Rejecting Reproduction," 133.
34. Drut-Davis, *Confessions of a Childfree Woman*, 46.
35. 以下の例より。Ellen Mara Nason and Margaret M. Poloma, *Voluntarily Childless Couples: The Emergence of a Variant Lifestyle* (Beverly Hills, CA: Sage Publications, 1976); P. Cooper, B. Cumber, and R. Hartner, "Decision-Making Patterns and Postdecision Adjustment of Childfree Husbands and Wives," *Alternative Lifestyles* 1, no. 1 (1978): 71–94.
36. 1976年のNON会員調査に基づく。以下より引用。Healey, "Rejecting Reproduction," 132.
37. Healey, "Rejecting Reproduction," 135.

38. Rufus Bishop, Seth Y. Wells, and Giles B. Avery, *Testimonies of the Life, Character, Revelations, and Doctrines of Mother Ann Lee, and the Elders with Her: Through Whom the Word of Eternal Life Was Opened in This Day of Christ's Second Appearing* (Albany, NY: Weed, Parsons & Co., Printers, 1888), 13.
39. D'Ann Campbell, "Women's Life in Utopia: The Shaker Experiment in Sexual Equality Reappraised—1810 to 1860," *New England Quarterly* 51, no. 1 (March 1978): 28.
40. Robert Peters, "Ann Lee," in *The Reader's Companion to American History*, eds. Eric Foner and John A. Garraty (Boston: Houghton Mifflin, 1991), 646.
41. Peters, "Ann Lee," 646–647.
42. Campbell, "Women's Life in Utopia," 24–25.
43. John D'Emilio and Estelle B. Freedman, *Intimate Matters: A History of Sexuality in America* (Chicago: University of Chicago Press, 1997), 117.
44. Campbell, "Women's Life in Utopia," 28.
45. William Sims Bainbridge, "Shaker Demographics 1840–1900: An Example of the Use of U.S. Census Enumeration Schedules," *Journal for the Scientific Study of Religion* 21, no. 4 (December 1982): 355.
46. Lillian Faderman, quoted in Ariel Levy, "Lesbian Nation," *New Yorker*, February 22, 2009, www.newyorker.com/magazine/2009/03/02/lesbian-nation.
47. Rebecca Traister, *All the Single Ladies: Unmarried Women and the Rise of an Independent Nation* (New York: Simon & Schuster, 2016), 21.
48. Susan Brownmiller, *In Our Time: Memoir of a Revolution* (New York: Dial Press, 1999), 82.
49. *The Furies: Lesbian/Feminist Monthly* 1 (January 1972): 1 (archived by Rainbow History Project, Washington, DC, www.rainbowhistory.org /Furies001.pdf).（現在はアクセス不可）
50. 以下より引用。Ruth Rosen, *The World Split Open: How the Modern Women's Movement Changed America* (New York: Viking, 2000), 167–173.
51. Lisa Luetkemeyer and Kimela West, "Paternity Law: Sperm Donors, Surrogate Mothers and Child Custody," *Missouri Medicine* 112, no. 3 (May–June 2015): 162.
52. Levy, "Lesbian Nation."
53. Nick von Hoffman, "Better a Goat! I'm Not Kidding," *Boston Globe*, May 14, 1972, 57, 65.
54. "Down with Kids," *Time,* July 3, 1972, 35, https://time.com/vault/issue/1972-07-03/page/37.
55. Healey, "Rejecting Reproduction," 144–145.
56. Kathleen Hendrix, "Nonparents Seeking a New Image," *Los Angeles Times*, May 26, 1976.
57. Healey, "Rejecting Reproduction," 145.
58. W. Barry Garrett, "High Court Holds Abortion to be 'a Right of Privacy,'" *Baptist Press*, January 31, 1973.
59. Robert O'Brien, "Abortion Court Decision Interpreted by Attorney," *Baptist Press*, January 29, 1973.
60. Gladys Martinez, Kimberly Daniels, and Anjani Chandra, "Fertility of Men and Women Aged 15–44 Years in the United States: National Survey of Family Growth, 2006–2010," *National Health Statistics Reports*, no. 51 (April 12, 2012): 4.
61. "About," NotMom, www.thenotmom.com/aboutus.
62. "Testimonials," NotMom, www.thenotmom.com/testimonials.
63. Jennifer Aniston, "For the Record," *HuffPost*, July 12, 2016, www.huffpost.com/entry/for-the-

record_b_57855586e4b03fc3ee4e626f.
64. 以下のような例を参照。“Simone de Beauvoir, Author and Intellectual, Dies in Paris at 78,” *New York Times*, April 15, 1986, www.nytimes.com/1986/04/15/obituaries/simone-de-beauvoir-author-and-intellectual-dies-in-paris-at-78.html; Associated Press, “Feminist Author Simone de Beauvoir Dies,” *Los Angeles Times*, April 14, 1986, www.latimes.com/archives/la-xpm-1986-04-14-mn-3925-story.html; Claude Jannoud, “L’Œuvre: Une vulgarisation plus qu’une creation,” *Le Monde*, April 15, 1986.
65. Kate Kirkpatrick, *Becoming Beauvoir: A Life* (New York: Bloomsbury Academic, 2019), 393.
66. *Le Monde*, April 15, 1986, 19.
67. Yolanda Astarita Patterson, “Simone de Beauvoir and the Demystification of Motherhood,” *Yale French Studies* 72 (1986): 90.

結論：では……すみませんが、「産むべき理由」を教えてもらえますか？

1. Ann Landers, “If You Had It to Do Over Again, Would You Have Children?,” *Good Housekeeping*, June 1976, 100–101, 215–216, 223–224; 次も参照のこと。Margaret Marsh and Wanda Ronner, *The Empty Cradle: Infertility in America from Colonial Times to the Present* (Baltimore: Johns Hopkins University Press, 1996), 214.
2. “91% Would Have Children (Take That, Ann Landers),” *Newsday*, June 13, 1976 (archived at https://econfaculty.gmu.edu/bcaplan/newsday.jpg).
3. Frank Newport and Joy Wilke, “Desire for Children Still Norm in U.S.,” Gallup, September 25, 2013, https://news.gallup.com/poll/164618/desire-children-norm.aspx.
4. Thomas Hansen, “Parenthood and Happiness: A Review of Folk Theories Versus Empirical Evidence,” *Social Indicators Research* 108 (2012): 30–31.
5. Jennifer Glass, Robin W. Simon, and Matthew A. Andersson, “Parenthood and Happiness: Effects of Work-Family Reconciliation Policies in 22 OECD Countries,” *American Journal of Sociology* 122, no. 3 (November 2016): 3–4, 17.
6. K. M. Nomaguchi and M. A. Milkie, “Costs and Rewards of Children: The Effects of Becoming a Parent on Adults’ Lives,” *Journal of Marriage and Family* 65, no. 2 (2003): 356–374.
7. これについてもっと知りたければ、次を参照。Jennifer Senior, *All Joy and No Fun: The Paradox of Modern Parenthood* (New York: Ecco, 2014); 次も参照のこと。Roy F. Baumeister, Kathleen D. Vohs, Jennifer L. Aaker, and Emily N. Garbinsky, “Some Key Differences Between a Happy Life and a Meaningful Life,” *Journal of Positive Psychology* 8, no. 6 (2013): 505–516.
8. Glass, Simon, and Andersson, “Parenthood and Happiness,” 17, 19, 22.
9. IMPAQ International and Institute for Women’s Policy Research, “Qualifying for Unpaid Leave: FMLA Eligibility Among Working Mothers,” January 2017, www.dol.gov/sites/dolgov/files/OASP/legacy/files/IMPAQ-Working-Mothers.pdf.
10. Bureau of Labor Statistics, “What Data Does the BLS Publish on Family Leave?,” National Compensation Survey, Chart 3, www.bls.gov/ncs/ebs/factsheet/family-leave-benefits-fact-sheet.pdf.
11. Claire Cain Miller, “The World ‘Has Found a Way to Do This’: The U.S. Lags on Paid Leave,”

New York Times, October 25, 2021, www.nytimes.com/2021/10/25/upshot/paid-leave-democrats.html.

12. さらなる情報については、次を参照のこと。Ada Calhoun, *Why We Can't Sleep: Women's New Midlife Crisis* (New York: Grove Press, 2020).
13. According to the World Health Organization, the United States has a maternal mortality rate equal to that of Latvia, Ukraine, and Moldova, ranking behind all of western Europe and countries like Saudi Arabia, Iran, and the Russian Federation. "Maternal Mortality Ratio (Modeled Estimate, per 100,000 Live Births)," World Bank, https://data.worldbank.org/indicator/SH.STA.MMRT?most_recent_value_desc=false.
14. "The Impact of Active Shooter Drills in Schools," Everytown Research and Policy, September 3, 2020, https://everytownresearch.org/report/the-impact-of-active-shooter-drills-in-schools.
15. 以下より引用。 Mary Katharine Tramontana, "Female and Childfree, in Pictures," *New York Times*, May 3, 2021, www.nytimes.com/2021/05/03/style/childfree-women.html.
16. 以下より引用。Anne Helen Petersen, "The Ideological Battlefield of the 'Mamasphere,'" Culture Study (newsletter), October 20, 2021, https://annehelen.substack.com/p/the-ideological-battlefield-of-the.
17. Jamie Ballard, "Millennials Are the Loneliest Generation," YouGov America, July 30, 2019, https://today.yougov.com/topics/lifestyle/articles-reports/2019/07/30/loneliness-friendship-new-friends-poll-survey.
18. Julie Beck, "How Friendships Change in Adulthood," *The Atlantic*, October 22, 2015, www.theatlantic.com/health/archive/2015/10/how-friendships-change-over-time-in-adulthood/411466.
19. Anne Helen Petersen, "The Great Unbundling," Culture Study (newsletter), February 11, 2021, https://annehelen.substack.com/p/the-great-unbundling.
20. Jeffrey M. Jones, "U.S. Church Membership Falls Below Majority for First Time," Gallup, March 29, 2021, https://news.gallup.com/poll/341963/church-membership-falls-below-majority-first-time.aspx.
21. Alexandra Hudson, "*Bowling Alone* at Twenty," *National Affairs*, no. 45 (Fall 2020): www.nationalaffairs.com/publications/detail/bowling-alone-at-twenty; 次も参照のこと。Robert Putnam, "Preface," in *Bowling Alone: The Collapse and Revival of American Community*, 20th anniversary ed. (New York: Simon & Schuster, 2020).
22. Save the Children, "Childhood in the Time of COVID," www.savethechildren.org/us/about-us/resource-library/us-childhood-report#.
23. Tate Reeves (@tatereeves), "We need to prove that being pro-life is about more than being anti-abortion. We need to commit more to the mission of supporting mothers and children. We need to continuously improve our foster care system. We need to make it even easier to adopt a child. This is the mission now," Twitter, May 4, 2022, https://twitter.com/tatereeves/status/1521992445751222272.
24. Giulia M. Dotti Sani and Judith Treas, "Educational Gradients in Parents' Child-Care Time Across Countries, 1965–2012," *Journal of Marriage and Family* 78, no. 4 (August 2016): 1090.
25. Hagai Levine, Niels Jørgensen, Anderson Martino-Andrade, Jaime Mendiola, Dan Weksler-Derri, Irina Mindlis, Rachel Pinotti, and Shanna H. Swan, "Temporal Trends in Sperm Count: A Systematic Review and Meta-Regression Analysis," *Human Reproduction Update* 23, no. 6

(November–December 2017): 646–659; 次も参照のこと。Shanna H. Swan and Stacey Colino, *Count Down: How Our Modern World Is Threatening Sperm Counts, Altering Male and Female Reproductive Development, and Imperiling the Future of the Human Race* (New York: Scribner, 2021).

26. Donna Haraway, "Making Kin in the Chthulucene: Reproducing Multispecies Justice," in *Making Kin Not Population*, eds. Adele E. Clarke and Donna Haraway (Chicago: Prickly Paradigm Press, 2018), 79.
27. "Nancy Olivi, 1947–2017," *Chicago Tribune*, February 27, 2017.
28. Donna Haraway, "Making Kin in the Chthulucene," 87, 68.
29. Sam Adler-Bell, "Unlearning the Language of 'Wokeness,'" *New York Magazine*, June 10, 2022, https://nymag.com/intelligencer/2022/06/unlearning-the-language-of-wokeness.html.

本書のご感想をぜひお寄せください。

ペギー・オドネル・ヘフィントン
作家。カリフォルニア大学バークレー校で歴史学博士号を取得。米陸軍士官学校に博士研究員として勤務後、シカゴ大学へ。ジェンダーや母性、人権等の歴史を教えるほか、エッセイや論文を多数発表。本書が初の著書。グミキャンディについても多くの意見を持ち、夫のボブ、2匹のパグ、エリーとジェイクとともにシカゴに在住。

訳者　鹿田昌美
国際基督教大学卒。『母親になって後悔してる』（オルナ・ドーナト著、新潮社）、『なぜ男女の賃金に格差があるのか　女性の生き方の経済学』（クラウディア・ゴールディン著、慶應義塾大学出版会）など70冊以上の翻訳を手掛ける。また著書に『「自宅だけ」でここまでできる！「子ども英語」超自習法』（飛鳥新社）がある。

新潮

それでも母親《ははおや》になるべきですか

発　行　2023年11月20日

著　者　ペギー・オドネル・ヘフィントン
訳　者　鹿田昌美《しかたまさみ》

発行者　佐藤隆信
発行所　株式会社新潮社
〒162-8711　東京都新宿区矢来町71
電話　編集部　03-3266-5611
　　　読者係　03-3266-5111
https://www.shinchosha.co.jp

装　幀　新潮社装幀室
組　版　新潮社デジタル編集支援室
印刷所　株式会社光邦
製本所　大口製本印刷株式会社

ISBN978-4-10-507371-8 C0098